本书撰写人员名单

主　　编：覃志敏

副 主 编：凌经球

撰写人员：覃志敏　凌经球　农辉锋　缪文学　王造兰
　　　　　黄启学　陆　鹏　孟祥科　黄俊博　黄丽珠
　　　　　朱秋婷　韦东阳　谢咏欢

新时代中国县域脱贫攻坚案例 研究丛书

田阳

壮乡福地奔康之道

全国扶贫宣传教育中心／组织编写

人民出版社

目 录
CONTENTS

绪　　论

第一节　田阳的区域特色与贫困问题

一、田阳的区域特色

田阳地处百越之地，秦统一中国后为象郡的辖地之一，之后经过多次名称变更，1936 年定名田阳县，2020 年 4 月田阳县改为百色市田阳区。田阳位于广西壮族自治区西部，右江河谷中部，距离广西首府南宁市 200 公里，距离百色市市区 38 公里。田阳辖 9 镇 1 乡，共有 152 个行政村、10 个社区，截至 2018 年末常住人口 33.08 万人，城镇人口 13.34 万人，占比 40.33%，农村人口 19.74 万人，占比 59.67%。田阳是壮民族的发祥地，居住着壮、汉、苗、瑶等多个民族，其中壮族占比 89.7%，是一个以壮族为主体的多民族聚集地。田阳拥有铁路、公路、水运、空运"四位一体"的交通联运网络。在田阳境内，南（宁）昆（明）铁路设有客运货运服务站 3 个，云桂高铁设有田阳高铁站；另有广昆高速等多条高速公路过境，公路客运货运条件便利，运输时间短、效益高。右江河流经境内，沿岸有大小码头 20 多座，码头现有吞吐量 30 万吨，航道最远可至深圳出海。百色巴马机场位于田阳境内，距离田阳城区 5.5 公里，有百色至北京、上海、广州、天津、深圳等 10 多条航线，2020 年年旅客吞吐量 12.69 万人次，年货邮吞吐量 158.1 吨。

田阳有平原、台地、丘陵、土山、石山等多种地貌，全区总面积 2398.32 平方公里。中部河谷平原区占全区总面积 15.97%，耕地占全区总耕地面积 34.96%，土壤肥沃，光热充足，水利条件好。北部土山区为丘陵、低山、中山地貌，占全区总面积 24.2%，耕地占全区总耕地面积 6.34%，土壤成土母质以砂页岩最多，有利于发展农林生产。南部石山地区为低、中山岩溶峰丛洼地或峰丛谷地地貌，占全区总面积 59.83%，耕地面积占全区总耕地 58.7%，地面山峰林立，地下溶洞较多，地表水渗漏严重，地下暗河深埋，既易旱又易涝，粮食生产条件较差。① 田阳有大小河流 12 条，右江是主干河，全区河流年径流量为 9.987 亿立方米，水资源十分丰富。田阳属南亚热带季风气候，冬季温暖，全年无霜期为 307—352 天，年平均气温 18—22℃。境内除海拔 600 米以上的山区外，热量均可满足一年三熟制的需要。田阳是全广西太阳光能最高值县区之一，年平均日照率为 43%。每年农作物生长季节的 3—10 月，日照时数达到 1448.6 小时，对农作物的光合作用十分有利。年降水量在 1100—1350 毫米，受地形的影响，北部土山区年平均降水量最多，南部山区、中部河谷平原较少。② 田阳的气候总特点是雨热同季，夏热冬暖，天气炎热，雨量偏少，蒸发量大于降雨量，是全广西最旱的三大旱区之一。

田阳境内有 14 种矿产资源品种，其中煤矿储量约 1 亿吨，石油储量约 308 万吨，铝土矿储量 4649 万吨，磷矿储量约 33 万吨，褐铁矿总储量约 30 万吨，赤铁矿储量 5 万吨以上，硫铁矿储量 12 万吨以上。③ 改革开放后田阳相继规划建设了新山铝工业园区、百育高新科

---

① 《田阳县志》，见 http://lib.gxdfz.org.cn/view-c20-18.html。
② 《田阳县志》，见 http://lib.gxdfz.org.cn/view-c20-22.html。
③ 《田阳县志》，见 http://lib.gxdfz.org.cn/view-c20-37.html。

技园区、城东轻工业园区等一批新兴工业园区，形成煤电水电产业、冶炼工业、金属铝及非金属铝产业、糖纸产业、建材产业、农产品深加工产业、轻工产品工业等七大产业集群。2020 年田阳全部工业总产值 222.3 亿元。田阳根据当地的亚热带季风气候条件优势，积极发展番茄、芒果、甘蔗等特色优势产业。经过多年的发展已成为全国"南菜北运"基地、全国无公害蔬菜生产基地、全国农业标准化生产示范县区、中国—东盟（广西百色）现代农业合作示范区。截至2020 年，番茄种植面积 131.09 万亩，产量 360.2 万吨；芒果种植面积 222.3 万亩，产量 131 万吨。

田阳属于革命老区。1929 年邓小平、张云逸等老一辈无产阶级革命家在百色发动和领导了百色起义，建立了中国工农红军第七军和右江革命根据地。田阳是百色起义发生地之一，是右江革命根据地的重要组成部分。百色起义胜利后，在恩隆县平马镇建立苏维埃政权——右江苏维埃政府，辖右江沿岸各县。奉议县（原田阳区域）苏维埃政权于 1929 年 12 月 15 日在田州镇成立，下辖那坡镇等 6 个乡镇苏维埃政府。百色起义的先辈用鲜血和生命铸就了百折不挠、争先创新等百色起义精神，成为田阳脱贫攻坚、奋勇向前的精神动力。

二、田阳的贫困状况

田阳属于滇桂黔石漠化片区，是广西壮族自治区省级扶贫开发工作重点县区。田阳贫困人口主要集中在山峰林立、土地贫瘠、生态脆弱的南部石山地区，贫困人口众多、脱贫难度大、扶贫成本高。精准扶贫实施之后，田阳按照中央、广西壮族自治区和百色市脱贫攻坚的统一安排部署，开展农村贫困人口精准识别和建档立卡工作。2016 年，经过动态管理，田阳农村建档立卡贫困户 20806 户75441 人，其中 2014 年、2015 年已脱贫人口 25222 人，未脱贫人口 14164 户 50219 人，贫困发生率 15.99%。田阳列入建档立卡的贫困村 52 个，2018 年经广西壮族自治区开展的深度贫困村调整田阳再增加 9 个深度贫困村，贫困村总数增至 61 个，贫困村占行政村的比例为 40.13%。

脱贫攻坚初期，田阳贫困呈现出的最大特点是石漠化自然条件下的区域贫困与个体贫困叠加。经过多年的扶贫开发，中部河谷地区和北部土山地区借助田阳特有的资源优势、区位优势和交通优势，实现了快速发展，南部石山地区由于资源和交通条件制约，发展缓慢，与中部河谷地区、北部土山地区的发展差距日益拉大。田阳区域贫困是区域发展差距拉大下的南部石山区贫困。中部河谷地区和北部土山地区的农民通过分享本区域经济社会发展成果，逐步摆脱贫困。而南部石山地区由于自然资源条件差、生态环境脆弱、基础设施薄弱等多重制约，不仅田阳农村贫困人口主要集中在这里，而且贫困农户面临着多维贫困因素制约，贫困程度深，脱贫难度大。

第二节　田阳脱贫攻坚的贫困治理

一、田阳脱贫攻坚的目标任务

田阳脱贫攻坚的主要困难是：一是贫困程度深。受地理条件制约，田阳贫困人口集中在自然条件恶劣的南部石山地区，贫困人口自我发展能力弱，贫困程度深，扶贫成本高、难度大。二是致贫成因复杂，脱贫艰难。田阳贫困人口主要居住在石漠化严重、生产环境恶劣的大石山区和交通不便的土山区。这些地区生态环境脆弱、自然灾害频发，耕地资源、水资源等发展资源短缺，道路交通、农田水利等基础设施条件较差，农村教育、医疗卫生等社会事业发展相对滞后，致贫原因复杂，形成了互相关联的多维贫困状态。三是脱贫攻坚任务重、时间紧。田阳贫困人口规模大，扶贫任务繁重，然而脱贫攻坚时间非常紧迫，需要在2018年实现脱贫摘帽，2020年贫困人口全部实现脱贫。

　　田阳脱贫的主要目标任务有：一是实现"三确保"。到2018年，确保全区贫困发生率下降到符合国家退出标准以下，实现脱贫摘帽。2019—2020年为脱贫巩固期，确保农村建档立卡贫困人口全部脱贫，确保贫困村全部脱贫出列。二是实现"两不愁、三保障、两高于、一接近"。到2018年稳定实现扶贫对象不愁吃、不愁穿，义务教育、基本医疗和住房安全有保障，扶贫开发工作重点乡镇和贫困村农民人均可支配收入的增幅以及基本公共服务主要领域指标达到百色市的平均水平以上。三是实现"五有四通"。到2018年，实现贫困村村村有特色优势产业、有合作组织、有公共服务场所、有安全饮用水、有新村新貌，20户以上的自然屯实现屯屯通电、通水、通路、通广播电视，让贫困地区群众致富有路、住上好房子、过上好日子、安居乐业奔小康。四是实现脱贫人口退出的任务计划。贫困户脱贫按照"八有一超"①、贫困村脱贫出列按照"十一有一低于"②、贫困县脱贫摘帽按照"九有一低于"③的标准达标。2016年实现减贫5685户18652人，2个贫困村脱贫出列；2017年实现减贫3799户15799人，17个贫困村脱贫出列；2018年实现12个贫困村脱贫出列，全区实现脱贫摘帽；2019年实现17个贫困村脱贫出列；2020年实现7个贫困

---

① 贫困户脱贫摘帽"八有一超"标准，即有收入来源、有住房保障、有基本医疗保障、有义务教育保障、有路通村屯、有饮用水、有电用、有电视看，家庭当年人均纯收入超过国家现行扶贫标准（2300元）。

② 贫困村脱贫摘帽"十一有一低于"标准，即有特色产业、有住房保障、有基本医疗保障、有义务教育保障、有路通村屯、有饮用水、有电用、有公共服务设施、有电视看、有村集体经济收入、有好的"两委"班子，贫困发生率低于3%。

③ 贫困县脱贫摘帽"九有一低于"标准，即在贫困村脱贫摘帽标准（除有电视看、有村集体经济收入、有好的"两委"班子外）的基础上，增加"有社会救助"——符合当地农村居民最低生活保障条件的贫困户全部纳入农村居民最低生活保障。

村脱贫出列。2019—2020 年为巩固提高期，确保贫困人口稳定可持续脱贫。

二、田阳脱贫攻坚的贫困治理思路

面对艰巨的脱贫攻坚任务，田阳基于区域贫困特点，严格贯彻落实中央、广西壮族自治区和百色市脱贫攻坚决策部署，形成了以下脱贫攻坚贫困治理主要思路。

第一，以易地扶贫搬迁为主要路径，实现以区域发展带动脱贫攻坚和以脱贫攻坚促进区域融合发展，解决区域贫困问题。田阳南部石山地区的贫困治理是全区脱贫攻坚的重点和难点。通过实施易地扶贫搬迁，将南部石山区贫困人口大规模搬迁到河谷平原地区。依托河谷平原地区、北部土山地区的经济产业基础和发展资源，为搬迁群众务工就业提供岗位，通过安置社区配套基础设施建设，消除搬迁群众多维贫困。此为区域发展带动脱贫攻坚。农村贫困人口大规模迁出南部石山地区后，人地矛盾、人与环境的冲突大大缓和。加强南部石山区的基础设施建设，并在保护生态的前提下，利用当地生态资源和林下土地资源和林荫优势，采取"三养一种"产业扶贫思路，积极引进龙头企业发展肉牛、生猪、蛋鸡等地方特色生态养殖，以及脐橙、反季节蔬菜等特色果蔬产业。拓展与河谷地区的产业对接，实现区域产业融合发展。

第二，以特色产业为重点、以长短结合促进产业发展，促进贫困人口稳定脱贫。田阳贫困人口规模大，脱贫攻坚任务重、时间紧，且贫困人口脱贫后巩固脱贫成果任务艰巨。为此，田阳采取了以芒果、番茄等特色优势产业为重点、以长短结合的产业发展方式来促进贫困人口"短期有收入、中长期可致富"。具体而言，在脱贫攻坚初期，坚持将养殖产业等周期短、见效快的扶贫项目作为重点之一，采取"自养自销，贷鸡还鸡，村、企、户联动养殖集中区，股权资产性联营"等经营模式，以及以奖代补激励措施，扶持贫困户发展短平快养殖产业，帮助贫困户短期内增加收入，实现当下脱贫。在脱贫攻坚中期和末期，立足本地资源优势，依靠发展芒果、番茄等特色优势果蔬产业，通过"互联网+精准扶贫"、资产收益扶贫等扶贫创新机制帮助贫困人口参与产业发展，实现贫困群众和脱贫群众分享特色产业发展红利，获得稳定收入，增强脱贫稳定性。在脱贫攻坚后期或脱贫成果巩固期，依托交通区位优势、丰富的旅游资源、快速发展的现代农业、新兴工业的崛起等发展优势，推进以中部河谷地区为中心带的区域经济加快发展。以区域经济发展增加就业机会，提供就业岗位，为搬迁贫困户及农村脱贫人口向城镇聚集并实现可持续脱贫提供就业支撑，实现贫困人口的可持续脱贫。

第三，在脱贫攻坚中注重通过有为政府实现有效市场。田阳利用政治动员优势，把田阳区内外各类扶贫资源整合用于脱贫攻坚，通过扶贫机制创新，使市场主体在扶贫资源配置中起决定作用，进而提升扶贫效益。具体而言，田阳积极发挥革命老区县特色，动员上级扶贫资金、粤桂扶贫协作、对口帮扶等规模较大的帮扶资源，整合本区财政资金，投入到贫困地区基础设施、公共服务设施建设和特色产业发展等领域，显著提升了田阳营商环境的硬件设施，发挥政府在脱贫攻坚投入上的主体和主导作用。出台《田阳县招商引资服务规则》《田阳县招商引资优惠暂行办法》等多个文件，不断优化营商环境，通过重塑扶贫产业组织形式等方式，吸纳和支持市场主体参与脱贫攻坚，带动产业发展和贫困人口脱贫。

三、田阳脱贫攻坚的贫困治理体系

脱贫攻坚是多元主体协同参与、多要素资源整合、涉及方面广的系统性贫困治理过程。田阳脱贫攻坚贫困治理体系主要包括贫困治理路径、治理保障体系等。

田阳脱贫攻坚的总体思路是认真贯彻落实中央、广西壮族自治区和百色市精准扶贫、精准脱贫的决策部署，结合本区贫困状况和特点，将扶贫开发与经济社会发展相结合，政府与社会力量相协同，坚持生态保护与绿色发展相融合，推进实施了以"七个一批"和"十个到村到户"的贫困治理路径。"七个一批"精准脱贫路径包括产业发展增收脱贫一批、转移就业精准增收脱贫一批、易地扶贫搬迁精准脱贫一批、生态补偿精准帮扶脱贫一批、教育扶智精准帮扶脱贫一批、低保兜底精准帮扶脱贫一批和医疗救助精准帮扶脱贫一批。"十个到村到户"精准策略包括扶贫政策宣传到村到户、金融扶贫到村到户、产业扶贫到村到户、基础设施扶贫到村到户、农村危房改造到村到户、易地扶贫搬迁到村到户、教育帮扶到村到户、劳动力培训就业指导到村到户、最低生活保障到村到户、干部结对帮扶到村到户。

为了确保精准扶贫、精准脱贫的政策举措落到实处，田阳推进实施了脱贫攻坚的四大治理体系，即脱贫攻坚的责任落实体系、资金投入体系、社会动员体系和监督考核体系。一是强化脱贫攻坚责任落实主体。脱贫攻坚战打响后，田阳成立了田阳区脱贫攻坚战指挥部，围绕脱贫攻坚任务下设专责工作小组统筹整合部门资源和力量，在脱贫攻坚任务的分工过程中分解脱贫攻坚责任。同时要求乡（镇）成立乡（镇）脱贫攻坚指挥部，建立与区脱贫攻坚指挥部对应的组织结构和工作组，强化脱贫攻坚落实责任，层层签订脱贫攻坚责任书。二是健全脱贫攻坚资金投入体系。田阳积极争取上级部门资金和加大本级财政投入，发挥了政府在脱贫攻坚投入上的主体和主导作用，同时引导社会力量参与脱贫攻坚，在投入上构建了多渠道、多元化的扶贫投入新格局，为推进脱贫攻坚提供了资金保障。借助中央提出统筹整合使用财政涉农资金契机，探索建立了统筹整合使用涉农财政资金的规范与管理机制，确保了项目扶贫资金使用精准。三是完善脱贫攻坚社会动员体系。田阳脱贫攻坚转变政府"独角戏"为社会"大合唱",积极动员社会力量参与,形成脱贫攻坚合力。通过深化东西部扶贫协作、建立健全结对帮扶机制,发挥政府在社会力量参与脱贫攻坚的引领作用,由区委统战部牵头,联合区扶贫办、非公党工委、工商联、工业园区管委会等部门积极动员非公企业主动参与贫困村帮扶活动,组织开展了"千企扶千村"和"非公有制企业扶贫统一行动"。四是深化脱贫攻坚监督考核体系。建立扶贫领域反腐败和作风问题专项整治的工作例会制度、日报工作制度、线索排查制度、直查直办制度、通报曝光制度、联动协同机制等六项工作制度。开展"正风护航·廉韵惠民行动",推进扶贫领域腐败和作风问题专项治理行动。建立健全结对帮扶干部管理考核制度,实施了帮扶干部管理考核"一制度两办法",即贫困村党组织第一书记述职评议制度、贫困村党组织第一书记考核办法和田阳区结对帮扶干部管理考核办法等干部管理考核制度。

第三节　田阳脱贫攻坚的成效与经验创新

一、田阳脱贫攻坚的主要成效

1. 农村贫困人口大幅减少,顺利实现了脱贫摘帽

2013年底,田阳有贫困村52个,建档立卡贫困人口20928户76108人。2015年经过精准识别,田阳共有贫困村52个,建档立卡户20933户76277人,其中2014年、2015年共退出6629户25290人,未脱贫贫困人口14304户50987人,贫困发生率为16.35%。2016—2018年,田阳累计减贫12136户44806人,脱贫出列37个贫困村,9个深度贫困村纳入贫困村管理,未脱贫人口库存降至2352

户 6754 人，未出列贫困村库存降至 24 个，贫困发生率从 16.35% 降至 2.17%。田阳于 2019 年 4 月通过广西壮族自治区扶贫办组织实施的贫困县退出专项评估检查，成功实现了脱贫摘帽；2019 年 7 月顺利通过国务院扶贫办组织的贫困县退出抽查评估。2019 年底田阳脱贫出列贫困村 17 个，脱贫摘帽贫困人口 5668 人，巩固提升 37 个村、18282 户 68844 人脱贫成果（含脱贫户和退出户），剩余贫困人口仅为 900 人，贫困发生率控制在 0.29% 以下。

2. 群众生产生活条件显著改善

脱贫攻坚以来，田阳以"兵团联合作战"的方式推进脱贫攻坚基础设施建设，先后实施安全饮水、村屯道路、产业道路、水柜和网络等基础设施大会战。通过新建和维修水池，安装水池盖板，安装配套消毒设备和水泵等措施，确保所有建档立卡人口都喝上安全饮用水。采取住房保障达标和易地扶贫搬迁"双管齐下"，全面解决贫困群众住房安全保障问题。2016—2018 年共实施农村危房改造项目 2429 户，实施农村不达标住房提升改造 613 户，全区住房保障率达 99.96%。落实"双线四包"工作责任制，建立控辍保学工作机制，全区没有建档立卡贫困学生辍学，2018 年九年义务教育巩固率达 96.21%。推行先诊疗后付费、"一站式"服务和医疗保障差异化补助等惠民便民医疗服务政策，筑牢城乡居民基本医疗保险、城乡居民大病保险、健康扶贫保险、医疗救助、医疗兜底"五道防线"。2020 年，农村居民基本医疗保险参保率 98.59%，建档立卡贫困人口参保率 100%，建档立卡户应享受参保费用（个人缴费部分）财政补贴政策享受率 100%，贫困户患病人口住院费用实际报销比例达到 90%，门诊特殊慢性病治疗费用实际报销比例均达到 80%，建档立卡贫困人口家庭医生签约服务率达 100%，患有 14 种大病的贫困患者救治率达 100%。

3. 贫困治理体系不断完善，治理能力有效提升

田阳根据脱贫攻坚任务，以专责小组、专班领导小组等方式组织整合部门资源、社会资源有效推进脱贫攻坚工作，贫困治理体制也不断完善。如建立易地扶贫搬迁工作专班领导小组，领导小组下设办公室，办公室下设各安置点工作组，每个安置点工作组组长由区级领导担任（包点负责），全权负责该安置点项目建设各项工作，相关职能部门正职领导任工作组成员。贫困农户和贫困村是脱贫攻坚的目标群体。贫困治理重心下移是提升治理效能的重要基础。田阳通过推进领导干部"换位沉底"制度、"主官问政、扶贫专考、纪检监督"制度、扶贫专项人大督办和政协点题专查制度等工作机制创新提升贫困治理的能力和水平。总的来看，田阳以脱贫攻坚为契机，根据精准扶贫精准脱贫要求，不断完善基层治理体系，提升治理效能，以回应基层治理需求，实现了治理机制向乡村延伸，促进了贫困治理水平的提升。

二、田阳脱贫攻坚的创新经验

田阳全面贯彻落实中央、广西壮族自治区、百色市脱贫攻坚部署，因地制宜、开拓创新，在扶贫开发工作中以强化党的全面领导为脱贫攻坚提供组织和政治保障，全链式推进产业扶贫，多元协同整合扶贫搬迁，文化共融发展共享促进东西部扶贫协作深入推进等特色经验。

1. 在强化基层扶贫工作，推进贫困治理的制度化、现代化方面，探索实施了领导干部"换位沉底"治理制度

在扶贫中有时会面临"最后一公里"的难题，即扶贫政策和资源难以在村庄和农户层面得到有效落实。田阳创新开展领导干部

"换位沉底"、帮扶干部"入户探亲"的扶贫模式，尤其是通过扎实开展"六个一"活动，各项扶贫政策得以具体落实到贫困村（屯）、贫困户以及贫困个体身上，同时把脱贫攻坚中群众的需求和基层一线迫切需要解决的问题及时反馈上级部门，实现了上与下的互动、需求与供给的对接，从而有效解决了扶贫过程中政策落地的"最后一公里"难题。

2. 在贫困村集体经济发展上，探索实施以"三资配置·二元激活"为主要思路的联村抱团、联营合作的村集体经济发展方式，通过村集体与企业的稳固合作，保障贫困村获得稳定集体经济收入

缺资源、缺人才、缺资金是贫困村发展村集体经济面临的主要困难。为了扭转贫困村村集体经济局面和改变村集体经济"空壳"现状，田阳创新实施以"三资配置·二元激活"（资金、资产、资源整合配置，激活经营人才队伍、激活经营机制体制）为主要思路的联村抱团、联营合作的村集体经济发展方式。具体而言，通过整合上级资金和本级财政资金，为每个贫困村安排不低于 50 万元的村集体经济发展资金，将 61 个贫困村联合抱团成立 7 个村集体经济公司，依托本地资源、产业优势，采取投资优势产业、与龙头企业开展合作等方式，实现村集体经济发展公司化运营。联村抱团、联营合作发展村集体经济的实施内容包括：一是抱团发展教育产业。那坡镇和坡洪镇 9 个、那满镇 7 个贫困村抱团成立了村集体经济公司，并投资创办新康达幼儿园和新美智汇幼儿园，参与抱团投资的贫困村 2019 年获 3.26 万—9 万元不等的村集体经济收入。二是抱团发展养殖产业。洞靖镇和五村镇的 21 个贫困村抱团成立村集体经济公司，投资建设肉鸡养殖，年出栏肉鸡 105 万羽，抱团投资的 21 个贫困村 2019 年每村获集体经济收入 3 万元。五村镇 8 个贫困村抱团成立村集体经济公司，投资建设 2 万对种鸽全自动养殖

基地，出租给百色市利腾公司养殖，参与抱团的 8 个贫困村 2019 年每村获得村集体经济收入 3.3 万元以上。全区 107 个行政村（含 35 个贫困村、72 个非贫困村）抱团成立村集体经济公司，参与田阳华润五丰供港基地 120 万羽蛋鸡养殖，抱团投资的 107 个行政村 2019 年每村获得村集体经济收入 1.04 万—4.16 万元。三是抱团发展农资市场产业。巴别乡 12 个贫困村抱团成立村集体经济公司，投资建设农资市场，参与抱团投资的 12 个村 2019 年每村获村集体经济收入 3.35 万元。四是抱团发展果蔬塑料包装产业。五村镇 8 个贫困村抱团成立村集体经济公司，与田阳裕景公司合作经营果蔬塑料包装筐、包装盒等产品，参与抱团投资的 8 个贫困村 2019 年每村获得集体经济收入 2.8 万—8.4 万元。

3. 在易地扶贫搬迁社区基本公共服务供给上，探索实行 "农事城办" 便民服务机制

田阳易地扶贫搬迁采取城区集中安置的方式，把不同乡（镇）的搬迁群众集中安置在城区的老乡家园等易地搬迁安置点。为了有效推进搬迁群众安置后的后续管理和服务要求，田阳创新便民服务机制，成立新型移民搬迁社区，以搬迁区域为单元设置大网格，在大网格下以楼宇为单位设立小网格，建立社区网格化管理模式。通过向社会购买服务的方式，聘请社工对安置社区进行区域化网格管理服务，小网格格长（楼长）由能力突出的群众担任。组建移民搬迁社区党组织，各社区以楼宇为单位成立党支部。成立便民服务组织机构，在安置点设立政务服务中心。从组织、人社、教育、卫计、民政、公安、司法等 11 个单位抽调业务骨干到服务中心大厅办公，为搬迁群众提供 "一站式" 服务，实现搬迁群众办事不回乡，就地发展有保障。

第四节　田阳脱贫攻坚的有益启示

一、对其他地区贫困治理的启示

1. 坚持因地制宜、开拓创新

我国脱贫攻坚实行"中央统筹、省（自治区、直辖市）负总责、市（地）县抓落实"工作机制。市（地）县是脱贫攻坚的实施主体，在脱贫攻坚治理上具有较大的自主权。县级党委、政府依据"任务到县、责任到县、资金到县、权力到县"的"四到县"原则，结合本地实际，细化和优化上级脱贫攻坚政策举措，创新脱贫攻坚举措。某种程度来说，县区级党委、政府创新能力的强弱，决定着其脱贫攻坚实效高低。田阳之所以取得脱贫攻坚的显著成效，就是因为区委、区政府坚持实事求是的思想路线，结合本地区的贫困特点和区域发展优势，在落实上级系列脱贫政策措施过程中，创造性地抓住田阳脱贫攻坚中的主要矛盾，把南部石山地区贫困人口的易地扶贫搬迁摆在突出位置，配套实施 20 万亩农林生态产业园示范项目建设等举措，带动其他脱贫攻坚措施的落实落地落细。

2. 坚持"链式发展"，确保贫困人口的可持续增收

贫困人口的可持续增收是确保稳定脱贫的治本之策、关键之举。在农村贫困地区，扶贫产业发展的主要依托是种养业，坚持以短养长，长短结合符合农业发展的基本规律。为此，田阳创造性地提出并实施"短期保增收、中期上产业、长期保就业（增收）"的"链式发展"模式，既注重短期的"保增收"（通过产业奖补等措施，实现贫

困群众短期收入的提高，确保其如期实现脱贫），还注重中期的产业培育（通过扩大产业规模、科技支撑等，培育贫困地区产业竞争力），更注重长期的扶贫产业的可持续发展（通过引进企业发展加工业，实现产业的接二连三，做长产业链等确保产业发展的可持续性，创造更多就业岗位，促进贫困群众就地就业增收，形成对贫困人口持续脱贫的有力支撑），从而形成长期、中期、短期目标一致、紧密配合的可持续脱贫的长效机制。这为其他地区从实际出发培育可持续发展产业，确保贫困群众持续增收提供了有益的经验借鉴。

3. 坚持多措并举和多主体联动，扩大脱贫的整体效益

贫困地区和贫困人口致贫原因复杂，扶贫中只依靠某一资源或者某一措施，很难实现贫困人口的稳定脱贫。注重多方面扶贫举措的协同发力，多种帮扶模式联动发展，既能提高贫困人口脱贫的稳定性，还能扩大扶贫的整体效果。田阳在发展贫困村集体经济上，注重促进扶贫各主体之间的联动与合作，探索实践联村抱团、联营发展方式，在养殖产业上探索村企户联动养殖集中区等，通过这些联营合作，实现了扶贫对象的稳定增收，也扩大了脱贫整体效益，实现合作共赢。

二、对巩固拓展脱贫成果的启示

1. 更加注重发挥就业扶贫在巩固拓展脱贫成果中的作用

产业扶持和就业扶持都是促进农户增收的重要举措。产业帮扶在解决贫困人口温饱或绝对贫困问题上具有显著优势，而就业帮扶在促进脱贫群众实现富裕上具有相对优势。从田阳的经验看，拓宽就业空间是脱贫人口长期能致富的主要方式。从全国来看，脱贫人口的工资性收入要高于农业生产经营性收入，并且农业收入大幅增加更为困

难。2020 年后进入巩固拓展脱贫成果、全面推进乡村振兴的新阶段，要把就业帮扶摆在更为突出的位置，更加注重发挥就业在促进脱贫人口增收上的作用。依托特色城镇建设拓宽就业空间，开发公益就业岗位，创造就业机会，加强技能培训和就业指导，支持农村青年劳动力跨区域就业流动。

2. 更加注重培育脱贫人口的自我发展能力

贫困人口自我发展能力的不断提升是实现高质量脱贫的重要标志，更是 2020 年后减缓相对贫困的内在要求。脱贫人口自我发展，一方面，要有自主发展的意识，也就是必须树立"我要可持续脱贫"的强烈意识，这就是习近平总书记强调的"扶贫必先扶志"的根本所在；另一方面，就是要有"一技之长"，没有一技之长，而空有"发展之志"，能力的提升就难以实现，也就要求在实践中坚持把帮扶同扶智结合起来。在长期的扶贫实践中，各地对此一直都给予重视，都在不断探索行之有效的方法。但实事求是地讲，这仍是亟待破解的一大难题。究其原因在于，这不是可以一蹴而就的易事，一方面，自我发展能力的提升是一个长期的过程，需要持之以恒、绵绵用力、久久为功；另一方面，也要改变工作的方式方法，尤其是要在优化相关支持政策体系上做文章，同样需要用"绣花的功夫"才能够逐步见效。田阳在推进脱贫攻坚中对提高贫困人口自我发展能力的探索应该说是比较成功的，比如，通过在村屯创立新时代农民讲习所广泛宣传党的富民政策，用身边人、身边事（那坡镇尚兴村从 20 世纪 80 年代就主动从深山里搬到河谷地区来发展、那满镇新立屯整体搬迁等），用群众看得见摸得着的典型事例来激发贫困群众的"自我发展意识"；又比如，开展农村致富带头人的认定，培养一大批群众身边的致富能手来进行"传帮带"；再比如，结合特色优势产业（如芒果、小番茄等）发展，依托所建立的产业示范基地，利用当地"土专家"来对农民进行技术培训。这样一些

"干货"措施的落地落实,把贫困群众自我发展能力的提升建立在扎实的工作基础之上,收到了良好的效果。这些做法和经验在今后的巩固拓展脱贫成果和全面推进乡村振兴工作中,无疑是具有重要借鉴意义的。

3. 更加注重基层治理体系不断完善和治理能力的提升

贫困治理是国家治理的重要内容。贫困治理预期目标的实现,有赖于其治理体系的不断完善和治理能力的不断提升。具体到基层而言,就必须结合实际对治理体系加以完善,这是因为我国幅员辽阔,各地发展不平衡,国家有关治理的决策部署具有宏观性和指导性,转化为具体实践,需要有一个再创造的转换过程。与此同时,还需要有与之相匹配的治理能力,这是脱贫攻坚取得实效的可靠保障。在这方面田阳也做了许多具有自身特色的有益探索。在完善治理体系方面,田阳制定了"上接天线、下接地气"的政策体系,比如说,构建推进脱贫攻坚的四大治理体系,形成了分工明确、任务到人的脱贫攻坚责任落实体系;以政府财政投入为主体,多渠道、多元化吸纳社会资本共同投入的资金投入体系;党政机关定点帮扶、东西部扶贫协作、"千企帮千村"和社会各界广泛参与的社会动员体系以及以"六项制度"(即工作例会、月报工作、线索排查、直查直办、通报曝光、联动协同机制等)为主体的监督考核体系和"一制度两办法"的考核体系,从而有效解决了脱贫攻坚"谁来扶"的问题。在治理能力提升方面,田阳出台的"七个一批"和"十个到村到户"的具体措施,把每一项帮扶政策精准滴灌到扶贫对象上,从而较好地实现了"扶真贫、真扶贫、脱真贫、真脱贫"的目标。在今后的巩固拓展脱贫成果和全面推进乡村振兴工作中,由于目标要求不同,这些做法当然不可以照搬照套,但是应根据新的形势要求,不断提升基层治理体系和治理能力的现代化。

三、对左右江革命老区振兴的启示

1. 脱贫攻坚是左右江革命老区振兴的题中之义

习近平总书记指出，我们实现第一个百年奋斗目标、全面建成小康社会，没有老区的全面小康，特别是没有老区贫困人口脱贫致富，那是不完整的。这就是我常说的小康不小康、关键看老乡的涵义。①中央批准实施的《左右江革命老区振兴规划》，从根本上说就是要让老区人民与全国人民同步迈向全面小康时代。脱贫攻坚是全面建成小康社会的标志性指标、底线性任务。田阳率先甩掉了"贫困县"帽子，标志着作为左右江革命老区核心区之一的田阳各族人民与全国人民同步进入全面小康社会。当然还应看到，虽然脱贫攻坚为老区振兴奠定了坚实的基础，但这只是"万里长征的第一步"，未来老区振兴之路还很长，可谓任重而道远。巩固拓展脱贫攻坚成果，促进老区全面振兴，是老区人民与全国人民一道迈向共同富裕的必然选择。

2. 老区振兴应以巩固拓展脱贫成果和全面推进乡村振兴统领经济社会发展全局

在"十三五"期间，田阳抓住脱贫攻坚战的机遇，不断加大对城乡经济社会发展各个方面的投入，从人口城镇化、产业联动、交通设施联动、基本公共服务均衡化等方面促进城乡融合发展和一体化发展。截至 2018 年末，所有行政村、自然村实现了硬化路、集中供水、生产生活用电、通信网络等设施的全覆盖，行政村通公共交通率达到 85.07%。基础设施的极大改善，为老区振兴奠定了坚实的物质基础。同时，在产业发展方面，田阳一方面以"链式发展"促进扶贫产业

---

① 参见《把革命老区发展时刻放在心上——习近平总书记主持召开陕甘宁革命老区脱贫致富座谈会侧记》，《人民日报》2015 年 2 月 17 日。

的发展，实现产业富民；另一方面着力推动以铝工业为重点的新型工业化发展，实现了区域产业结构的革命性变革，由农业大县（区）华丽转身为广西县域新型工业县（区）。此外，在脱贫攻坚的推动下，全区教育、医疗卫生、科技文化等社会事业也得到快速发展，老区振兴迈出了实质性的步伐。但横向比较而言，左右江革命老区仍然是发展相对滞后的地区。在未来的老区全面振兴中，坚持以巩固拓展脱贫攻坚成果和全面推进乡村振兴统揽经济社会发展全局，坚持不懈地推进"补短板、强弱项、夯基础、壮实力"，应是老区振兴的必由之路。

3. 老区振兴应大力弘扬百色起义精神

邓小平等老一辈无产阶级革命家在领导百色起义、创立左右江革命根据地中所形成的百色起义精神是革命先烈留给左右江革命老区人民的宝贵精神财富，永远是我们战胜各种艰难险阻、不断夺取新胜利的强大动力。在推动脱贫攻坚中，田阳始终坚持以百色起义精神教育广大干部群众去攻克一个又一个难关，顺利完成了一项又一项艰难的任务，比如，对全区 8 万多户农户的住房进行全面的鉴定，实现所有危旧房的改造，百分之百完成农户"住房安全"任务等。我们在对基层干部的访谈中问道："田阳取得的脱贫攻坚成效，最关键的因素是什么？"答："干部群众的牺牲精神。把青春献给脱贫攻坚的时代楷模黄文秀是田阳人，是田阳人的骄傲。其实我们当中有无数个黄文秀！"这就是田阳广大干部群众弘扬百色起义精神的最好诠释。因此，在全面建设社会主义现代化国家新征程中，继续大力弘扬百色起义精神，将为实现左右江革命老区全面振兴注入源源不断的强大精神动力。

第一章

红色福地：壮乡特色与反贫困史

田阳历史悠久，是壮民族的发祥地，是革命老区县（区）、滇桂黔石漠化片区县（区）和广西省级贫困县（区）。一方面，田阳地理区位发展资源丰富，县域经济发展基础比较好；另一方面，田阳境内区域发展差异大，中部平原地区地势平坦、土地肥沃，农业发展条件好，而南部石山地区和部分北部土山地区，山峰林立、土地贫瘠、易旱易涝。

第一节　红色精神：田阳的历史与百色起义

一、田阳的历史沿革与壮乡文化

1. 田阳的建置沿革

田阳在古代属于百越之地。公元前 221 年，秦统一中国后，在岭南设桂林郡、南海郡和象郡，而田阳就是象郡的辖地之一。到了汉朝，田阳县属于南越国，汉武帝平定南越国后，在田阳设立增食县。到了晋朝大兴元年，田阳由增食县改名增翊县。在唐朝，田阳改名为田州县。直至民国元年（1912），废州改县，田阳分为奉议县和恩阳县，奉议县治所在今兴城村，恩阳县治所在今百峰村，均属田南道辖地。1929 年 12 月 11 日，中国共产党人邓小平、张云逸等发动百色起义，建立红七军，在恩隆县平马镇建立苏维埃政权——右江苏维埃政府，辖右江沿岸各县。奉议县苏维埃政府于同年12月15日在田州镇成立，下辖田州区、百育区、那满区、仑圩区（部分属今田东县）、百武区（今头塘镇）和田州镇6个区（镇），51个乡苏维埃政府。1930年10月，红七军主力离开右江根据地，所辖政区建制自然消失。1935年，奉议县和恩阳县合并为田阳县，县城在那坡镇，属百色行政监督区。1949年12月5日田阳解放。1950年属广西省百色专区。1954年县治所迁至田州镇。1970年百色专区改称百色地区后，田阳隶属百色地区行政专员公署。2020年4月，田阳县成功实现撤县设区，田阳县变成百色市田阳区，其管辖行政区域以及人民政府驻地维持不变。

2. 田阳的壮乡文化

田阳是壮族人文始祖布洛陀的故乡，是壮民族的发祥地。布洛陀是壮族先民口头文学中的神话人物，是创世神、始祖神和道德神。布洛陀由壮语音译而来，布洛陀的"布"是很有威望的老人的尊称，"洛"是知道、知晓的意思，"陀"是很多、很会创造的意思，布洛陀就是指"无事不知无事不晓的老人"等意思。《布洛陀》是壮族的长篇诗体创世神话，主要记述布洛陀创造天地、创造人类的丰功伟绩，自古以来以口头方式在田阳一带传承。《布洛陀》的内容包括布洛陀创造天地、造人、造万物、造土皇帝、造文字历书和造伦理道德六个方面，反映了人类从茹毛饮血的蒙昧时代走向农耕时代的历史，以及壮族先民氏族部落社会的情况。①

近年来，田阳积极推进民族文化资源的挖掘、抢救、保护，依托"布洛陀文化、舞狮文化、歌圩文化"等壮乡特色文化，全力打造壮民族文化品牌。积极挖掘布洛陀文化，抓好布洛陀文艺精品创作。围绕布洛陀文化进行挖掘、抢救、整理和创作，共收集布洛陀经诗手抄本

---

① 《布洛陀》，见 http：//www.ihchina.cn/Article/Index/detail？id=12180。

70 本，创作了 180 个反映布洛陀文化内涵的文艺作品，布洛陀口传史诗被列入第一批国家级非物质文化遗产名录。田阳以敢壮山布洛陀文化遗址景区为核心，以总投资 25 亿元的田州古城为平台和载体，向全国乃至全世界展示壮族浓厚的民族文化、悠久的历史和多彩的风土人情，推动布洛陀文化交流。传承和发展壮族舞狮文化，打造"舞狮之乡"。田阳扶持舞狮艺术团的道具更新、训练场地维修、开展表演活动及队员生活补助，推动了壮族舞狮技艺的传承发展。在区内 4 所中小学、7 个乡镇 15 个村开展壮族舞狮文化进校园、进乡村活动，组建了壮族童狮队 4 个、民间壮族舞狮队 16 个，培训舞狮队员 500 多名。挂牌建立田阳壮族舞狮技艺传承保护基地，并与田阳职业高中联合招生，共举办舞狮培训班 30 期，学员 1000 多名，使田阳壮族舞狮技艺培训走上制度化、规范化轨道。弘扬歌圩文化，传播壮民族"好声音"。田阳歌圩始于隋唐前，现存有 8 大传统歌圩。"古美山歌""抢花炮""敢壮山歌圩"和"田州山歌"等已被列入自治区级非物质文化遗产保护项目。田阳整理创作布洛陀民间器乐《布洛陀圣乐》，反映布洛陀民族民间山歌田州调、巴别调、古美调等 20 多种调式，收集采用壮族民间乐器 32 种 67 件。组建了布洛陀民间铜鼓队、师公表演队，在每年的布洛陀祭祀大典活动上进行表演。田阳壮族歌手韦晴晴用壮语演唱的《壮族敬酒歌》登上 2014 年央视春晚舞台，在祖国各地传播着壮民族的"好声音"。[①]

二、田阳的红色革命与奋斗精神

1. 百色起义与田阳

1929 年 6 月，新桂系军阀在蒋桂战争中失败。广西左派军人俞

---

① 《田阳县特色文化》，2018 年 1 月 28 日，见 http://www.gxcounty.com/tour/msfq/20180128/139702.html。

作柏、李明瑞分别担任广西省政府主席和广西编遣特派员，掌握广西军政大权。他们希望跟中国共产党合作，中共中央派邓小平、张云逸等到广西。邓小平作为中共中央代表，负责广西党的工作。邓小平等到南宁后，对俞作柏、李明瑞进行了卓有成效的统战工作，张云逸、俞作豫分别担任了俞作柏、李明瑞新建的广西警备第四、第五大队队长。1929年9月，邓小平等在南宁津头村召开中共广西省代表大会，决定开展土地革命，武装农民，加强城市工人运动，准备武装夺取政权。正当广西革命形势好转之时，俞作柏、李明瑞急于公开宣布反对蒋介石国民政府，结果不战而败，随后风云突变。邓小平等领导人当机立断，决定把党掌握的武装斗争拉到右江地区百色，与韦拔群、黄治峰等领导的农民运动结合，开展武装斗争。1929年10月22日，邓小平、张云逸、陈豪人率领警备第四大队和教导总队，携带南宁军械库的枪炮弹药等军用物资到百色，并立即筹划武装起义。1929年11月上旬，党中央批准了左右江地区举行武装起义，创建红军和革命根据地的计划，批准建立中国共产党广西前敌委员会。按照党中央指示，邓小平召开前委会议，传达、贯彻中央指示精神。1929年12月11日，百色起义正式打响并迅速取得胜利，中国工农红军第七军正式诞生，成立了右江苏维埃政府和百色县临时苏维埃政府。邓小平与张云逸、韦拔群等革命同志组织领导的百色起义和成立的中国工农军第七军，是中国共产党在少数民族地区实行"工农武装割据"的光辉实践。①

田阳是百色起义发生的地区之一，也是右江革命根据地的重要组成部分。百色起义胜利后，在恩隆县平马镇建立苏维埃政权——右江苏维埃政府，辖右江沿岸各县。奉议县（原田阳区域）苏维埃政权于1929年12月15日在田州镇成立，下辖那坡镇等6个乡镇苏维埃

① 《百色起义简介》，2004年8月3日，见 http：//www.people.com.cn/GB/shizheng/8198/35413/36139/36142/2683507.html。

政府。奉议苏维埃政府成立后，中共奉议县委遵照中共第七军和中共右江特委有关指示，从思想上、组织上和作风上加强党的建设。开展了党的思想建设，学习六大决议、十大纲领、政治形势、党的基础知识和土地革命等，提高政治思想素质，通过各种会议学习和宣传党章，理解党的性质、纲领和任务。开展党的组织建设，严格实行党内民主集中制，建立请示汇报制度，实行领导干部工作责任制等。开展党的作风建设，对全区每个党员提出要求：个人服从组织决定，不做违法乱纪的事；要以群众利益为重；不搞个人特殊。开展土地革命，没收地主豪绅、一切反革命分子的财产和土地，以乡为单位，按人口平均分配给农民，并颁发土地使用证。在经济上，奉议县苏维埃政府成立后，宣布废除旧政府所有恶例规、恶制度，取消苛捐杂税，取消剥削性质债务，禁止各机关无故没收商店，严防大资本操纵市场等。①

2. 百色起义精神

百色起义的革命先辈用鲜血和生命铸就了百色起义精神。百色起义精神具有十分丰富的内涵。百色起义精神涵盖了党的政治信仰、科学的世界观和方法论、政策和宗旨，心怀理想、坚定信念；实事求是、遵循规律；因地制宜、开拓创新；为民谋利、依靠群众；艰苦奋斗、百折不挠；民族平等，精诚团结；顾全大局、无私奉献。② 一些研究者认为百色起义铸就了"百折不挠、团结务实、奉献拼搏、争先创新"的百色起义精神，而百色起义精神的当代弘扬又铸就了"弘扬传统、团结务实、奉献拼搏、争先创新"的百色精神。③ 百色市委组织部组织相关专家讨论，将百色起义精神凝练深化为"百折

---

① 《田阳县志》，见 http://lib.gxdfz.org.cn/catalog-c20.html。
② 梁文化：《百色起义红色资源中的艰苦奋斗、勤俭节约思想探析》，《广西社会科学》2013 年第 6 期。
③ 邱其荣：《百色起义精神的当代弘扬》，《社科纵横》2012 年第 11 期。

不挠、实事求是、依靠群众、团结奋斗"①。总的看来，开拓创新精神是百色起义精神的精髓，是革命精神与民族精神的结合,② 已逐渐成为共识。田阳作为右江革命根据地的重要组成部分，在打赢打好脱贫攻坚的硬仗中，大力弘扬百色起义开拓创新的奋斗精神，夺取脱贫攻坚战的全面胜利。

第二节　发展之势：田阳的发展条件与特色

一、田阳的政治优势与区位特色

1. 田阳脱贫攻坚的政治优势

1929 年，邓小平、张云逸等老一辈无产阶级革命家领导和发动了百色起义，建立了右江革命根据地。作为右江革命根据地的重要组成部分，田阳长期以来受到了党中央、国务院的亲切关怀和上级各部门的大力支持。2010 年 5 月 10 日，习近平同志到田阳考察扶贫开发工作和革命老区建设情况，并来到田阳易地扶贫搬迁形成的新立村共联屯，与村民在一起拉家常，详细了解村民的生产生活情况。③ 2016年9月4日，胡春华同志到田阳的玉凤镇懂立村调研，并考察田阳20

---

① 蒋平：《依托红色文化加强和改进基层党建工作——以百色起义红色文化为例》，《理论导刊》2016 年第 10 期。

② 胡耀南：《百色起义精神的当代价值论略》，《科学时代》2011 年第 11 期；庾新顺：《百色起义、龙州起义精神的科学内涵、显著特点和现实意义》，《传承》2012 年第 21 期；何成学、文红艳：《论邓小平领导百色起义的求实开拓创新精神》，《广西师范学院学报（哲学社会科学版）》2018 年第 6 期。

③ 《习近平强调：在新的起点上深入实施西部大开发战略》，2010 年 5 月 11 日，见 ht-tp://www.gov.cn/ldhd/2010-05/11/content_ 1604050.htm。

万亩标准化农林立体观光生态扶贫产业园核心示范区。[①] 2018 年 12 月 12 日，汪洋同志到田阳区的田州镇兴城村番茄基地考察番茄等产销情况，强调加快脱贫攻坚奔小康的步伐，要大力发展现代特殊农业，延长农业产业链，转变农业发展方式，建设现代农业产业体系，全面提高农业综合效益，真正让农民从中受益。[②] 此外，江泽民、胡锦涛、李鹏、朱镕基、李瑞环、温家宝等同志都到过田阳视察扶贫开发和乡村发展工作。党中央、国务院、自治区对田阳经济社会发展和扶贫工作的重视，使田阳人民受到极大的鼓舞，为田阳脱贫攻坚带来了显著政治优势，不仅使田阳能更有效地动员政府、市场和社会扶贫资源和力量，也有利于激发田阳广大干部活力，推动各类脱贫攻坚资源和力量凝聚，形成合力。

2. 田阳脱贫攻坚的区位优势

田阳地处广西西部、百色地区中部和右江河谷中部，总面积 2398.32 平方公里。田阳东至南宁，西通云南、贵州，南经德保县、靖西市至越南，北过巴马瑶族自治县、东兰县进入河池市，城区距离自治区首府南宁 200 多公里，距离百色市中心城区 38 公里。经过近几年的快速发展，田阳与百色市右江区已连成一片，百色机场位于田阳城东南 5.5 公里，高速公路、铁路、右江河道和双向 8 车道的城市主干道（百色大道 2017 年 9 月通车）贯穿两地，形成了半小时经济圈和生活圈。2020 年为扩展百色市城市发展空间，加快百色市经济社会全面发展，广西壮族自治区人民政府正式发布，撤销田阳县，设立百色市田阳区。

田阳是西南出海大通道的重要交通枢纽。在"一带一路"倡议背景下，中央赋予广西"加快北部湾经济区和珠江—西江经济带开放发展，

① 《胡春华来桂调研对接东西部扶贫协作工作》，2016 年 9 月 6 日，见 http：//gx.people. com.cn/n2/2016/0906/c370939-28958536.html。
② 《汪洋率中央代表团一分团在百色看望慰问各族各界干部群众》，2018 年 12 月 12 日，见 http：//www.xinhuanet.com/politics/2018-12/12/c_ 1123844408.htm。

构建面向东盟的国际大通道，打造西南中南地区开放发展新的战略支点，形成 21 世纪海上丝绸之路与丝绸之路经济带有机衔接的重要门户"的新战略定位。田阳作为南（宁）贵（阳）昆（明）经济走廊的中心地带，振兴左右江革命老区的核心区和主战场，是大西南出海通道的要塞和重要物流节点，具备发展国际物流、区域物流的良好基础。

田阳是中国—东盟自由贸易区的"桥头堡"。随着中国—东盟自由贸易区"升级版"进程加快，中国与东盟将由以单纯贸易为主，向以投资为基础的服务与贸易并重转变。互联互通和贸易投资便利化水平将不断提高，产业合作与行业对接不断加强，双向投资和对外贸易力度将不断加大。田阳是中国百色—东盟农业博览会的永久举办地，是进一步扩大与东盟的贸易和投资，服务企业走向东盟的重要前沿阵地。

二、田阳的资源禀赋与交通优势

1. 田阳的资源禀赋优势

资源禀赋又称为要素禀赋，指特定地域拥有的各种生产要素，包括劳动力、资本、土地、技术、管理等方面。一个地区的资源禀赋主要指自然资源条件，而资源条件对区域的经济社会发展具有重要作用。田阳的资源禀赋优势主要体现在地理资源、气候条件、矿产资源等方面。在地理资源方面，田阳总面积 2398.32 平方公里，境内有平原、台地、丘陵、土山、石山。主要山川自西北向东南延伸，总的地势为南北高、中间低、东西狭长、南北宽，素有"两山一谷"之称。山地是田阳的主要地貌类型，但田阳中部有河谷平原区，占全区总面积的15.97%，耕地占全区耕地总面积的 34.96%，是全区垦殖指数最高的地区，土壤肥沃，光热充足，水利条件好，四季可耕。中部土山地区为丘陵、低山、中山地貌，总面积 868966 亩，占全区总面积的 24.2%。[①]

①《田阳县志》，见 http://lib.gxdfz.org.cn/view-c20-18.html。

由于北部土山土壤成土母以砂页岩最多，页岩较好，对发展农林生产极为有利。全区有大小河流 12 条，右江是主干河，自西向东流经 6 个乡镇。河网密度为每平方公里 0.13 公里，年径流量为 9.987 亿立方米，水资源十分丰富。

在气候条件方面，田阳地处低纬度，靠近北回归线，属南亚热带季风气候。由于右江河谷平原冷空气难以入侵，田阳气候冬季温暖，春季升温快，全年无霜期为 307—352 天，有"天然温室"之称。田阳年平均气温为 18℃—22℃。以右江河谷为中心，分别向南北逐渐递减。随着地势高度增加而降低，南、北部山区比中部河谷平原约低 2℃—3℃。中部平原区年平均气温为 22℃，北部土山区为 19℃—21℃，南部石山区为 18℃—20℃。田阳平均气温较高，喜温作物的生长期长，除海拔 600 米以上的山区外，热量均可满足一年三熟制的需要。在日照方面，田阳是全广西太阳光能最高值县区之一。一年中，7—9 月均在 200 小时以上，年平均日照率为 43%，最高达到 56%。每年农作物生长季节的 3—10 月，日照时数达到 1448.6 小时，占全年总日照的 75.8%，对农作物的光合作用十分有利。在降水量上，田阳年降水量平均在 1100—1350 毫米。由于受地形的影响，山阳面与迎风面获得雨量较多，即北部土山区是全区降水量最多的地区，其次是南部山区，中部河谷平原较少。① 气候的总特点是：雨热同季，热量丰富，夏长冬短，夏热冬暖，天气炎热，暑热过半，光热充足，雨量偏少，蒸发量大于降雨量，为广西最旱的三大旱区之一。

在矿产资源上，田阳拥有 14 个品种的矿产资源。储量达万吨级别的矿产资源有煤矿，储量约 1 亿吨，年产量为 6 万—10 万吨。石油储量约 308 万吨，含油面积 14 平方公里，已开采油井 35 口，年产 3.5 万—4 万吨原油。铝土矿 4649 万吨，磷矿储量约 33 万吨，褐铁矿总储量约 30 万吨，赤铁矿储量 5 万吨以上，硫铁矿储量 12 万吨以

---

① 《田阳县志》，见 http：//lib.gxdfz.org.cn/view-c20-22.html。

上，膨润土储量 220 万吨。①

2. 田阳的交通优势

经过多年建设，田阳在交通上拥有了铁路、公路、水运、空运"四位一体"的交通联运网络。在铁路上，南昆铁路在田阳境内设有客运货运服务站 3 个，田阳境内设立有高铁站——田阳站，有发往广州、昆明、南宁、柳州、桂林、玉林、北海等地的 10 余条高铁或动车线路经过，出行非常方便。在公路方面，广昆高速、南百高速等多条高速公路经过田阳，城区设有城东、城西 2 个客货运服务中心，有开往南宁、广州、巴马、百色等地的直达快班和大中型货物运输车辆，运输时间短、效益高。水运交通也比较发达，右江河流经田阳境内，沿岸有大小码头 20 多座，码头现有吞吐量 30 万吨，有百色至南宁巷道（属Ⅵ级）四季通航 300 吨级船舶，南宁至广州（属Ⅲ级）通航 1000吨级航队，航道最远可至深圳出海。在空运方面，百色巴马机场位于田阳境内，距离田阳城区仅 5.5 公里，2007 年通航，有百色至北京、上海、广州、天津、深圳、西安、海口、长沙、桂林、重庆、贵阳等多条航线，2018 年客运吞吐量 18.08 万人次，货邮吞吐量 29.91 吨。

第三节 藏穷露富：田阳贫困特点与扶贫开发

一、田阳的贫困与成因

1. 脱贫攻坚战初期的贫困状况

田阳属于滇桂黔石漠化片区，2012 年被国家列入滇桂黔石漠化

① 《田阳县志》，见 http://lib.gxdfz.org.cn/view-c20-37.html。

片区扶贫县。自国家开始实施扶贫开发以来，田阳在各时期均为广西壮族自治区级扶贫开发工作重点县。党的十八大以来，坚决打赢脱贫攻坚战，让贫困人口和贫困地区同全国一道进入全面小康社会是党的庄严承诺。为打赢脱贫攻坚战，中央对扶贫战略作出了创新性部署，坚持精准扶贫、精准脱贫方略，动员全党全国全社会力量参与脱贫攻坚战，确保到 2020 年我国现行标准下农村贫困人口实现脱贫，贫困县全部摘帽，解决区域性整体贫困，做到脱真贫、真脱贫。

通过精准识别和建档立卡工作，2015 年底田阳区有农村建档立卡贫困户 20806 户 75441 人，其中 2014 年、2015 年脱贫人口 25222 人，未脱贫人口 14164 户 50219 人，贫困发生率 15.99%。有建档立卡的贫困村 52 个，2018 年通过精准识别增加 9 个深度贫困村，贫困村总数增至 61 个。从表 1-1 可以看出，田阳有 84.27% 的贫困人口和所有贫困村分布在南部石山地区。南部石山地区一些贫困村的贫困发生率甚至超过 60%，贫困程度深。南部石山区由于自然条件恶劣、石漠化严重、发展资源匮乏、生态环境脆弱、自然灾害频发、基础设施薄弱，农业产业发展基础薄弱、农民收入水平低、农村贫困现象突出。河谷平原地区和北部土山地区地理资源条件较好，交通优势明显，农业和工业取得长足发展，农民收入水平比较高，农村贫困人口较少。北部土山地区农村贫困人口 7269 人，占田阳贫困人口的 9.63%。河谷平原地区农村贫困人口 4607 人，占全部贫困人口的 6.1%。因而，田阳的贫困人口分布体现出了区域集中分布的"藏穷露富"特点，即与外部交流密切的河谷平原地区和北部土山地区比较富裕、贫困人口少，交通条件较差、与外部联系较弱的南部石山地区贫困人口较多、贫困程度较深。

表1-1 脱贫攻坚战初期田阳贫困人口的区域分布

区域类型	区域面积（公顷）	占比	区域农村总人口（人）	占比	贫困村（个）	占比	建档立卡人口数（人）	占比
南部石山区	142261.38	59.95%	180709	57.94%	61	100%	63641	84.27%
北部土山区	57065.67	24.05%	38758	12.43%	0	0	7269	9.63%
河谷平原区	37977.13	16%	92435	29.63%	0	0	4607	6.1%
合计	237304.18	100%	311902	100%	61	100%	75517	100%

注：该统计数据为2019年数据，经过2016—2018年的"因纳尽纳"动态调整，建档立卡户人数增加至75517人。

2. 田阳的贫困成因

一是外部发展条件差。尽管有便利的交通条件和突出的区位优势，但田阳境内南部石山地区农村居民被重重大山包围，发展条件较差、发展较滞后，贫困人口难以摆脱贫困。首先，从地形地貌上看，贫困人口集中的南部石山区属典型的喀斯特熔岩地貌，峰峦叠嶂，地面山峰林立，地下溶洞较多，地表水渗漏严重，地下暗河深埋。农民可利用耕地较少，既易旱又易涝，粮食生产条件较差，可种植农作物种类较少，只能种植玉米、黄豆、红薯等一些旱地作物，基本没有高产稳产的经济作物或林果。其次，从气候条件看，田阳为亚热带季风性气候，夏长冬短，夏季降雨量较大，日照时间长，气温较高，冬季日照时间短，昼夜温差较大。此种气候自然灾害频发，严重影响了农业发展，农民收入难以实现大幅增加。

二是贫困人口发展能力低。田阳贫困人口人力资本水平低。2015年统计数据表明，全区70%以上的建档立卡贫困人口为小学以下文化程度，接受新思想新观念的意识不强，择业、就业能力较低，甚至个别贫困户满足于领取低保、政府救济等，缺乏有效脱贫技能。田阳的贫困地区，大多都具有交通不便、信息不灵等问题，困难群众缺乏适应现代市场经济的谋生技能，不仅耕地量少，而且块小、分散、不连片，生产性基础设施较落后，有针对性的培训较少，对困难群众进行专业的技术指导不足，除了掌握传统的种养技术外，贫困户对现代种养技术不甚了解。

二、田阳的扶贫开发史

1. 21 世纪前的扶贫开发

改革开放初期，田阳经济发展缓慢，农业发展滞后，农村基础设施落后，农民收入水平低，很多群众没有解决温饱问题。1986 年国家实施开发式扶贫战略后，田阳坚持走扶贫开发之路，把扶贫开发、解决群众温饱问题作为中心工作来抓，实施了产业扶贫、以工代赈、科技扶贫、基础设施扶贫等扶贫举措，取得了积极减贫成效。到 1993 年底，田阳有 8251 户，40178 人尚未解决温饱，贫困发生率为 13.89%。

1994 年，国务院印发了《国家八七扶贫攻坚计划（1994—2000 年)》。田阳区委、区政府把扶贫开发、解决群众温饱作为重点任务，以南部山区贫困村（屯）为主战场，积极改善农村的基础设施，改善贫困群众生产生活条件，修建蓄水池，解决人畜饮水难题，修建公路，解决群众出行难等问题。实施了茅草房改造和架通高压电，以及易地扶贫搬迁、劳动力转移培训等扶贫方式，取得积极减贫成效。到 2000 年底，按照当时扶贫标准，全区只剩下 0.803 万人没有解决温饱，贫困发生率降至 2.8%。

2. 21 世纪头十年的扶贫开发

进入 21 世纪，田阳的贫困状况主要集中体现在以下方面：一是贫困人口的数量大，贫困程度较深。2001 年田阳农村人均纯收入在 1000 元以下的占全区农村人口的 52.49%。二是农村基础设施薄弱，制约群众脱贫致富步伐。据 2001 年统计，全区有 365 个屯没有修建公路，有 267 个屯不通电，有 14193 户 63855 人未解决饮水问题，有 818 个屯收听收看广播电视难，这些"四不通"的屯 70%—80% 集中在南部大石山区，是最难啃的"硬骨头"。三是 2004—2007 年田阳自然灾害多发，因灾返贫突出，贫困面增加。四是贫困群众收入单一，增收难度大。贫困村耕地资源匮乏，农民只能种植玉米、黄豆、红薯等一些旱地作物，农业收入低下。

这一时期田阳采取的扶贫举措有：一是强化组织领导。这一时期田阳由区委书记、区长担任扶贫开发领导小组双组长，乡镇设立扶贫服务中心并配置扶贫助理。二是以贫困村作为主战场，动员各方面力量参与扶贫。这一时期田阳是非国定贫困县区，获得国家支持比较少，为此田阳区政府一方面积极争取上级部门扶贫资源；另一方面动员群众等各方面力量参与扶贫开发，有钱出钱、有力出力。2003—2004 年田阳共投资 767.6 万元修建 6200 座沼气池，其中上级支持资金 268 万元，动员群众和社会力量筹资 499.6 万元。三是抓好易地扶贫搬迁后续发展扶持工作。扶持易地扶贫搬迁群众因地制宜发展芒果等特色产业，建设安置点的水、电、路、沼气等配套基础设施。四是以小额信贷扶贫促进产业结构调整。田阳将小额信贷扶贫作为促进农村产业结构调整的重要方式，将小额信贷与产业扶贫政策捆绑。

3. 将扶贫开发融入片区脱贫攻坚

2011 年，我国扶贫进入以连片特困地区为扶贫瞄准重点的扶贫时期，田阳被纳入滇桂黔石漠化连片特困地区，成为滇桂黔石漠化片区贫困县区。田阳在新阶段的扶贫举措主要有：一是以扶贫规划引导扶贫开发。片区扶贫开发时期，田阳制定了年度扶贫开发规划，按照规划把扶贫任务分解到乡镇，全面推进扶贫开发各项工作。二是整合扶贫资源推进综合性扶贫。田阳把基层组织建设、新农村建设与扶贫开发结合起来，按照"统一规划、渠道不变、用途不乱、各负其责、各记其功"的原则，统筹整合涉农扶贫资金投入扶贫开发，显著增加扶贫投资效益。三是积极推动社会扶贫。田阳广泛动员社会力量参与扶贫，不断激发群众参与项目建设的积极性，形成"政府主导、社会参与、自力更生、开发扶贫"的良好格局。四是完善扶贫管理机制。实行扶贫资金专户管理制度，根据县区级报账制管理，实现资金专户存储、专项下达、专项管理、专款专用。实行公示公告制度，对扶贫对象、扶贫项目、资金等进行公示，提升扶贫工作的透明度。完善项目验收制度，成立由扶贫、财政、职能部门组成的项目验收小组，开展项目验收，防止项目验收走过场，确保扶贫项目发挥效益。

第二章

攻坚克难：决战脱贫攻坚的谋略

党的十八大以来，中央高度重视扶贫工作，把脱贫攻坚作为全面建成小康社会的底线任务和标志性指标，作出一系列重大部署。习近平总书记指出："当前脱贫攻坚既面临一些多年未解决的深层次矛盾和问题，也面临不少新情况新挑战。脱贫攻坚已经到了啃硬骨头、攻坚拔寨的冲刺阶段，所面对的都是贫中之贫、困中之困，采用常规思路和办法、按部就班推进难以完成任务，必须以更大的决心、更明确的思路、更精准的举措、超常规的力度，众志成城实现脱贫攻坚目标。"①

第一节　统揽创新：构建田阳脱贫攻坚基本方略

一、以脱贫攻坚统揽经济社会发展全局

1. 以脱贫攻坚为机遇，融合城乡区域发展

城乡发展差距大，是田阳经济社会发展的突出问题。从居民收入上看，脱贫攻坚战打响时（2015 年）田阳城镇居民人均可支配收入25449 元，而农村居民人均纯收入为 8161 元，城镇居民收入是农村

---

① 中共中央文献研究室编：《习近平关于全面建成小康社会论述摘编》，中央文献出版社2016 年版，第 155 页。

居民的 3 倍以上。从产业结构来看，脱贫攻坚战打响时（2015 年）田阳三大产业比分别是 20.93∶56.34∶22.73，农业的产值最低，工业等第二产业产值是第一产业（农业）的 2.69 倍，且第一产业比重仍有下降趋势。田阳的铝工业、服务业等产业蓬勃发展，这些高产值、就业吸纳能力强的产业发展势头良好，促进了田阳城镇居民收入的快速提高。田阳乡村以农业为主，特别是南部山区的农业在脱贫攻坚战前仍处于传统的小农经济农业状态，农业发展停滞不前，农民收入水平低，城乡发展差距越拉越大。同属于乡村地区的河谷平原农村区域、北部土山区域，自然条件、农业资源远优于南部石山乡村。河谷平原区和北部土山地区利用优质农业资源积极发展小番茄、芒果等高价值农业产业，农村发展和农民生活水平也显著高于南部石山地区的农村和农民。因而，除了城乡发展差距外，田阳也出现区域内的乡村区域发展差距较突出的问题。脱贫攻坚战打响之后，田阳区委、区政府基于贫困乡村资源条件差、人多地少等客观现实，以脱贫攻坚战为机遇，不断加大对乡村地区的发展投入，从人口城镇化、产业联动、交通设施联动、基本公共服务均衡化等方面促进城乡融合发展。其中，易地扶贫搬迁、产业化扶贫等是重要举措。

脱贫攻坚以来，田阳大力实施向城镇集中安置的易地扶贫搬迁工程，从农村搬迁贫困人口 6063 户 25124 人，搬迁贫困人口占总贫困人口的 49.3%，有效缓解南部石山地区农村人地矛盾。搬迁至城镇的建档立卡贫困人口在政府等外部力量的帮助下，通过从事城镇非农就业（工业企业务工、农贸批发市场务工、扶贫车间等）、外出务工、依托农业产业园等方式，收入得到显著增加，生活质量稳步提高。通过易地扶贫搬迁，既解决城镇二、三产业快速发展的用工需求问题，也有效缓解了贫困乡村人多地少矛盾，为在南部石山地区实施差异化奖补、龙头企业引领、致富带头人带动、联村抱团等方式发展肉牛、羊、蛋鸡、蜜柚、柑橘、芒果等特色种养业创造了条件。脱贫攻坚期间，田阳加快实施乡村道路和运输服务建设，行政村开通客运班车比例提高到85.07%，促进了城乡经济社会联动，加速了城乡融合发展；不断加大乡村教育投入力度，行政村适龄儿童学前入园率不断提高，通过贫困乡村教师补助、加强实施城乡教师轮岗制度等方式促进乡村教育资源均衡化发展；提高农村低保、五保等社会保障水平，缩小城乡社会保障差距。

表2-1　2014—2020年田阳城乡发展相关指标变化情况

指标内容	2014 年	2015 年	2016 年	2017 年	2018 年	2019 年	2020 年
行政村开通客运班车率（%）	83.7	83.7	83.7	86.44	85.07	—	—
农村低保标准（元）	1920	2260	3146	3321	3820	4400	5200
农村五保标准（元）	380	380	480	480	775		
适龄儿童学前入园率（%）	66	75	80	87	89	91.07	92.79
城乡居民人均可支配收入比例	3.22	3.12	2.5	2.51	2.41	2.3	2.23

　　在脱贫攻坚融合区域发展上，田阳以脱贫攻坚为机遇，推动了区内不同区域乡村之间的合作发展，在全党全社会合力脱贫攻坚环境中，促进了田阳与周边县域、对口帮扶区域的合作发展。田阳脱贫攻坚融合区域发展包括了三个层面的区域发展融合。一是促进区域发展融合。田阳推进脱贫攻坚与石漠化综合治理相结合，加强南部石山区生态脆弱区域的生态环境保护，并且支持发展林业生态经济。通过以奖代补、农业新型经营主体带动等方式，支持贫困农户利用林下土地资源和林荫优势，发展林下养殖以及种植板栗、油桃，促进南部石山区域向绿色食品生产基地和特色畜牧养殖基地转型。基于芒果等传统产业优势，在北部土山区重点扶持发展芒果等特色种植业，以及农产品加工业，促进北部土山区域的特色种植产业发展和农产品加工产业发展。充分发挥城区主导地位，中部河谷区域以工业和物流商贸产业

发展为重点，以及利用右江河谷水资源、冬闲田和冬季天然温湿条件，积极发展小番茄等特色果蔬农业，巩固提升该区域的农产品加工和集散区地位。田阳在脱贫攻坚中逐渐推动以产业为链条的区域内融合发展，南部石山区和北部土山区注重农业产业的生产环节，中部河谷地带依托城区优势注重农产品加工和商贸物流环节。二是田阳与周边县域发展融合。田阳充分利用水陆空"三位一体"的立体交通网络和20万亩现代农林生态扶贫产业核心示范区处于百色—巴马长寿养生国际旅游专线必经之地的区位优势，与世界长寿之乡巴马共建巴马—右江河谷林闲养生基地，按照"外联内合"思路，主动融入百色—巴马长寿养生国际旅游区。三是田阳与对口帮扶地区发展融合。田阳与深圳市南山区建立结对帮扶关系。田阳部署优化营商环境重点指标百日攻坚工作，加快加深田阳与南山区扶贫协作。田阳以"深百—南田"众创产业园、粤桂项目招商等纽带，主动对接东部产业转移，主动融入支援地区的经济社会发展。田阳与南山区积极开展商贸流动协作，搭建田阳—南山区商贸交流合作平台，通过产品推介、电子商务、冷链配送、设立直销网点等方式，推动田阳农产品进入深圳市场。

总的来看，田阳充分利用区位优势、交通优势、政治优势和政策优势，动员各方面力量参与脱贫攻坚，形成脱贫攻坚合力。以脱贫攻坚作为契机，促进田阳南部石山区、北部土山区和中部河谷地区实现了区域内优势互补、协同推进的融合发展局面，促进田阳融入百色—巴马长寿养生国际旅游区与周边县域发展融合，依托粤桂帮扶机制实现与对口帮扶地区合作发展。

2. 以脱贫攻坚为突破口，促进三产融合发展

田阳以脱贫攻坚为统领、以示范基地为突破口，建立了20万亩现代农林生态扶贫产业核心示范区、右江河谷果蔬产业（核心）示范区、南部华润五丰（田阳）生态养殖供港基地，辐射带动芒果、番茄等特色产业规模化、集约化发展，促进区域三产深度融合。

一是以北部土山地区农林生态脱贫产业为重点推动三产融合发展。田阳北部土山地区是芒果产业发展的重点地区。为了促进易地扶贫搬迁群众增收和产业融合发展，田阳在老乡家园安置点附近流转北部土山地区土地，按照"组织重塑、产权配置、带资入股、返包经营、劳务增收、培训增智、融合发展"的思路，建设农林生态脱贫产业核心示范区，探索解决无土安置移民后续产业发展和可持续增收问题。产业园规划建设 20 万亩，整合扶贫资金、涉农财政资金、粤桂扶贫资金等计划总投资 25 亿元，其中核心示范区 8000 多亩，投资 3.6 亿元。核心区芒果经营权按照每亩 1 股的标准配置给 6063 户搬迁户和 152 个村集体合作经营。充分利用丰富的土地资源和处于巴马国际旅游专线必经之地的区位优势，在基地开挖梯田，主种芒果，兼种花卉，培育发展农旅结合新兴产业。在老乡家园附近配套建设 1 万亩农林产品深加工产业园，引进农林产品精深加工企业，就地深加工芒果等农林产品，促进农林产品精深加工产业发展。让"一产"转化为"二产"，带动"三产"（旅游业、服务业），实现"现代农业提升第一产业，精深加工做第二产业，接二连三做旺第三产业"，推动三次产业深度融合发展。

二是以右江河谷地区果蔬产业示范区推动三产融合。田阳中部河谷地带种植的番茄（秋冬种植）、四季豆、辣椒等果蔬品质好、市场知名度较高。经过长期发展，田阳已获得了全国果蔬名县区、全国"南菜北运"基地、全国无公害农产品（蔬菜）生产示范基地等多个重要"名片"。脱贫攻坚战打响后，田阳积极推进果蔬类产业三产融合发展，为易地搬迁贫困户创造就业岗位。2018 年番茄种植面积达到 22.4 万亩（98%的种植面积位于河谷地区），产量约 80 万吨，产值约 12 亿元。经过努力，田阳果蔬产业已形成完整的"种植—收购—包装—运输"产业链条，建立批发市场、三雷老韦物流、壮乡河谷公司等具有大规模冷链的物流企业，蔬菜销售经纪人超过 3000 人，其中常驻田阳的秋冬菜销售商超过 2000 人，在全国 100 多个大中城市设立秋冬菜营销网点。茄果类蔬菜种植管理、收获、包装、装卸、运输等提供了11.8万人次用工量，其中贫困群众占3.2万人次，每年果蔬类产业带动2053户贫困户直接或间接参与务工。以三雷农贸批发市场为例，一个劳动力通过选果、装卸等，一天收入可达120元左右，一个月收入3000元左右，一年用工平均3个月，一个劳动力一年通过番茄产业务工可创收9000元。

三是以南部石山地区华润五丰（田阳）生态养殖供港基地推动三产融合。2017年以来，为实现高质量脱贫筑牢乡村振兴产业基础，百色市提出在右江河谷四县（区）创建较大面积现代生态养殖循环产业园，打造现代水产畜牧产业集群，田阳利用南部山区生态优势，引进华润五丰有限公司在南部山区建设"华润五丰（田阳）生态养殖供港基地"。基地建设遵循"组织重塑、合作开发、利益共享、劳务增收、融合发展"的思路，投资10亿元，规划建设11个项目（六区三厂两中心，六大养殖集中区、三个配套加工厂、物流中心和技术研发中心），通过建设大型养殖集中区项目实现养殖产业迅速提升，建设肥料厂、饲料加工厂和屠宰场促进第二产业发展，建设物流配送中心和技术研发中心带动第三产业发展，形成一二三产业融合发展新格局。

表2-2 华润五丰生态养殖供港基地精准扶贫结构

结　构	内　容
组织重塑	通过党支部推动和致富带头人引领，村集体联合抱团成立养殖有限公司，贫困户以村为单位成立养殖专业合作社，村集体和合作社均参与公司的合作开发，发挥两个主体的参与作用。
合作开发	由政府、村集体、合作社三方出资建设养殖设施，华润五丰公司负责养殖和运营，打造"房东"与"租客"的合作经营方式。
利益共享	在合作开发的基础上，按投资比例、养殖量或产量结算利润，实现多赢、双赢效果。
劳务增收	通过村党支部、公司、合作社牵头成立劳务公司，组织贫困户进行养殖技能培训，培训合格后由华润五丰聘用进入基地务工，人均月工资3500元。

续表

结　构	内　容
融合发展	把第一产业建成供港基地，第二产业建成有机肥厂和饲料加工厂，第三产业建成物流配送中心，形成完整的产业链条，促进一二三产业融合发展。

总体来看，田阳以脱贫攻坚作为统领，引进外部帮扶资源和力量，整合内部资源和力量，以芒果、番茄以及特色养殖等优势产业作为突破口，重塑产业组织形式，充分发挥龙头企业、合作社、致富带头人等农业新型主体的经营优势和市场经验，推进产业纵向一体化和三产融合发展，带动贫困村、贫困人口增收致富，实现贫困人口"短期有收入、中期有产业、长期有就业"的可持续脱贫。

3. 以脱贫攻坚为契机，完善治理体系与提升治理能力

田阳区党委和政府把脱贫攻坚作为最大的民生工程和最大的政治任务，坚持"自治区负总责、市县抓落实、乡村实施"的脱贫攻坚工作机制，积极开展贫困治理创新，推进治理体系和治理能力的不断提升。

一是在脱贫攻坚治理执行体系上创新实施常任指挥长制度、领导干部"换位沉底"工作机制、"八包"工作机制。结合脱贫攻坚任务，田阳设立 21 个专项工作组，由区四家班子所有领导分别担任常任指挥长，全权负责推动工作组的人员调配、资金调动等。推进领导干部"换位沉底"扶贫工作机制。区级领导率队，组织干部下沉到行政村，召开扶贫座谈会，进行夜访调研，落实帮扶措施。截至 2019 年，田阳累计召开民情会 286 场，进行夜访调研 348 次，开展"三进三同三问"活动 522 次，办实事好事 403 件。①

---

① 黄国顺：《齐心发力摘帽战　不获全胜不收兵——记全国"人民满意的公务员集体"田阳县扶贫开发办公室》，2019 年 7 月 1 日，见 http：//www.gxbszx.gov.cn/news_view.php？q=&id=111557。

二是在扶贫监督体系上创新实施"主官问政、扶贫专考、纪检监督"制度、扶贫专项人大督办和政协点题专查制度、红黑榜制度、精准扶贫专项绩效考评、"一制度两办法""双承诺、双认定、双确定"。由区党政主要领导担任"主考官"，召开专场问政会或者在其他会议上采取点题、选题或指定汇报的方式，对相关部门主要领导进行扶贫专考和询问。区纪检监察部门全程参与，对问答中出现不熟悉工作、不了解情况、扶贫政策落实不到位等情况进行督办，推动脱贫攻坚工作扎实有序开展。区人大组织人大代表建立5个督办小组，定期对政府职能部门精准扶贫推进情况进行专题询问，开展扶贫专项调研，形成督办通报和工作建议报告，提交区委政府扶贫主管和脱贫攻坚指挥部。区政协组织政协委员开展扶贫专项视察活动，撰写视察报告，就扶贫中的问题提出意见建议，提交区委和区政府。成立专门精准工作督查组，采取明察暗访方式深入督查，对工作成效优良的单位和个人上表扬红榜，对工作落后的单位和个人进行黑榜通报。推进实施精准扶贫专项绩效考评制度，建立考评内容和标准，把精准扶贫成效、精准帮扶措施、扶贫干部队伍建设等作为考评主要内容，对脱贫攻坚工作开展专项考评。对第一书记实行"一制度两办法"监督机制。"一制度"指对贫困村第一书记采取述职评议制度，区组织部门成立评议组，深入贫困村对第一书记的述职报告进行评议打分。"两办法"指对贫困村第一书记考核办法和脱贫攻坚结对帮扶干部考核办法。根据百色市安排部署，对每一个贫困户建立"脱贫台账"，实施"双承诺、双认定、双确定"制度。帮扶干部与贫困户双方共同签订承诺书（党委政府和帮扶干部承诺帮扶脱贫，贫困户承诺积极努力争取定期脱贫），帮扶干部开展入户摸底调查，帮扶干部和贫困户对照广西壮族自治区"八有一超"标准，对贫困户的家庭收入、住房等信息逐一进行"双认定"。帮扶干部和贫困户共同确认帮扶内容、措施和帮扶过程，共同推进脱贫摘帽。

总的来看，田阳以脱贫攻坚为契机，根据精准扶贫精准脱贫要求，不断完善基层治理体系，提升治理效能，以回应基层治理需求，实现了治理机制向乡村延伸以及农民特别是贫困群众福祉的持续增加，也促进了县（区）级政府治理体系和治理能力的现代化。

二、以改革创新驱动精准扶贫，实现精准脱贫

消除贫困、改善民生、逐步实现共同富裕，是社会主义的本质要求，是中国共产党的重要使命。贫困地区和贫困人口是全面建成小康社会的短板。以习近平同志为核心的党中央，把扶贫开发摆在治国理政的突出位置，并作为全面建成小康社会的底线任务，纳入"五位一体"总体布局和"四个全面"战略布局，作出一系列重大部署和安排，全面打响脱贫攻坚战，全面实施精准扶贫、精准脱贫方略。习近平总书记亲自谋划、亲自督战脱贫攻坚，提出精准扶贫，深刻阐释"六个精准"要求、"五个一批"脱贫路径以及"扶持谁""谁来扶""怎么扶""如何退"等，精准扶贫思想内涵丰富，为更好实施精准扶贫、精准脱贫，全面打赢脱贫攻坚战指明了方向、提供了根本遵循。

田阳是百色起义右江革命根据地之一，是百色起义精神发源地之一。打响脱贫攻坚战以来，田阳区党委和人民政府发扬苦干实干的奋斗精神，弘扬百色起义实事求是、大胆创新的精神，全面贯彻落实中央、广西壮族自治区、百色市脱贫攻坚决策部署，紧扣"短期有收入、中期有产业、长期有就业"的可持续脱贫目标，创新精准扶贫体制机制，建立了"当下脱得贫、中期保得住、长期能致富"的立体化扶贫格局。

1. 短期"短平快"项目，促进群众当下脱贫

为实现贫困人口短期能脱贫，田阳区委、区政府大力实施"短平快"类型的扶贫项目，通过"短平快"的扶贫项目帮助贫困群众

增收并实现脱贫。"短平快"项目投资较少、周期短，但见效快、效益比较高，是贫困户增收脱贫的重要方式。田阳坚持"因地制宜、一村一方案、一户一施策"的原则，探索创新"自养自销，贷鸡还鸡，村、企、户联动养殖集中区，股权资产性联营"养殖扶持项目，按照"平台助推、金融扶持、带资入股、股份分红、劳务增收"金融扶贫的方法，扶持贫困户发展"短平快"养殖产业。

2. 中期壮大现代特色农业产业，确保贫困户稳定增收

产业是稳定收入、防止返贫的关键性因素。田阳立足本地资源，因地制宜，创新"飞地"产业扶贫模式，推进"万元扶贫产业增收计划"，通过"互联网+精准扶贫"等方式培育打造"五大支柱产业"（蔬菜、芒果、特色水果、生态养殖和油茶）。通过支柱产业发展，增强贫困户的"造血"能力，解决贫困户长期收益问题，防止脱贫户返贫。

3. 长期打造就业空间，激发脱贫内生动力

田阳经济发展基础较好，通过易地扶贫搬迁，从南部石山地区将田阳近半的贫困人口搬迁到城镇，依托城镇非农就业、创业带动贫困人口脱贫。高质量就业是推动贫困人口致富奔小康的根本措施。田阳依托交通区位优势、丰富的旅游资源、快速发展的现代农业、新兴工业的崛起等发展优势，以打造"五个小城"为主抓手，创造就业机会，提供就业岗位，为搬迁贫困户及农村贫困人口脱贫奔小康提供就业支撑。具体而言，以"五彩田阳"、万亩养生基地等重大项目为抓手，建设现代农业展示旅游观光小城，推动芒果、番茄等特色种植规模化、精细化发展，培育或引进农林产品深加工企业，引导贫困群众到果园务工或企业就业；加快推进新山铝产业园、红岭坡工业区、农民工创业园区的"一园两区"建设，积极发展劳动力密集型产业，鼓励嘉佳食品等轻工业扩大生产规模，建设新兴工业小城，吸纳贫困

群众就业；以 20 万亩生态扶贫农林业旅游观光产业示范为载体，建设三大产业融合发展核心示范区，推动生态农林立体发展，建设旅游观光小城，引导贫困群众到小城的农林产业基地务工；主动融入百色—巴马长寿养生国际旅游区，开发鲤鱼岛等水乡旅游，建设水乡特色小城，以旅游带动服务业发展，拓宽就业空间，吸纳贫困群众到小城和景区创业或就业。

三、全面贯彻落实脱贫攻坚安排部署

1. 贯彻落实习近平总书记关于扶贫工作重要论述

一是认真开展学习。打响脱贫攻坚战以来，田阳区党委和人民政府举办学习习近平总书记关于扶贫工作重要论述系列活动，通过党组会议、中心组学习、专题学习研讨会、"三会一课"（"三会"指定期召开支部党员大会、支委会、党小组会，"一课"指按时上好党课）等多种方式，引导扶贫干部研读《习近平扶贫论述摘编》。田阳在坚持中心组集中学习制度的基础上，创建"新时代讲习所"和"田阳敢壮干部夜校"，组织党员干部系统学习党的十八大、十九大、习近平新时代中国特色社会主义思想、习近平总书记关于扶贫工作的重要论述等精神和扶贫要求。2018 年田阳区四家班子领导通过区委常委会、区委理论中心组、区政府党组集体学习，开展政治理论常识知识测试，带动各级党委（党组）开展中心组学习活动，接受测试人数 2.63 万人次，实现县区级领导、帮扶单位领导、乡镇领导、脱贫攻坚（乡村振兴）工作队员、帮扶干部、村两委干部、村级扶贫信息员全覆盖。

二是贯彻落实精准扶贫、精准脱贫方略。在深入学习领会的基础上，田阳区党委和人民政府结合实际，将习近平总书记关于扶贫工作的重要论述和中央脱贫攻坚重大决策部署转化为工作思路、工作举措和务实行动。通过不断改进工作方式方法，确保脱贫攻坚方向与中央一致。田阳区委、区政府要求各级领导干部用绣花的功夫，实施精准扶贫，以滚石上山的精神推进产业扶贫、易地扶贫搬迁等重点领域集中攻坚。脱贫攻坚战以来，田阳先后印发了《田阳县强化落实脱贫攻坚主体责任实施办法（试行）》《关于进一步明确脱贫攻坚一线主体责任的通知》等多个政策文件，压实各级扶贫主体责任，理顺乡镇与帮扶单位之间的关系，脱贫摘帽冲刺阶段各项工作路径更加明晰，保障脱贫攻坚各项任务顺利完成。

三是深入宣传研讨。围绕学习宣传目标，田阳组织媒体下基层看扶贫、写扶贫，进行针对性的采访和挖掘。组织开展了专题研讨、宣讲等活动，推动理论学习和实践相结合，营造浓厚学习氛围。如自开展新时代讲习所以来，2019 年田阳通过新时代讲习所进行理论宣讲92 次，惠及 1840 人次；教育服务类宣讲 10 场次，惠及 520 人次；文化服务宣讲 57 场，惠及 1140 人次；科技与科普类宣讲 22 场，惠及660 人次；健身体育服务类宣讲 28 场，惠及 905 人次。[①]

专栏 2-1　精准扶贫奔小康

（歌舞快板）

【音乐起，舞队上】

齐板：说快板，闹洋洋，美女帅哥来登场，人逢喜事精神爽，欢声笑语歌飞扬，踏起壮乡新节奏，豪情激荡人心鼓舞把精准扶贫来宣传！

唱：山风劲吹歌飞扬，踏歌起舞心欢畅；扶贫攻坚号角响，时代强音传四方。

板一：精准扶贫很重要，思想信念要筑牢，"两学一做"来挂帅，开展工作热情高。

---

① 中共田阳县委宣传部：《2019 年田阳新时代讲习所活动情况统计表》。

板二：党中央，真英明，制定扶贫大方针，省市县乡齐行动，积极响应快紧跟。

齐板：对，对，积极响应快紧跟，快紧跟呀么快紧跟，精准识别到乡村，全面排查摸家底，不漏一户一家门。

唱：山高水远路漫长，扶贫路上多奔忙，走村串户不言苦，了解贫困话家常。

板一：指挥行动两样强，入户采足信息量，建档立卡造成册，扶贫机制有保障。

板二：有保障呀么有保障，分析贫困找原因，分类分别挖穷根，拔掉穷根不留痕。

板三：凝聚扶贫大力量，结对帮扶责任强，干部群众团结紧，脱贫攻坚打得响。

齐：对，对，脱贫攻坚打得响。

唱：脱贫攻坚打得响，整村推进是关键，易地搬迁好举措，摆脱贫困建家园。

板一：扶贫措施要得力，产业扶持是大题，多种模式共发展，狠抓项目稳落实。

板二：稳落实呀么稳落实，启动资金在哪里，农商银行来支持，小额信贷好融资。

齐：对，对，小额信贷好融资。

唱：扶贫攻坚多门路，特色产业唱主角，全党上下一条心，穷帽一定要摘掉。

齐：精准扶贫定方向，八有一超硬指标，奋力脱贫摘帽子，共同富裕奔小康。

奔小康。

【造型，剧终】

（田阳区文化馆提供）

2. 聚焦精准，抓扶贫对象动态管理

一是开展动态调整。在贫困人口识别上，田阳严格按照广西壮族自治区提出的"一进二看三算四比五议"在精准识别贫困户评议，对有两层以上（含两层）砖混结构精装修住房或两层纯木结构住房且人均住房面积在50平方米以上（含50平方米）的农户等八种情形采取一票否决制。在扶贫对象建档立卡工作中，坚持动态管理工作要求，坚持"应纳尽纳，应返尽返"的原则，开展财产检索、"两评议一公示"与集中录入系统信息，将符合扶贫标准的非贫困人口后返贫人口纳入建档立卡系统给予扶持。

二是开展老人户单独识别扶持。针对部分家庭通过拆户将老人单独成户获得享受扶贫政策等情况，田阳开展老人单独识别户的分类识别与扶持措施。具体而言，对老人单独识别户分类施策，区别对待。对无儿无女的老人户，启动五保户评定程序，符合条件的纳入五保户进行扶持。对子女全部外嫁或上门的老人户，实行财政兜底。对实际与子女共同居住或由子女长期赡养的老人拆分户，将子女与老人户按程序并户识别，对符合条件的进行建档立卡。

三是开展脱贫摘帽"三率"大排查。将排查的疑似户按程序纳入、回退或剔除。重点围绕是否存在漏评、是否存在错退、是否存在错评、是否完善识别临界户、是否存在精准识别入户打分有误等方面的内容。对所有农户进行全面排查，防止漏评、错退、错评、应退未退的现象出现。

四是严格退出机制。为防止"富裕户留在贫困户、贫困户却被脱贫"情况的发生，田阳按照劳动力多寡、健康状况、在校生多少、居住地点环境、享受低保类别、动态调整应纳尽纳情况等进行甄别、筛选后，结合贫困户家庭稳定年人均纯收入、住房条件、劳动力状况、教育和医疗负担等实际情况，赋予一定的分值权重，对计划脱贫户进行综合量化评分，从高至低进行稳定脱贫排序杜绝错

退、假脱贫的现象发生。

3. 围绕"两不愁三保障"脱贫目标精准施策

一是着力解决贫困群众"两不愁"。增加贫困人口收入，是解决"不愁吃、不愁穿"贫困问题的重要路径。田阳着力实施产业覆盖和产业技能培训"双百"行动。在产业扶贫方面，以芒果、柑橘、茄果类蔬菜、养猪、养鸡五大主导产业和油茶、糖料蔗2个备选产业为重点扶持产业。通过产业基地、分类实施特色产业差异化"以奖代补"等多种方式，帮助贫困农户发展产业，通过提升特色产业覆盖率，以产业发展带动贫困劳动力增收并解决"两不愁"问题。在技能培训方面，结合产业覆盖情况，田阳整合技能培训，确保贫困户至少掌握1—2种实用技术。对有劳动能力和外出务工意愿的贫困户实施"订单、定向、定岗"的就业技能培训，通过加强与深圳南山区就业结对帮扶，建立劳务信息共享平台与劳务输出对接机制，帮助贫困人口劳动力通过外出务工就业实现增收并解决"两不愁"问题。对有就业意愿和就业能力但因客观原因无法外出就业的贫困劳动力实施就业援助，给予乡村公益性岗位补贴、社会保险补贴等。

二是不断提升农村贫困人口"三保障"水平。义务教育、基本医疗和住房安全有保障，是我国农村扶贫的核心内容，是贫困户脱贫的核心指标。在提升义务教育保障水平上，田阳加强教育基础设施建设，实施贫困生资助政策全覆盖，加强控辍保学，对因病因残无法随班就读的学生开展送教上门工作。采取"四步工作法"，实行"双线四包"和"三级联动"防控网络工作机制；在提升基本医疗保障水平上，实施先诊疗后付费、"一站式"服务和医疗保障差异化补助等医疗扶贫措施，构建城乡居民基本医疗保险、城乡居民大病保险、健康扶贫保险、医疗救助、医疗兜底贫困人口基本医疗"五道防线"。推进大病集中救治覆盖所有深度贫困村。针对所有患9种大病的农村贫困人口开展分类救治。在保障贫困人口住房安全保障上，按照广西壮族自治区住建厅危房改造登记评定标准，开展农村住房安全等级评定工作，严格实施历年危房改造"回头看"。对建档立卡户、非建档立卡的低保户、五保户、贫困残疾人家庭采取政府统建、后援单位帮建方式帮助其实现住房安全保障。

4. 强化后续帮扶和巩固提升

一是实现剩余贫困人口减贫目标。田阳于 2018 年申请脱贫摘帽，并在 2019 年顺利通过广西壮族自治区贫困县退出检查评估，以及国务院扶贫组织开展的贫困县退出抽查评估。2019 年，田阳脱贫攻坚进入解决剩余贫困人口问题和巩固提升脱贫成效新阶段。2019 年田阳减贫 3951 人，17 个贫困村出列。2020 年减少剩余贫困人口 2705 人，7 个贫困村出列。确保因病、因残、因灾致贫以及无房户、家庭主要劳动力丧失劳动能力、收入较低的贫困群体的贫困问题得到有效解决。确保贫困人口全部实现"两不愁三保障"目标。

二是巩固提升脱贫攻坚成果。田阳以产业扶贫为根，机制创新为要，以扶贫扶志为本，在可持续上下功夫，加大对已脱贫人口扶持力度，稳步提升贫困群众收入水平，巩固脱贫成果。严格执行国家、广西壮族自治区脱贫攻坚期内扶贫政策保持稳定的要求，对脱贫户留有跟踪观察期，持续扶持 2 年，跟踪观察 1 年。

三是持续强化产业扶贫和就业扶贫。田阳坚持"因地制宜、因户而异，精准引导、积极扶持"的原则，以提高脱贫户产业收入为目标，以后续产业扶持为重点，调动脱贫户自主发展产业的内生动力。推动就业意愿、就业技能与就业岗位精准对接，提高劳务组织化程度和贫困户脱贫后就业务工收入。

第二节　聚焦精准：完善田阳脱贫路径与政策

一、贫困人口精准识别与动态管理

2014 年，国务院扶贫办印发《扶贫开发建档立卡工作方案》，制定了贫困人口识别和建档立卡的工作方法和程序。贫困户识别以 2013 年农民人均纯收入 2736 元（相当于 2010 年 2300 元不变价）的国家农村扶贫标准为识别标准。贫困村识别原则上按照"一高一低一无"的标准进行，即行政村贫困发生率比全省贫困发生率高一倍以上，行政村 2013 年全村农民人均纯收入低于全省平均水平 60%，行政村无集体经济收入。贫困户识别做到"两公示一公告"，贫困村识别做到"一公示一公告"。广西根据国务院扶贫办的贫困识别和建档立卡要求，制定实施《精准识别贫困户贫困村实施方案》。田阳严格落实中央和广西壮族自治区相关要求，开展贫困人口精准识别和动态管理工作。

1. 贫困户精准识别

在贫困户识别方法上，按照"一进二看三算四比五议"的方法精准识别贫困户。在贫困识别程序上，精准识别工作队在行政村、自然村（屯）或村民小组召开宣传动员会，宣传识别贫困户的意义、识别程序、步骤和要求。以村民小组为工作单元，工作队以 2—3 个人为一组，运用"一进二看三算四比"方法入户调查评分。村民小组、村委会分别召开评议会，对入户调查评分情况进行评议，并公示评议结果。乡（镇）党委、政府按各行政村"两委"报送的农户评分评议情况，逐村填写《精准识别贫困户两分一档统计表》，汇总后连同农户名单一起报送田阳扶贫办，扶贫办审核汇总各乡（镇）报送数据，把农户名单送公安、国土、房产、工商等有关单位进行农户财产检索，核查农户拥有房地产、车辆、开办公司等情况，对拥有上述财产的农户直接剔除，并按检索剔除后的名单和得分情况填写《精准识别贫困户两分一档统计表》报送百色市扶贫办。百色市扶贫办汇总后报送广西壮族自治区扶贫办。广西壮族自治区扶贫办划定各县市贫困户和贫困人口分数线，以文件形式通知各市县贫困户和贫困人口分数线。田阳根据《精准识别贫困户两分一档统计表》确定贫困户数和贫困人口数，根据各乡（镇）农户评分排序情况，确定各乡（镇）贫困户数和贫困人口数。各乡（镇）根据本辖区各行政村农户评分排序情况，对在分数线以下的农户进行抽验审核，审核确认各行政村贫困户名单。各行政村两委组织村干部、村民小组长等对乡（镇）确认本村的贫困户名单进行再次审核，并在各行政村、自然村（屯）、村民小组等村民活动较为集中的地方进行公示（公示期 5 天）。贫困户名单公示无异议后由区扶贫办确认，在政府网站和各行政村、自然村（屯）、村民小组进行公告7 天。

2. 扶贫对象建档立卡

贫困户名单公告结束后，各乡（镇）填写贫困人口分布表报县汇总，田阳汇总后报百色市和广西壮族自治区扶贫办备案。田阳区组织工作队再次入户对贫困户进行登记，逐户填写《贫困户建档立卡登记表》，完善贫困户信息。以贫困户自家房屋为背景给户主（或家庭主要成员）拍照存档。《贫困户建档立卡登记表》的信息由田阳扶贫办组织乡（镇）政府审核把关，存在差错的向工作队提出并修正。各工作队负责将本行政处的《贫困户建档立卡登记表》信息录入系统。田阳扶贫办组织各村工作队对录入信息系统的数据进行交叉审核，确保信息质量。精准识别贫困户过程产生的文件、表格、图片等档案资料全部交由田阳扶贫办归档，乡（镇）、行政村保存属于本乡（镇）、本村的档案复印件。

3. 贫困人口动态调整

为进一步提高贫困人口识别准确率，实现有进有出的动态管理，田阳按照国家、广西壮族自治区和百色市贫困人口动态调整工作要求，开展贫困人口动态调整。相关工作任务包括：一是"应纳尽纳"贫困户。在2015年底精准识别的基础上，对照2017年贫困户脱贫摘帽"八有一超"① 标准（主要是"两不愁三保障"），将建档立卡贫困户外未达到标准的农户，按规定程序纳入建档立卡范围。二是整屯搬迁应纳尽纳。对纳入整屯易地扶贫搬迁的农户，对照2017年贫困户脱贫摘帽"八有一超"标准（主要是"两不愁三保障"），将建档立卡外未达到标准的搬迁户，按规定程序纳入建档立卡范围。三是认定返贫退出户。对2014年及2015年退出的贫困人口、2016年脱贫户进行返贫筛选，对照2017年贫困户脱贫摘帽"八有一超"标准（主要是"两不愁三保障"），将因灾、因残、因病、因学等原因返贫，未达到标准的退出户，按规定程序认定返贫，实现退出户动态调整。四是剔除错评贫困户。以在册建档立卡人口为对象，以财产检索结果为基础，对2015年启动精准识别前已有"八个一票否决"情形的建档立卡户，对照2017年贫困户脱贫摘帽"八有一超"标准（主要是"两不愁三保障"），已达到标准的严格按规定予以剔除，未达到标准且家庭确实困难的，按规定程序予以保留。既要杜绝出现"富人戴穷帽"现象，又要避免错误剔除。

---

① "八有"即有稳固住房，有饮用水，有电用，有路通自然屯，有义务教育保障，有医疗保障，有电视看，有收入来源或最低生活保障。"一超"即家庭人均收入超国家扶贫标准。

二、"七个一批"精准脱贫路径

田阳脱贫攻坚工作深入贯彻落实国家、广西壮族自治区、百色市扶贫精神，紧扣"短期有收入、中期有产业、长期有就业"可持续脱贫目标，将扶贫开发与经济社会发展相结合，精准扶贫与扶贫城乡相统一，政府与社会力量相协同，坚持生态保护与绿色发展相融合，实施"七个一批"精准脱贫路径。

1. 发展产业精准增收

田阳区党委、区政府结合田阳区域特色和资源禀赋，重点发展特色水果、秋冬蔬菜、特色养殖、生态旅游等扶贫产业，帮助贫困人口增加收入。主要举措如下。

一是创新"飞地"扶贫模式。结合北部土山地区的资源条件优势，在北部土山区靠近城区地域建设 20 万亩农林生态脱贫产业园，发展芒果、花卉等特色种植业。以"飞地"形式优先考虑捆绑易地扶贫搬迁无产业的建档立卡贫困户，鼓励各村和无产业贫困户返包经营芒果园。在产业运作上，推行"平台助推、金融扶持、带资入股、股份分红、劳务增收"的模式，将贫困户本金偿还银行，将原分红收益转化为自有股金持续分红，让贫困户获得"稳定工资"。二是充分发挥能人引领带头作用。政策上给予贫困村创业致富带头人金融扶持、产业奖补、农业保险等，以土地流转"租金"、进场劳务"薪金"、入股分红等方式增加参与产业发展的贫困户收入。三是实行产业奖补和差异化扶持。立足于"5+2"和"3+1"特色产业类型，分类发展产业。根据不同产业类型、产业规模大小、农户类别，设置不同的奖励补助标准。集中力量开展农业实用技术培训，促进产业发展与农业技术培训深度结合，激发贫困农户发展产业的内生动力。四是实施"互联网+精准扶贫"工程。以中国—东盟（百色）现代农业展示交易会在线交易平台和淘宝田阳馆、京东中国特产·田阳馆等电子商务平台为载体，推行"党建+电商+扶贫"模式。在脱贫村和贫困村设立"空中农贸市场"，推行"农货村卖"空店经营模式，让贫困农户在家门口实现交易增收。五是实行"万元扶贫产业增收计划"。按每户 1 万元的标准，通过"飞地"或就近捆绑入股参与企业经营的方式，贫困户享受企业每年 5%—6% 的固定分红，在经营周期内实施本利返还。推进扶贫产业企业化管理，金融扶持与产业扶持深入融合。

2. 转移就业精准增收

田阳利用产业园区吸纳就业优势，有针对性地对有劳动能力，但受制于当地发展条件的贫困人口开展汽车驾驶、挖掘机、电焊工、烹饪等就业技能培训。实施贫困劳动力就业"人岗匹配"。开展"春风行动"、东西扶贫协作专场招聘会等就业专场活动，为贫困户提供就业岗位。引导农村贫困劳动力向非农产业或城镇转移，促进其在非农产业和城镇稳定就业。在老乡家园移民安置点附近建设大众创业产业园，探索就业"扶贫车间""流动车间"，开展劳动力就业"点菜式培训""点将式培训"等就业方式，拓宽贫困人口就业渠道。

3. 易地扶贫搬迁精准帮扶

精准识别易地扶贫搬迁对象。以南部石山区为重点区域，对居住在生产条件恶劣、生态环境脆弱、自然灾害频发地区的农村贫困人口实施易地扶贫搬迁。按照"政府引导、群众自愿"原则，实施城区集中安置、产业聚集区安置、乡镇集中安置三种方式。以城区的老乡家园安置区为主体，推进易地扶贫搬迁无土安置。坚持"搬得出、稳得住、能致富"目标，坚持"挪穷窝"与"换穷业"并举、安居与乐业并重、搬迁与脱贫同步的易地搬迁推进原则。争取上级专项基金、整合行业部门资金和社会资金，建设安置区配套深百（南—田）

众创产业园、水电路等配套基础设施，学校、医院、市场等公共服务设施，以及迁出区生态修复。为解决大量搬迁群众城镇安置后无土地、无产业、无务工的后续发展困境，田阳创新实施"山上基地，产业富民"搬迁群众生计发展方式。具体而言，按照"组织重塑、产权配置、带资入股、返包经营、劳务增收、培训增智、融合发展"的思路，将20万亩农林生态脱贫产业核心示范区的芒果产业，按照每亩1股的标准，以股权量化方式把基地经营权配置给全部6063户易地扶贫搬迁贫困户和152个村集体合作经营10年；实施山下园区，就业安民。依托新山铝产业园、红岭坡工业区、农民工创业园区等园区就业需求，以及广西田阳农副产品综合批发市场和县城周边果蔬种植务工需求，为易地搬迁群众提供就业岗位，促进搬迁群众城镇稳定就业增收；在城镇安置区附近设立政务服务中心、服务站，由田阳区直部门派人进驻安置社区政务服务中心窗口，为扶贫搬迁群众提供党群、产业、就业、教育、卫生、法律等服务。

4. 生态补偿精准帮扶

田阳南部石山区以易地扶贫搬迁为机遇，加强石漠化地区生态治理。田阳结合国家、广西壮族自治区、百色市的相关要求，推进实施石漠化综合治理、新一轮退耕还林、坡耕地综合治理等生态工程。采取以工代赈等方式，促进贫困人口参与石漠化治理、防护林建设和储备林营造等林业生态工程建设。引导支持贫困群众发展特色经济林产业，特别是发展林下经济、森林康养产业等生态产业，逐步形成林果、林禽、林畜等复合经营模式。鼓励经济能人和经济组织承包荒山，贫困群众以荒山入股等方式合作开展造林绿化。支持建立脱贫攻坚造林合作社，扩大生态保护林岗位，为贫困群众提供更多的公益岗位。

5. 教育扶智精准帮扶

田阳以加快教育扶贫工程为契机，推进教育经费向乡镇倾斜，向基础设施倾斜，向职业教育倾斜，向提高教师待遇倾斜。坚持"不让一个贫困学生掉队"的原则，采取"四步工作法""双线四包"①和"三级联动"等防控网络机制，强化控辍保学。开展学籍管理系统数据和建档立卡数据动态对比工作，实施家校联合，强化依法控辍、环境控辍、管理控辍、质量控辍措施。对因病、因残无法随班就学的，开展定期送教上门。对厌学的，采取单独编班因学施教。实行"辍学率"通报制度。各中小学校建立辍学学生的台账，实行跟踪管理，加强劝返工作。实施贫困生资助政策全覆盖。通过精准识别，准确掌握贫困生数据，整合各部门教育资助资金，全面落实学前教育免保教费、义务教育"两免一补"、农村义务教育学生营养改善计划、普通高中国家助学金、"雨露计划"学历教育补助、大学生新生生活费补助等教育扶贫资助政策。逐步建立从学前教育、义务教育、高中教育到高等教育全覆盖的贫困生资助保障体系。实施结对帮扶贫困生"一帮一联"，推进建档立卡贫困学生联系帮扶全覆盖。实施深度贫困村义务教育学校结对帮扶行动，对深度贫困地区所有中小学均安排对口帮扶学校。加快实施学前教育工程、中小学校舍维修改造，推进薄弱学校改造工程，完善农村薄弱学校的办学条件。通过特岗招聘计划、农村小学全科教师定向培养计划、小学壮汉语教师定向培养计划、"双选"、"双聘"、政府购买等方式壮大乡村学校师资力量。通过提高教师生活补助、职称评定照顾倾斜政策引导优秀教师到偏远贫困乡村任教，充实贫困乡村教师人才队伍，提升教学水平。实施乡村教职工生活补助计划，提高乡村教职工生活补助标准，提升乡村教职工获得感。

---

① 该制度为广西统一推行的教育扶贫制度。"双线"指县（区）、镇（乡）、村（社区）一条线；教育局、学校、班级一条线。"四包"指县（区）领导包镇（街道）、镇（街道）干部包村、村干部包村民小组、村民小组包户；教育局领导包学校、校领导包年级、班主任包班、科任教师包人。

6. 低保兜底精准帮扶

社会保障兜底是解决弱劳动力、无劳动力深度贫困家庭的重要举措。田阳实施扶贫开发政策与农村最低生活保障制度衔接，将符合条件的贫困家庭纳入农村低保范围。充分调动驻村工作队、帮扶联系人、村委会等力量，协助落实社会救助政策。加大对贫困老年人、残疾人、重病患者等特殊群众的兜底保障力度。对因病、因老、因残导致部分或完全丧失劳动能力、自理能力的未脱贫贫困对象或返贫对象，家庭财产符合规定，但整户纳入低保不符合条件的，依申请按单人户纳入低保范围。统筹协调农村扶贫标准和农村低保标准，构建整合部门救助资源、社会组织救助项目和特困户救助需求衔接的帮扶信息平台，鼓励支持社会组织、企事业单位和爱心人士开展慈善救助。加大扶贫政策宣传，提高基本养老保险政策知晓度，落实城乡居民养老保险制度，使符合条件的贫困人口均参加养老保险。出台基本养老保险差异化补助政策，促进城乡居民养老保险乡镇、村级经办协办，简化优化经办流程。落实困难残疾人生活补助、重度残疾人护理补助和救助供养政策，适当扩大补助范围。

7. 医疗救助精准帮扶

田阳以"让贫困群众看得起病、看得好病、方便看病、少生病"为目标，聚焦"基本医疗有保障"，多措并举实施健康扶贫工程。建立城乡居民基本医疗保险、城乡居民大病保险、健康扶贫保险、民政医疗救助、财政医疗兜底五重医疗保障体系。为所有农村建档立卡贫困人口建立电子健康档案。强化落实家庭医生签约服务，开展新纳入建档立卡贫困人口签约和服务排查工作。实施农村贫困人口在田阳区内医疗机构住院治疗"先诊疗后付费""一站式"结算服务、大病集中救治政策，提高医疗服务水平。依托"一站式"结算信息平台，在田阳区人社局建立健康扶贫"一站式"工作站、在田阳所有公立医院设立健康扶贫"一站式"结算窗口，实施"让信息多走路，群众少跑腿"的便民惠民服务。开展"先诊疗后付费"服务方式，贫困患者在本地内定点医疗机构入院时不需缴纳住院押金，出院时只需缴纳经各类报销政策报销后的个人自付费用即可，剩余费用由医疗机构自行与医保经办机构、保险公司等部门结算，缓解贫困患者"看病筹资难"问题。确定区人民医院、妇幼保健院、区中医医院为定点医院，组建大病专项救治专家团队，制定大病诊疗方案，明确临床路径，严控诊疗费用负担，实行对建档立卡患 25 种大病患者集中救治工作，通过加强定点救治医院监管、制定诊疗方案等方式，使建档立卡贫困人口大病患者接受治疗比例达到 90% 以上。依托百色市民族卫生学校，与定向医学生签订就业协议，毕业后到基层医疗卫生机构服务一定年限，解决村卫生室人才严重紧缺问题。开展"健康促务工"专项行动，针对因病未能外出务工的贫困人口开展专项救助行动，实现救助对象住院费用自付部分控制在 5% 以内。建立贫困人口健康卡，对暂无支付能力的贫困人口实行大病先诊疗后付费的救助机制。将贫困人口全部纳入重特大疾病救助范围，使贫困人口大病医治得到有效保障。

三、"十个到村到户"精准施策

为贯彻落实中央、广西壮族自治区、百色市脱贫攻坚决策部署，贯彻落实精准扶贫到村到户要求，凸显田阳脱贫攻坚特色，在制定实施"七个一批"脱贫攻坚路径政策外，还深入实施了精准扶贫"十个到村到户"配套政策，即《精准扶贫政策宣传到村到户实施方案》《金融扶贫到村到户实施方案》《产业扶贫到村到户实施方案》《基础设施建设到村到户实施方案》《危房改造到村到户实施方案》《易地扶贫搬迁到村到户实施方案》《教育帮扶到村到户实施方案》《劳动力培训就业指导到村到户实施方案》《最低生活保障到村到户实施方案》《干部结对帮扶到村到户实施方案》。

1. 扶贫政策宣传到村到户

实施扶贫政策宣传到村到户。采取电视宣传、墙报板报宣传专栏、印发宣传资料、上门走访、开展现场宣传活动、党员干部现代远传教育平台宣传、手机短信宣传平台等方式，宣传习近平总书记关于扶贫开发工作会议重要讲话精神、中央扶贫开发工作会议精神和扶贫惠农政策以及林业、农机、残联、妇联、住建、卫生计生、劳动力培训就业创业、教育、财政、农业、畜牧、交通扶贫、水利扶贫、民政、农村电商扶贫、乡村旅游扶贫、科技文化扶贫、金融扶贫、资产收益扶贫等扶贫政策，将各项惠民政策宣传到户到人。

2. 金融扶贫到村到户

实施金融服务机构到村到户工程。建立贫困村"金融服务中心"，引导金融机构加快乡村服务网点布设步伐，在所有贫困村建立"金融服务中心"。支付网络到村到户工程建设，引导金融机构根据需要在条件成熟的偏远乡镇开展"背包银行""流动银行""定时定点服务"等业务。在贫困村设立小额支付便民店，普及银行卡助农取款和农民工银行卡服务，满足贫困农民各项支农补贴发放、小额取款、转账、余额查询等基本服务需求。实施农村互联网金融服务工程。引导电商企业拓展农村业务，对贫困家庭开设网店给予网络资费补助、小额信贷等支持。实施扶贫小额信贷工程。对所有讲诚信、有贷款意愿和具备一定还款能力的贫困户发放免抵押、免担保，5万元以下、3年以内的小额信用贷款，为贫困户生产经营提供资金支持。引导金融机构重点支持发展果蔬、中草药和特色养殖产业。对自我发展能力较强的建档立卡贫困户给予10万元以内的扶贫小额担保贷款。开展易地扶贫搬迁贷款，给予符合贷款条件的搬迁对象不低于3万元的建房贷款。开展精准助学就业创业贷款，对当年被全日制大专以上院校录取的贫困家庭学生提供生源地助学贷款支持，对信用贫困农户、农村青年致富带头人、大学生村官、妇女、返乡农民工、残疾人等群体就业创业发放小额信用贷款。结合精准扶贫建档立卡工作，建立贫困户信用信息评级系统。实施产权抵押贷款到村到户工程，在贫困村推广林权、土地经营权、农民住房财产权等农村产权抵（质）押融资。实施保险精准扶贫到村到户工程，引导保险行业结合贫困户的特点创新保险产品和服务，扩大林木、水稻、甘蔗、芒果、柑橘、火龙果、生猪、养牛、养羊等特色保险覆盖面。实施金融扶贫到村到户工程，借助"金融服务中心""农家课堂""党员中心户"等创新平台，开展金融扶贫知识普及活动，提高贫困群众诚信意识，提高贫困户运用金融工具脱贫致富的能力。

3. 产业扶贫到村到户

实施产业扶贫到村到户。按照因地制宜、突出特色、注重规模、提高标准的原则，突出重点、突出特色，提高贫困村、贫困户特色产业覆盖率。支持以"龙头企业+基地+农户"和"合作组织+基地+农户"的组织方式发展特色种植业。引导农民根据市场需求发展特色水果和蔬菜产业，重点实施芒果、番茄、红心蜜柚、沃柑和砂糖橘等生产扶持。强化品牌创建，培育山区特色水果和蔬菜品牌，提高市场竞争力和占有率。以布局区域化、养殖规模化、生产标准化、经营产业化、服务社会化标准推进生态循环养殖和林下养殖发展，结合广西现代特色农业示范区建设，设立扶贫特色养殖示范区。根据田阳生态资源禀赋、环境承载能力、经济社会发展水平，在条件适宜、发展基础良好的区域（主要为南部石山区和部分北部土山区），扶持贫困农户发展松树、杉树、桉树等树种和油茶生态经济林种植。完善旅游基础服务设施，通过"五个一批"（即旅游企业就业安排一批、重点贫困村发展旅游产业脱贫一批、旅游技能培训与就业指导脱贫一批、重大旅游项目的开发建设带动一批、扶持旅游自我创业和自主就业脱贫一批），为贫困人口就业、创业、增收提供平台。建设区（县）、乡、村三级电商服务网络，利用乡镇商贸中心、农家店、邮政所、村民活动中心、农村青年创业基地等资源建立行政村电子商务服务网点，依托网络平台对接各类服务资源。引进培育壮大农产品精深加工龙头企业，带动贫困村肉类、水果、蔬菜、食用菌、林产品等产品深度开发，延长产业链，提高附加值。采取以奖代补、先建后补等办法，支持农产品分级、保鲜、仓储、冷藏等采后处理设施建设。加快农村土地承包经营权制度改革，引导贫困户自愿有偿流转土地经营权，通过土地经营权入股、托管等方式，发展多种形式的适度规模经营。

4. 基础设施到村到户

实施基础设施到村到户。田阳集中力量加大对农村水、电、路、通信等基础设施建设力度，实施基础设施建设项目覆盖到村到户。实施20户以上自然屯硬化道路建设到村到户，提高农村道路通行能力，完善村民自我管理、自我维护机制。实施饮水安全建设到村到户，夯实饮水工程建设和管护责任，完善饮水工程运行维护长效机制。落实管护主体、落实维护资金、完善制度建设等措施，保障饮水工程长期发挥作用。实施农村电网升级改造建设到村到户，以构建"可靠用电、安全用电、方便用电"电力网络为目标，全面提升行政村电网供电质量和水平，全面解决低电低压问题，使贫困群众"用上电、用好电、电好用"。推进宽带网络、通信设施建设到村到户，加快通信网络基础设施建设，实现通信公共服务均等化。

5. 农村危房改造到村到户

实施农村危房改造到村到户。田阳采取政府统建、代建、财政兜底建设等贫困农户住房建设模式，解决贫困人口住房问题，使所有建档立卡贫困人口都有安全稳固的住房。实行差异化危房改造补助，根据农户贫困程度、危房等级和改造方式等实行分类补助。鼓励通过修缮加固现有公房，置换或长期租赁村内闲置住房等方式，兜底解决极度贫困户住房安全问题。对有意愿的建档立卡户开展改厨改厕建设，优化住房环境，提升生活质量。

6. 易地扶贫搬迁到村到户

实施易地搬迁到村到户。将居住在深山、高寒、荒漠等生存环境差、不具备基本发展条件，以及生态环境脆弱、限制或禁止开发地区的建档立卡贫困人口列为主要搬迁对象。开展易地扶贫搬迁动态调整"回头看"，使符合搬迁条件又有搬迁意愿的农村建档立卡贫困户应搬尽搬。实行广西壮族自治区党委和自治区人民政府提出的"市包县、县包项目"的领导包点责任制和"八包"责任制（包建设进度、包工程质量、包资金监管、包搬迁入户、包后续产业发展、包就业创业、包稳定脱贫、包考核验收），推进安置房及配套基础设施建设。同步制定后续产业发展和就业创业计划，实施搬迁户"一户一策"后续扶持政策。开展易地扶贫搬迁户旧房拆除工作，鼓励搬迁户自行拆除旧房，建立拆旧房奖励制度。

7. 教育帮扶到村到户

实施教育帮扶到村到户。精准实施幼儿园帮扶计划，扩大学前教育资源，解决农村适龄幼儿"入园难"问题。争取中央、广西壮族自治区建设资金，加大地方财政资金的投入，加快公办幼儿园建设。统筹安排城区公办幼儿园、优质民办幼儿园对口帮扶乡镇中心幼儿园。精准实施义务教育薄弱学校帮扶计划，扩大城区学校办学规模，改善农村学校基本办学条件，让贫困家庭子女享受更公平的优质教育。实施"全面改薄"工程，改善义务教育薄弱学校办学条件。统筹安排城区义务教育学校对口帮扶农村薄弱义务教育学校，指导乡镇中心学校对口帮扶本乡镇村小学、教学点。发挥职业教育服务扶贫富民作用，开展多种形式的职业教育，让新生劳动力和贫困地区群众接受职业技能教育，学习实用技术，从根本上解决贫困群众脱贫致富问题。对建档立卡贫困户子女就学实行 15 年免费教育。实施"雨露计划"，确保扶贫助学补助做到应补尽补。建立贫困家庭学生结对帮扶，建立教师"一对一"关爱帮扶农村留守儿童工作机制。实施教师队伍帮扶计划，选拔培育"下得去、留得住、教得好"的好老师，为农村教育发展提供坚实的师资保障。拓宽乡村教师补助渠道，实施农村义务教育阶段学校教师特设岗位计划、农村小学全科教师定向培养计划、小学壮汉语教师定向培养计划等。提高和落实乡村教师工资待遇，实施乡村教师生活补助计划，依据学校艰苦边远程度实行差别化补助，向重点村小学和教学点倾斜。严格落实广西壮族自治区中小学教师职称（职务）评审条件和程序办法，对乡村教师在评定职称（职务）时，适当降低职称申报评审条件，免职称外语考试，论文的发表不作为刚性要求。采取定期交流、对口支援、乡镇中心学校教师走教等方式，引导优秀校长和骨干教师向农村学校、薄弱学校流动。

8. 劳动力培训就业指导到村到户

实施劳动力培训就业指导到村到户。将贫困人口纳入职业培训补助对象，对培训后获得国家职业资格证书、创业培训合格证书的农村建档立卡扶贫对象实行以奖代补。以贫困户"后两生"为主要对象，通过中等职业学校和技工院校学历教育，培养持有中等职业教育学历证书和国家职业资格证书的"双证"型技能人才。实施贫困户子女参加本科及职业学历教育补助政策，资助贫困户劳动力接受短期技能培训，组织实施扶贫创业致富带头人培训工程，开展农民实用技术培训，提高培训实效。开展新型职业农民培训，以从事农业生产、经营和服务的贫困户劳动力为重点对象，围绕种植、养殖、农产品加工等产业，开展生产经营型、专业技能型和社会服务型新型职业农民培训，开展政策扶持与跟踪服务。针对有创业意愿、符合培训条件的贫困户开展创业培训，给予相应补贴。搭建培训就业信息网络服务平台，通过开展"春风行动"等搭建求职平台，引导贫困劳动力就近就业。邀请区内外企业到田阳参加现场招聘会，促进农村劳动力转移就业。统筹整合各类培训资源，积极筹措扶贫培训资金，引进有资质、有条件的民营培训机构参与贫困村劳动力技能培训，采取校企合作、村企合作等方式，开展订单式培训，促进贫困家庭劳动力提高技能实现就业脱贫。

9. 最低生活保障到村到户

实施最低生活保障到村到户。田阳基于精准识别，将符合条件的贫困对象纳入低保范围，实施"五关两公示"（把好群众申请关、入户调查关、民主评议关、公示监督关、审核确认关，强化审核结果公示及审批结果公示）程序，促进"应保尽保，应退尽退"。建立提高农村低保标准自然增长调整机制，按照农村居民生活费支出制定新的农村低保标准，提高农村最低生活保障平均标准和补助水平。农村最低生活保障实行乡镇人民政府负责制，乡镇是当地困难群众最低生活保障精准识别和规范管理的责任主体，区人民政府担负组织协调、政策宣传、资金投入、工作保障和社会监督等规范管理责任。乡（镇）人民政府是受理审核最低生活保障申请的责任主体，区民政局是最低生活保障审批的责任主体。

10. 干部结对帮扶到村到户

实施干部结对帮扶到村到户。田阳按照"区委统一领导、政府全面推进、部门积极配合、乡镇具体实施、社会广泛参与"的思路，实施"区领导、常任指挥长包片包村，乡镇、区直单位干部包户包人"机制。开展分类指导帮扶，对有发展能力的贫困户，帮助发展至少1项增收项目。对有劳动能力、有就业意愿的帮助解决技能培训，转移务工致富，对因子女教育负担过重的贫困户，帮助落实助学措施，鼓励其完成学业。对因病致贫、因病返贫的贫困人口，协调相关部门实施大病救助、大病保险，让贫困群众看得起病。对无法依靠产业扶持和就业帮助脱贫的贫困人口，帮助其享受政策保障兜底。

第三节 "四个体系"：保障田阳
脱贫攻坚顺利推进

一、强化脱贫攻坚责任落实体系

全面建成小康社会，最艰巨繁重的任务在农村，特别是在贫困地区。中央将扶贫工作摆在治国理政的突出位置，要求做到真扶贫、扶真贫、真脱贫。习近平总书记指出："抓工作，要有雄心壮志，更要有科学态度。打赢脱贫攻坚战不是搞运动、一阵风，要真扶贫、扶真贫、真脱贫。要经得起历史检验。攻坚战就要用攻坚战的打法，关键在准、实两个字。只有打得准，发出的力才能到位；只有干得实，打得准才能有力有效。一是领导工作要实，做到谋划实、推进实、作风实，求真务实，真抓实干。二是任务责任要实，做到分工实、责任实、追责实，分工明确，责任明确，履责激励，失责追究。"① 强化脱贫攻坚责任，层层签订脱贫攻坚责任书、立下军令状，有助于在脱贫攻坚中充分发挥我国政治优势和制度优势，有助于发挥好各级党委统揽全局、协调各方的领导核心作用。2015 年 11 月，《中共中央国务院关于打赢脱贫攻坚战的决定》强调要进一步完善"中央统筹、省负总责、市县抓落实"的扶贫管理体制。2016 年 10 月，中共中央办公厅、国务院办公厅印发了《脱贫攻坚责任制实施办法》。这些政

---

① 中共中央文献研究室编：《习近平关于社会主义经济建设论述摘编》，中央文献出版社2017 年版，第 233—234 页。

策文件，为田阳构建各负其责、各司其职的责任分工落实体系提供了依据。

1. 成立区级脱贫攻坚战指挥部，分配和落实脱贫攻坚责任

2015年9月，田阳印发《中共田阳县委办公室　田阳县人民政府办公室关于成立县决战贫困共奔小康攻坚指挥部及办公室的通知》，建立脱贫攻坚责任与分工体系。田阳脱贫攻坚指挥部由区委书记、区长任总指挥长，区委副书记、常务副区长任常务副指挥长，政法委书记、组织部部长、统战部部长、区委办公室主任、宣传部部长、那满镇党委书记、区人民政府副区长，以及区人大常委会副主任、区政协副主席等16人任副指挥长。区人民政府办公室、区组织部、扶贫办、发改局、经贸局、教育局、民政局、财政局、人社局、国土资源局、住建局、交通运输局、水利局、农业局、林业局、文体广电局、卫计局、审计局、统计局、科技局、水产畜牧局、粮食局、民族局、农机局、招商局、区供销社、商务局、水库移民局、金融办、绩效办、工商联、区团委、区妇联、区残联、区公安局、区总工会、中国人民银行田阳支行等72个部门或机构的一把手任脱贫攻坚指挥部的成员。脱贫攻坚指挥部设立办公室，并且在办公室下设立综合协调、教育保障、医疗保障、住房保障、饮水安全、资金保障、基层设施、产业开发、扶贫搬迁、公共服务、政策宣传、脱贫监测、扶贫协作、档案管理、督查考评整改、组织保障和发展村集体经济等16个工作组。脱贫攻坚指挥部办公室负责协调与上传下达，各专责小组负责相应领域的工作。

除了区级政府成立脱贫攻坚指挥部，田阳各乡（镇）也成立了乡级脱贫攻坚指挥部。乡级脱贫攻坚指挥部由乡（镇）党委书记、乡（镇）长担任双指挥长，指挥部对应区脱贫攻坚指挥部设立脱贫攻坚指挥部办公室。

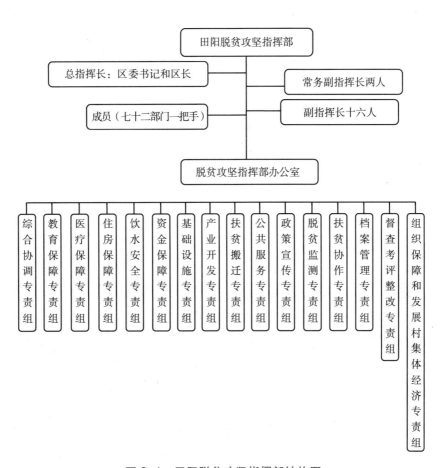

图 2-1 田阳脱贫攻坚指挥部结构图

专栏 2-2 田阳脱贫攻坚专责小组工作职责

1. **综合协调专责小组职责**：印章管理、文电处理、上传下达，拟定计划和方案，负责总结和汇报；筹备指挥部有关会议、学习或活动的组织和记录；督促其他专责小组落实指挥部会议议定事项或指挥部领导同志指示批示事项；做好脱贫攻坚工作中各专责小组、各成员单位的综合协调、联络沟通等；组织起草脱贫攻坚相关政策文件；对接自治区、百色市综合协调专责小组的相关工作。

2. **教育保障专责小组职责**：完善"双线四包"工作体系，

确保贫困村、贫困户适龄儿童少年不因贫失学辍学；推进义务教育薄弱学校改造工作，改善义务教育学校基本办学条件；推进贫困地区乡村小规模学校和乡（镇）寄宿制学校建设；落实教育资助政策，实现应助尽助；实施教师特岗计划，补足配齐贫困地区乡村学校教师和紧缺学科教师；推广普及国家通用语言文字，开展民族地区学前儿童学习普通话行动；推进易地扶贫搬迁集中安置点学校建设。

3. **医疗保障专责小组职责**：落实兜底医疗保障政策，确保贫困人口住院医疗费用个人实际报销比例、门诊特殊慢性病门诊医疗费用个人实际报销比例达到国家要求；实施贫困地区乡镇卫生院、村卫生室标准化建设；加强贫困地区医疗卫生队伍建设，实施艰苦边远地区全科医生计划；加强家庭签约医生服务，提高履约质量和效果；加强符合条件的贫困人口门诊特殊慢性病卡办理工作；落实农村贫困人口城区内定点医疗机构住院治疗"先诊疗后付费"，实现建档立卡贫困户患病人口在城区内住院治疗能享受"一站式"直接结算；易地扶贫搬迁集中安置点卫生医疗设施建设；协助做好低保对象、特困人员、孤儿的认定。

4. **住房保障专责小组职责**：开展农村危房改造等级评定、危房改造对象认定，建立危房台账，加快实施改造任务；落实政策要求，因地制宜选择农村危房改造方式，针对不同建档立卡户实际情况安排原址重建或加固维修；落实危房改造面积控制、补助发放和自筹负担等有关政策规定；对危房改造进度以及质量达标等情况开展督促检查。

5. **饮水安全专责小组职责**：推进脱贫攻坚农村饮水安全巩固提升项目，2019 年底全面解决贫困人口饮水安全问题；推进大石山区农村饮水安全巩固提升工程建设大会战，确保 2019 年底前完成规划大会战任务；强化项目清单式管理，确保项目建设有序有效推进；建立健全工程运行维护长效机制，保障饮水工程长期发挥效用。

6. **资金保障专责小组职责**：贯彻落实国家有关支持扶贫开发财税政策；制定支持实施精准脱贫攻坚的扶贫资金筹措方案，会同有关部门争取上级资金支持，落实区本级财政用于扶贫投入资金；完善扶贫资金使用管理制度，按照自治区、百色市指挥部要求，规范开展统筹整合使用财政涉农资金，规范扶贫资金使用管理，优化扶贫资金监督，开展扶贫资金专项检查督查；制定利用金融工具、撬动金融资本、吸收社会资金支持精准扶贫的有关政策措施；落实区人民政府关于扶贫小额信贷到期回收处置的决策部署。

7. **基础设施专责小组职责**：推进贫困地区农村道路建设，推进贫困地区农网改造升级，推进贫困地区网络建设，加快实施"宽带广西"战略和"百兆光纤进农村"工程，加快农村移动通信基站建设，提升、扩大农村通信信号强度和覆盖率；抓好脱贫攻坚基础设施建设的统筹协调和检查指导；加大田阳扶贫区域网络建设，带动信息扶贫。

8. **产业开发专责小组职责**：培育发展县区级"5+2"、贫困村"3+1"特色产业；落实产业发展"以奖代补"政策；建立贫困户产业发展指导员制度，组织特色农业产业扶贫专家服务团，因地制宜加强对贫困地区产业发展指导；培育贫困村新型农业经营主体，完善利益联结机制，推动贫困户参与农业合作化、集约化和规模化发展；实施科技特派员制度，开展科普乡村振兴助力精准扶贫工程培训活动；精准实施资产收益扶贫、电商扶贫、旅游扶贫、生态扶贫，惠及建档立卡贫困户；完善农产品产销对接体系，解决农产品销售问题。

9. **扶贫搬迁专责小组职责**：推进易地扶贫搬迁项目以及基础设施、公共服务等配套设施建设和搬迁户搬迁入住；落实安置房面积控制，补助发放和自筹负担等政策；后续产业发展和就业扶持；推进拆旧复垦工作和管理利用搬迁户迁出地、耕地、林地；搬迁安置点服务管理，建立完善组织架构体系，加强对搬迁贫困人口的管理；对易地扶贫搬迁项目进度进行全面核查，挤压上报数据"水分"，健全问责机制；易地扶贫搬迁安置点包点区级领导干部专项考核工作；督促和指导各乡（镇）在全国扶贫开发信息系统对易地扶贫搬迁对象进行标识。

10. **公共服务专责小组职责**：组织实施职业教育和就业指导培训；落实劳务输出组织服务政策，强化劳动力信息管理、劳务输出供需精准对接，开发多种形式的公益岗位，引导和支持扶贫车间发展，培养一批创业致富带头人，推进农民工创业园建设，加大创业担保贷款、创业服务力度；做好农村贫困人口低保兜底，落实临时救助政策，落实城乡居民基本养老保险政策；落实困难残疾人生活补助、重度残疾人护理补贴、救助供养等扶助政策，将服务条件的贫困残疾人纳入低保范围；负责落实贫困家庭"三留守"关爱服务政策；实施文化扶贫，加快推进贫困村公共文化服务设施建设。

11. **政策宣传专责小组职责**：指导各乡（镇）做好惠农惠民政策宣传；脱贫攻坚政策汇编及印制；全区惠民政策实施、汇报、总结等材料的撰写；编辑脱贫攻坚战工作简报、组织策划各项宣传报道活动；各类媒体对田阳脱贫攻坚工作的宣传协调和采访活动对接；撰写扶贫宣传方面的典型材料和负责扶贫专责影视的策划、制作等；发挥群团组织联系群众的作用，加强宣传引导，激发贫困群众艰苦奋斗、脱贫致富的内生动力。

12. **脱贫监测专责小组职责**：各乡（镇）精准识别工作指导与督查检查；全区贫困对象动态管理；建立和完善贫困户脱贫、返贫进退机制；贫困乡（镇）、贫困村脱贫目标确定及贫困乡（镇）、贫困村摘帽审核、上报；完成年度扶贫对象信息更新；指导各乡（镇）脱贫监测；年度脱贫攻坚建档立卡数据分析报告的收集整理和编写。

13. **扶贫协作专责小组职责**：落实田阳对口扶贫协作领导小组决策部署；起草田阳对口扶贫协作工作发展规划、年度计划和政策措施并组织实施；做好与深圳市南山区的沟通、交流与联络；指导和督促各乡（镇）制定对口扶贫协作规划和计划；按照百色市指挥部要求，开展对口扶贫协作工作；对口扶贫协作工作的信息收集、资料档案管理和媒体宣传等组织协调工作；田阳对口扶贫协作领导小组会议的筹备、组织和会务工作，起草纪要。

14. **档案管理专责小组职责**：按照党和国家有关档案工作的方针、政策，严格依法治档；全区脱贫攻坚摘帽工作形成的各门类、各载体的档案及有关资料的收集、整理、鉴定、保管和提供利用等；做好档案的安全防范，确保档案的完整与安全；建立、完善档案工作的管理和检索体系，积极开发档案信息资源，做好档案服务；做好档案保密、查阅等。

15. **督查考评整改专责小组职责**：组织实施扶贫领域腐败和作风问题专项治理及脱贫攻坚作风建设活动年活动；对各乡（镇）、区直（含驻田阳的市、区、中直）各单位的主要负责人扶贫工作履职情况进行督查检查；各乡（镇）、区直各单位实施脱贫攻坚工作行动计划督查检查；对各乡（镇）年度党委和政府扶贫成效考核；做好年度上级各项考核评估迎检；落实中央、自治区、百色市、本区反馈问题整改；区直各定点帮扶单位帮扶贫困村、各乡镇脱贫攻坚年度绩效考核评估；落实区委、区人民政府关于中央第二巡视组反馈意见整改的重大决策部署，研究有关问题，做好巡视整改工作的统筹协调；制定巡视整改工作方案以及各阶段工作计划；起草、报审、组织开展整改工作期间相关会议，做好材料整理归档；做好材料报送、简报编印，联络服务；落实整改工作大事记。

16. 组织保障和发展村集体经济专责小组职责：健全扶贫工作机构，培养和充实扶贫工作力量；推进抓党建促脱贫攻坚工作；抓好驻村工作队（第一书记）选派、管理、考核等工作；研究制定全区村级集体经济发展规划，对全区发展壮大村级集体经济进行部署、统筹协调、指导服务和督查考核；协调区委统战部牵头开展"万企帮万村"活动，引导企业与贫困村结成"帮扶对子"；组织开展领导干部蹲点调研活动；组织各界力量支持和参与脱贫攻坚，构建大扶贫格局。

在县（区）级指挥部层面，明确各成员和工作组的工作职责。脱贫攻坚指挥部对各专责工作组的工作职责进一步明确，并在指挥部办公室的统一协调下开展工作。脱贫攻坚指挥部总指挥长为总召集人，常务副指挥长为指挥部具体负责人。指挥部办公室负责指挥部日常工作，抽调的驻办人员实行全脱产，与原单位工作脱钩，严格落实驻办制度，由指挥部办公室统一考评。强化统筹协调。脱贫攻坚指挥部主要任务是协调、推进指挥部工作的开展，办公室负责综合、协调各专责组开展工作，组织各专责组每个月开一次分析会，对重大问题事项进行分析讨论，提出解决办法和措施。各专责组围绕工作职责制定工作方案。各乡（镇）脱贫攻坚指挥部，依据田阳脱贫攻坚指挥部责任落实机制开展对接和责任落实。

2. 成立专责工作组落实脱贫攻坚巩固提升责任

2019 年 4 月，为实现脱贫攻坚成果巩固提升等目标，田阳区委、区人民政府印发《关于在全县开展领导班子建设提升年、脱贫攻坚巩固提升年、政策（决策）学习落实年、优化营商环境攻坚突破年、产业大招商攻坚突破年、重大项目建设攻坚突破年"六个年"活动的决定》，并形成《田阳县 2019 年脱贫攻坚巩固提升活动实施方案》等 6 个配套方案。

在《田阳县 2019 年脱贫攻坚巩固提升实施方案》中，提出要聚焦深度贫困乡（镇）和贫困村、极度贫困户，切实解决制约全区脱贫攻坚的薄弱环节，实现区域性整体脱贫摘帽目标。重点工作内容包括深入推进教育扶贫、着力实施健康扶贫、全面实施危房改造的"补齐三个保障"，健全组织保障、健全投入机制、健全队伍建设、健全政策体系的"健全四项制度"，抓好粤桂扶贫协作、抓好金融扶贫工作、抓好党建促脱贫工作、抓好综合保障扶贫、抓好生态扶贫的"抓好五项工作"，打好项目建设攻坚战、打好易地搬迁攻坚战、打好内生动力攻坚战、打好产业扶贫攻坚战、打好集体经济攻坚战、打好就业扶贫攻坚战的"打好六场硬仗"。为落实田阳脱贫攻坚巩固提升责任，成立田阳区脱贫攻坚巩固提升专责组，由区委副书记任组长，区人民政府分管扶贫的副区长任常务副组长，区人大常委会副主任和区政协主席任副组长，成员包括区委办、区人民政府办、区委组织部、区委宣传部、区委统战部、区扶贫办、区发改局、区住建局、区自然资源局、区环保局、区教育局、区卫生健康局、区农业农村局、区林业局、区水利局、区民政局、区交通运输局、区财政局、区水库和扶贫易地安置中心、区文旅局、区金融服务中心、区水果办、区工信局、区商务局、区供销社理事会，以及各乡（镇）的党委书记等部分一把手或副职，共 40 人。另外，田阳建立了脱贫攻坚巩固提升区四家班子领导、"两院"主要领导、处级干部和书记、区长助理扶贫联系乡（镇）和贫困村挂点帮扶联系机制，由帮扶责任领导主要负责推进所挂点（乡镇和贫困村）的脱贫攻坚巩固提升工作。

专责组下设办公室，设立在脱贫攻坚指挥部综合协调专责协调小组，由扶贫办主任兼任办公室主任。办公室主要职责为统筹协调和具体指挥全区脱贫攻坚巩固提升活动的开展；研究部署全区脱贫攻坚战整体推进计划和年度脱贫摘帽行动；督促检查各乡（镇）、各有关部门脱贫攻坚目标任务政策措施落实情况和工作进展情况；协调解决脱贫攻坚中的重大问题；起草拟定重要政策性文件、总结汇报等；负责筹备领导小组有关会议，做好宣传报道工作；强化监督检查，开展年度评估考核；专责组交办的其他事项等。

二、健全脱贫攻坚资金投入体系

习近平总书记指出："脱贫攻坚，资金投入是保障。必须坚持发挥政府投入主体和主导作用，增加金融资金对脱贫攻坚的投放，发挥资本市场支持贫困地区发展作用，吸引社会资金广泛参与脱贫攻坚，形成脱贫攻坚资金多渠道、多样化投入。"[1] 同时，习近平总书记强调："要加强资金整合，理顺涉农资金管理体系，确保整合资金围绕脱贫攻坚项目精准使用，提高使用效率和效益。"[2] 可见，加大扶贫资金投入，提高扶贫资金使用效率是打赢脱贫攻坚战的重要保障。

1. 充分发挥政府投入主体和主导作用

脱贫攻坚战打响以来，田阳积极争取上级资金和加大本级财政投入，充分发挥政府在脱贫攻坚投入上的主体和主导作用，为推进脱贫攻坚提供了资金保障。从时间维度来看，2014—2020 年田阳脱贫攻坚政府财政扶贫资金累计投入达到 164091 万元，年度政府投入分别为 4397 万元、6799 万元、20845 万元、49031 万元、33214 万元、26125 万元、23680 万元。政府脱贫攻坚投入总体呈现增长态势，其中 2017 年政府投入达到年度最高值的 49031 万元，是投入最低年份（2014 年）的 11.15 倍。从资金来源类型来看，田阳脱贫攻坚的政府投入主要依靠上级投入和整合涉农资金，田阳本级财政能力有限，投入所占比例也比较低。从政府累计投入总额来看，中央、广西壮族自治区、百色市对田阳脱贫攻坚扶贫资金拨款占比为 62.65%，田阳整

---

[1]　习近平：《在打好精准脱贫攻坚战座谈会上的讲话》，人民出版社 2020 年版，第 8 页。
[2]　习近平：《在打好精准脱贫攻坚战座谈会上的讲话》，人民出版社 2020 年版，第 22 页。

合涉农资金用于脱贫攻坚占比为32.42%，田阳本级预算内扶贫资金占比为4.95%。上级政府拨付资金和涉农资金整合弥补了田阳本级财政投入的不足，起到了重要的资金保障作用。

表2-3 2014—2020年田阳脱贫攻坚政府投入情况

年份 \ 资金类型	上级拨付扶贫资金（万元）	整合涉农资金（万元）	本级财政预算内扶贫资金（万元）	合计（万元）
2014年	3779	0	618	4397
2015年	5974	0	825	6799
2016年	11902	7854	1089	20845
2017年	30829	16338	1864	49031
2018年	17044	15881	2826	33214
2019年	17699	7965	461	26125
2020年	17139	5985	556	23680
合计（万元）	104366	54023	8239	164091

表2-4的数据更加显著地体现了政府投入的主体和主导作用。2014—2020年田阳脱贫攻坚总投入为294600万元，其中政府累计投入164091万元，占比55.7%；彩票公益金累计投入6324万元，占比2.15%；东西扶贫协作、企业、社会机构等其他投入资金累计124188万元，占比42.15%。

表2-4 2014—2020年田阳脱贫攻坚投入情况

年份 \ 资金类型	政府资金（万元）	彩票公益金（万元）	其他资金（万元）	合计（万元）
2014年	4397	0	5747	10144
2015年	6799	923	8118	15840
2016年	20845	1719	9224	31788
2017年	49031	3473	3374	55878
2018年	33214	64	25489	58767

续表

资金类型 年份	政府资金 （万元）	彩票公益金 （万元）	其他资金 （万元）	合计 （万元）
2019 年	26125	145	35161	61431
2020 年	23680	0	37075	60752
合计（万元）	164091	6234	124188	294600

总体而言，田阳区委、区政府引导社会资源参与脱贫攻坚，在投入上形成了多渠道、多元化的新格局，同时政府脱贫攻坚投入居于主体和主导作用，为脱贫攻坚提供了坚实的资金投入保障。

在扶贫资金使用于脱贫攻坚领域方面，在集中攻坚阶段田阳区扶贫资金主要投入在基础设施建设、产业发展、易地扶贫搬迁、生态补偿扶贫、教育扶贫五大方面。从图 2-2 来看，脱贫攻坚以来，田阳上述五大方面的扶贫资金支出总额逐年增加，从 2014 年的 13754.99 万元增加到 2018 年的 56701.66 万元，增加了 4.12 倍。

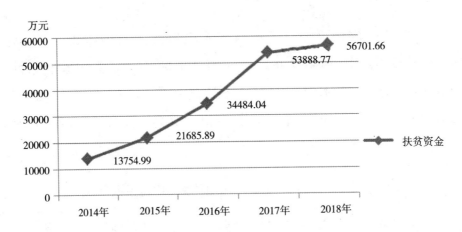

图 2-2 田阳脱贫攻坚扶贫资金在五年内支出情况（2014—2018 年）

2014—2018 年的集中攻坚阶段，田阳累计在基础设施建设、产业扶贫、易地扶贫搬迁、生态补偿扶贫、教育扶贫五大方面支出扶贫资金 180515.35 万元，其中基础设施建设投入 67830 万元，占比 37.58%；产业扶贫投入 32477 万元，占比 17.99%；易地扶贫搬迁投入 52425 万元，占比 29.04%；生态补偿扶贫投入 7491 万元，占比 4.15%；教育扶贫投入 20292.35 万元，占比 11.24%。从年度支出来看，2014—2017 年对易地扶贫搬迁的支持均为最高，2018 年对基础设施建设支持最高。

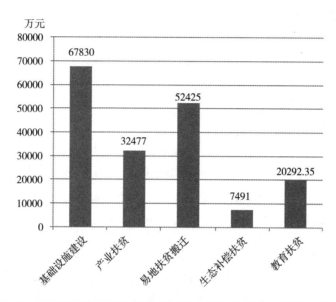

图 2-3　田阳脱贫攻坚扶贫资金在五大方面支出情况（2014—2018 年）

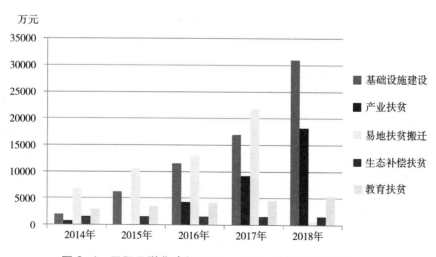

图 2-4　田阳县脱贫攻坚 2014—2018 年年度支出情况

2. 加大涉农资金整合力度

统筹使用财政涉农资金是脱贫攻坚以来我国财政扶贫的创新举措。2016 年 4 月，印发《国务院办公厅关于支持贫困县开展统筹整合使用财政涉农资金试点的意见》，标志着统筹整合使用财政扶贫资金工作的展开。《意见》指出，通过试点工作，探索形成"多个渠道引水、一个龙头放水"的扶贫投入新格局，激发贫困县内生动力，支持贫困县围绕突出问题，以摘帽销号为目标，以脱贫成效为导向，以扶贫规划为引领，以重点扶贫项目为平台，统筹整合使用财政涉农资金，撬动金融资本和社会帮扶资金投入扶贫开发，提高资金使用精准度和效益，确保如期完成脱贫攻坚任务。2017 年，田阳根据《国务院办公厅关于支持贫困县开展统筹整合使用财政涉农资金试点的意见》和《广西壮族自治区人民政府关于印发自治区支持贫困县开展统筹整合使用财政涉农资金试点实施方案的通知》精神，围绕全区脱贫攻坚规划、年度工作计划和任务目标，制定实施田阳年度统筹整合使用财政涉农资金实施方案。在统筹整合使用财政涉农资金要求上，按照"渠道不变、充分授权、以县为主、权责对等、精准发力、注重实效"原则，优化财政涉农资金供给机制，统筹整合安排财政涉农资金，把目标相近、方向类同的涉农资金统筹整合使用，提高财政涉农资金的使用效益。

统筹整合使用的资金包括中央、省、市、县安排用于农业生产发展和农村基层设施建设等方面的资金。中央层面的资金用于统筹整合的包括财政专项扶贫资金、现代化生产发展资金、农业技术推广与服务补助资金、农业综合开发补助资金等 19 项涉农专项资金，以及中央预算内投资用于"三农"建设部分（不包括重大饮水工程、跨界河流开发治理工程、新建大型灌溉渠、大中型灌溉区续建配套和节水改造、大中型病险水库水闸除险加固、生态建设方面的支出）。省级层面可以整合使用的资金包括广西壮族自治区财政扶贫专项资金、少数民族发展专项资金（自治区本级少数民族发展资金）、自治区旅游发展专项资金（用于旅游扶贫部分）、城乡建设专项资金（主要包括城乡风貌改造专项资金、城镇化建设专项资金）等22项财政涉农专项资金，以及自治区预算内投资用于"三农"建设部分（包括与中央预算投资中可统筹整合使用相对应的配套补助资金，不包括重大引调水工程、重点水源工程、江河湖泊治理骨干重大工程、跨界河流开发治理工程、新建大型灌溉区、大中型灌溉区续建配套和节水改造、大中型病险水库水闸除险加固、生态建设方面的支出）。市级层面的统筹整合资金主要是将市级符合条件的涉农资金纳入统筹整合使用范围。区级财政资金整合包括加大区级财政专项扶贫资金投入，对上级财政下达及区级财政安排的涉农专项资金，以及存量资金进行逐一梳理，将符合条件的财政涉农资金纳入统筹整合使用范围。

田阳形成了统筹整合使用涉农财政资金的实施机制，主要内容有：一是明确参与部门的分工和责任。由区发展和改革局负责做好社会发展规划与扶贫规划的衔接工作，指导项目的实施。区财政局按照区扶贫开发领导小组办公室的部署，牵头会同扶贫办、发展和改革局等相关部门提出资金整合方案，审核和拨付资金等。区扶贫办负责指导编制脱贫攻坚规划、年度实施计划和建立项目库，负责扶贫项目的实施以及扶贫工作绩效考核等。区审计局负责整合资金审计监督检查等。其他项目主管单位牵头实施相应项目，并采取措施加快项目实施进度。二是组建统筹整合使用财政涉农资金领导小组。为统筹整合好财政资金，田阳成立统筹使用财政涉农资金工作领导小组。领导小组下设办公室，具体负责组织协调、责任落实和工作推进等。领导小组提出年度统计整合使用财政涉农资金实施方案及调整方案并报备、预算支出科目调整、项目实施及资金使用情况监督检查、验收考评等。三是建立规范化运行机制。田阳在统筹整合使用财政涉农资金时，坚持科学规划引导统筹、重点项目主导统筹、民生投入重点统筹等

"多个渠道进水、一个池子蓄水、一个龙头放水"的机制，放大财政资金的使用效应，引导社会资金和金融资本支持精准扶贫。统筹资金用于脱贫攻坚项目实行"五制"管理，即项目申报审核制、项目建设招标制、资金国库集中支付制、项目竣工审计制、项目绩效考核制。坚持以项目为基础、以项目为支撑，将脱贫攻坚任务细化到具体项目，明确时间安排和资金需求。加强项目储备和实行动态管理，没有入库的项目不得安排资金。四是规范资金管理。整合资金严格按照《田阳县整合资金管理办法》管理，资金安排使用必须以脱贫攻坚、脱贫摘帽为目标，以贫困人口为主要扶持对象，做到"七个不准"。强化资金监管。由扶贫办、发展和改革局、监察局、审计局、财政局对年度项目建设管理情况进行监督检查，定期向统筹整合使用财政涉农资金领导小组汇报项目检查情况。对统筹整合使用涉农资金工作不主动，造成项目实施进度缓慢，或者不按规定程序履行报批手续、擅自超出整合方案实施相关项目，给予通报批评，并依法追究单位领导和相关人员的责任。五是推进信息公开。涉农主管部门根据拟整合的项目，按照《中华人民共和国政府信息公开条例》，通过区政府公众信息网、各乡（镇）政府政务公开栏、各村村务公开栏公布年度项目建设内容、地点、财政扶持政策及资金等信息，接受社会监督。

专栏 2-3　田阳统筹整合使用财政涉农资金的"七个不准"

1. 不准借统筹整合之名用于形象工程、政绩工程和在少数地方搞"盆景式扶贫"。

2. 不准用于楼堂馆所建设以及与扶贫开发和贫困人口无关的基础设施建设，及其他基本建设。

3. 不准用于平衡预算。

4. 不准用于发放部门（单位）基层干部的津贴和用于补充部门（单位）公用经费不足。

5. 不准将贫困户生活方面的资金（如农村低保、五保资金）用于生产和基础设施。不准降低（减少）用于贫困户（人）的补助（供）标准（资金）或将发放到户到人的资金（如危房改造资金）用于基础设施建设。

6. 不准用于平衡各种关系、无序分配使用，造成资金再度分散。

7. 不准用于其他非扶贫项目和工作支出。

2017 年田阳统筹整合涉农资金 42755 万元，其中用于农村基础设施 25357 万元，农业生产发展 6523 万元，扶贫小额信贷贴息资金 1747 万元，易地扶贫搬迁工程 3066 万元，农村危房改造建设项目 1051 万元，扶贫小额信贷风险补偿金 2408 万元，"雨露计划"项目 2603 万元等。2018 年度统筹整合涉农资金 33252 万元，其中用于农村基础设施 22548 万元，农业生产发展 7789 万元，扶贫小额信贷贴息资金 1302 万元，龙头企业贷款贴息项目 19 万元，易地扶贫搬迁项目统贷贴息资金 1025 万元，"雨露计划"项目 569 万元等。2019 年 3 月，田阳向百色市、广西壮族自治区扶贫开发领导小组上报了《田阳县 2019 年度统筹整合使用财政涉农资金实施方案》备案，计划统筹财政涉农资金规模 26924 万元，其中用于农村基础设施 13619 万元，农业生产发展 11008 元，扶贫小额信贷贴息资金 1312 万元，龙头企业贷款贴息 30 万元，易地扶贫搬迁项目统贷贴息 560 万元，"雨露计划"项目 395 万元等。2019 年 8 月，田阳向市、自治区扶贫开发领导小组上报了《田阳县 2019 年度统筹整合使用财政涉农资金实施方案（调整）》备案，计划统筹财政涉农资金规模 25221 万元，其中用于农村基础设施 11912 万元，农业生产发展 10916 万元，"雨露计划"项目资金 493 万元，扶贫小额信贷贴息资金 1342 万元，易地扶贫搬迁项目统贷贴息资金 558 万元等。

三、完善脱贫攻坚社会动员体系

脱贫攻坚战任务艰巨、时间紧迫，需要社会各方力量参与，构建政府、市场、社会协同推进的"大扶贫"格局，促进社会各方面力量参与脱贫攻坚，形成脱贫攻坚合力，是贫困地区打赢脱贫攻坚战的重要保障。田阳脱贫攻坚转变政府"独角戏"为社会"大合唱"，积极动员社会力量参与，建立了对口帮扶、结对帮扶等多元社会扶贫机制，形成脱贫攻坚合力。

1. 深化东西部扶贫协作

田阳按照中央统一部署，在百色市对口扶贫协作制度的指导下，与深圳市南山区结对帮扶协作，建立对口扶贫协作联席会议制度。2016 年以来，田阳区与南山区共同出台了《深圳市南山区与百色市田阳县对口扶贫协作五年工作方案（2016—2020 年)》等政策。田阳和南山区对口扶贫协作，聚焦贫困人口，从人才支援、资金支持、产业合作、劳务协作、携手奔小康等多个方面开展合作，促进两地形成优势互补、长期合作、共同发展良好局面，助推田阳打好打赢脱贫攻坚战。2017—2020 年田阳累计使用深圳市南山区财政援助资金 1550 万元，受益贫困村 61 个，受益贫困人口 1.2 万人。2016—2020 年，田阳累计使用东西扶贫办协作财政帮扶资金（粤桂帮扶项目资金）161790.6 万元，受益贫困人口 4.173 万人次。特别是实施了"深百（南田）众创产业园"等建设项目，促进了田阳经济社会发展，带动了贫困人口脱贫。

2. 建立健全结对帮扶全覆盖制度

建立干部结对帮扶制度是我国精准扶贫时期扶贫机制创新的重要内容，目的在于打通扶贫工作的"最后一公里"。2013 年底，中共中央办公厅、国务院办公厅印发《关于创新机制扎实推进农村扶贫开发工作的意见》，提出建立精准扶贫工作机制、健全干部驻村帮扶机制等六大机制，健全干部驻村帮扶机制强调要普遍建立驻村工作队制度，确保每个贫困村都有驻村工作队，每个贫困户都有帮扶责任人。2014年，国务院扶贫办等七部委联合印发《建立精准扶贫工作机制实施方案》，进一步细化帮扶责任，提出驻村工作队负责协助村两委摸清贫困底数，分析致贫原因，制订帮扶计划，协调帮扶资源，统筹安排使用帮扶资金，监督帮扶项目实施，帮助贫困户、贫困村脱贫致富。田阳全面贯彻落实中央精准扶贫精神以及广西壮族自治区扶贫开发领导小组《关于进一步抓好"一帮一联""一户一卡"工作的通知》精神，出台多项结对帮扶政策，建立健全结对帮扶工作机制。

建立健全帮扶机制。田阳组织部、扶贫办从全区党政机关、事业单位和部分企业的领导干部职工中挑选干部结对帮扶所有建档立卡贫困户，实现干部结对帮扶贫困户全覆盖，以及贫困村与帮扶单位（后盾单位）结对全覆盖。在帮扶机制上，按照"单位帮扶、队员驻村、整村推进"要求，完善驻村结对帮扶工作机制。后盾单位充分发挥定点帮扶单位职能优势，将各类资源、各种力量用到定点帮扶对象上，精选驻村工作队员，组成脱贫攻坚工作队驻村帮扶。定点帮扶单位配合各级党委政府落实各项惠民政策，推进本村脱贫攻坚工作，确保贫困村按期实现脱贫出列、非贫困村贫困发生率明显下降。

明确帮扶责任。按照"单位包村、干部包户"要求，广泛动员单位干部职工结对帮扶贫困户，积极开展结对帮扶、捐款捐物、志愿服务等帮扶活动。在具体帮扶行动上，对不同的帮扶责任人入户帮扶形成了差异化的工作要求：帮扶联系人为自治区直、中直驻桂单位干部职工，每年不少于2次；市直单位干部职工，每年不少于4次；区直单位干部职工，每年不少于6次；乡（镇）单位干部职工，每年不少于12次。

强化结对帮扶干部管理与考核。根据上级结对帮扶要求，田阳制定实施《田阳县脱贫攻坚结对帮扶干部管理考核办法》《田阳县脱贫攻坚帮扶干部管理考核"一制度两办法"实施细则》，对结对帮扶干部的考核内容、考核方式、考核结果运用，形成了系统性的制度安排。田阳区委组织部牵头组织扶贫办、绩效办等相关单位完善奖惩措施，定期组织开展驻村工作、结对帮扶工作成效考核，驻村工作队员、结对帮扶干部考核情况纳入定点帮扶成效考核。考核结果经扶贫开发领导小组审定后在一定范围内进行通报，并作为单位年终绩效考核依据。

3. 推动社会扶贫与资金整合使用

脱贫攻坚以来，田阳区委统战部牵头，联合扶贫办、非公党工委、工商联、工业园区管委会等部门积极动员非公企业主动参与贫困村帮扶活动，组织开展了"千企扶千村"和"非公有制企业扶贫统一行动"。发挥商会组织和强优企业示范作用，带动更多的非公有制企业积极参与到脱贫攻坚工作中。在扶贫统一行动中带动贫困农户增收脱贫的非公企业优先获得扶贫贴息资金扶持。对在结对帮扶工作中作出突出贡献的非公企业和个人进行宣传和表彰，调动企业参与结对帮扶活动积极性。截至 2018 年底，已有 60 家非公企业结对帮扶 61 个贫困村。田阳推进实施"爱心超市"社会扶贫模式。由田阳区党委、区政府主导、社会各界捐款捐物开设非营利性商店，通过劳动服务、赢得积分、兑换爱心超市商品，激发群众内生动力。截至 2018 年底，已建成 15 个爱心超市。社会力量精准扶贫为田阳脱贫攻坚支援了大量资源。如 2017—2018 年，田阳获得社会帮扶资金 1588.708 万元，其中投入产业扶贫资金 600.8 万元，投入技能培训资金 650.35 万元，投入基础设施建设 167.1 万元，投入教育扶贫 125.728 万元，投入爱心超市等激发群众内生动力项目的资金 37.43 万元，投入社会保障的资金 7.3 万元，实现了社会扶贫资金的有效整合与精准配置。

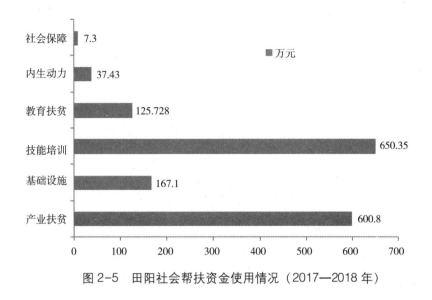

图 2-5 田阳社会帮扶资金使用情况（2017—2018 年）

四、深化脱贫攻坚监督考核体系

监督考核是指挥棒。习近平总书记指出："加强检查督查。打赢脱贫攻坚战绝非朝夕之功，不是轻轻松松冲一冲就能解决的。……要实施最严格的考核评估，坚持年度脱贫攻坚报告和督查制度，加强督查问责，对不严不实、弄虚作假的严肃问责。"[①] 2018 年 2 月，习近平总书记在打好精准脱贫攻坚战座谈会上的讲话中强调，要"实施经常性的督查巡查和最严格的考核评估，确保脱贫过程扎实、脱贫结果真实，使脱贫攻坚成效经得起实践和历史检验"。[②] 实施多渠道、全方位的督查考核机制是确保各项脱贫政策落实和脱贫攻坚战取得成效的重要举措。为确保精准扶贫各项政策贯彻落实并取得成效，中央出台精准扶贫督查巡查工作办法，扶贫部门加强与纪检监察、巡视、审计、财政、媒体、社会等监督力量合作，制定实施省

---

① 习近平：《在深度贫困地区脱贫攻坚座谈会上的讲话》，人民出版社 2017 年版，第 18—19 页。

② 习近平：《在打好精准脱贫攻坚战座谈会上的讲话》，人民出版社 2020 年版，第 9 页。

级、县级的党委和政府扶贫开发工作成效考核办法，实行最严格的考核评估制度，把各方面的监督结果运用到考核评估、督查巡查中，形成脱贫攻坚监督考核体系。脱贫攻坚战打响以来，田阳纪委监委机关将扶贫领域腐败和作风问题专项治理工作视为"一号工程"来抓，加大监督检查力度，推动工作落实，狠抓干部作风，严明工作纪律，加大执纪审查，保持高压势态，注重制度建设，健全长效机制。

1. 建立制度化和长效化的扶贫监督检查制度

为加强扶贫领域监督、执纪、问责工作，确保如期实现脱贫攻坚工作目标，田阳按照广西壮族自治区、百色市"6+2"工作机制部署要求，建立了扶贫领域反腐败和作风问题专项整治的六项工作制度，即工作例会制度、月报工作制度、线索排查制度、直查直办制度、通报曝光制度、联动协同机制。

建立工作例会和扶贫主责部门联席会议制度，在每年第一季度和第二季度，由区委常委、区纪委书记主持召开扶贫领域监督执纪问责工作例会，传达上级党委、纪委最新指示精神和重要工作部署，总结分析和通报工作情况，听取乡（镇）纪委和区纪委派驻机构工作情况和对上一次例会指出问题的整改情况汇报，研究整改措施，安排部署下阶段工作任务。建立月报工作制度。各乡（镇）每月 22 日向区纪委上报本乡（镇）、本部门当月工作情况。月报内容包括本乡（镇）、本部门扶贫领域腐败和作风问题查处情况，线索排查清单、查处问题情况清单及典型案例。建立线索排查制度。通过畅通群众举报渠道、强化巡查、开展蹲点督查、开展专题暗访等多种方式，对贯彻落实上级脱贫攻坚部署不坚决、不到位，巡视巡察等发现问题不整改或整改不到位，脱贫攻坚履职不力、监管不严、推诿扯皮、不作为、慢作为、乱作为，党员干部脱贫攻坚作风不实，搞形式主义、官僚主义，扶贫领域贪污侵占、行贿受贿、虚报冒领、截留挪用、挥霍浪费、吃拿卡要、优亲厚友，纪检监察机关以案谋私、压案不查等重点领域进行排查。建立直查直办制度。成立直查直办小组，深入一线对乡（镇）班子成员违纪典型案件、基层纪委已了结但信访举报不断、媒体曝光和网络炒作等影响较大典型问题以及基层纪委瞒报不报和压案不查等问题进行调查核实。建立通报曝光制度。在田阳纪检监察网开通扶贫领域腐败和作风问题曝光专区，集中曝光各级纪检监察机关查处的扶贫领域和腐败问题典型案例。对不收敛不收手的突出问题，查结后一律公开通报曝光。建立联动协同机制。完善部门线索移交机制，区委巡察机关及时将巡察中发现的问题线索移交区纪委。区委督查室、区人民政府督查室和发改、财政、住建、审计、扶贫等部门在日常监管和监督检查中发现的问题线索，及时交由派驻机构集中梳理汇总，形成问题清单。区纪委分管领导召集区纪委与信访、巡察机构、检察、公安、民政、财政、审计、扶贫等扶贫责任单位每季度召开一次联席会议，通报工作情况，研究解决问题。

另外，在扶贫惠民资金防控方面，田阳制定实施了《惠民资金监督管理暂行办法》《财政专项扶贫资金管理办法》《民生资金"月回访""季通报"制度》。在压实脱贫攻坚主体责任和帮扶干部作风监管方面，制定实施了《脱贫攻坚帮扶干部管理考核"一制度两办法"实施细则》。在约谈警示方面，实行《领导干部廉政谈话提醒制度》《县委审计约谈制度》等，督促各责任部门加强制度建设，促进源头防控，推动扶贫领域管控的制度化、长效化。

2. 推进扶贫领域腐败和作风问题专项治理行动

实施2018—2020年扶贫领域腐败和作风问题专项治理三年行动。田阳围绕党中央、广西壮族自治区党委、百色市委和田阳区委关于精准扶贫、精准脱贫重大决策部署，采取超常规措施，对责任落实、政策落地、项目安排、资金使用和工作作风等五个方面的问题实施精准治理，开展"排查去存、重拳遏增、巩固深化"三个阶段"战役式"行动。围绕推动脱贫攻坚总体部署，抓主体责任落实，解决责任虚化问题，抓职能部门履职，解决监督缺位问题，抓干部作风问题，解决形式主义、官僚主义问题，抓资金项目使用管理，解决违纪和贪腐问题，抓监督责任落实，解决监督执纪"宽松软"问题。

开展"正风护航·廉韵惠民行动"。田阳区纪检监察机关聚焦脱贫攻坚"两不愁三保障"相关政策落实，通过开展盯项目实施、盯资金流向，查责任落实、查违纪贪腐、查工作作风的"二盯三查"活动，重点对农村住房、水利、林业、农业、粮食等五个领域进行专项整治，确保脱贫攻坚政策不折不扣落实到村到户，惠及人民群众，为田阳脱贫攻坚保驾护航。另外，为了做好历年来中央、广西壮族自治区和百色市对田阳扶贫领域开展的各类巡视、巡察、审计、民主监督、绩效考核、第三方评估等发现的扶贫资金使用管理方面存在问题的整改落实，田阳组建 3 个督查工作组开展监督检查。

3. 建立健全结对帮扶干部管理考核制度

为切实发挥考核指挥棒的作用，激励干部脱贫攻坚有作为，田阳制定实施《脱贫攻坚结对帮扶干部管理考核办法》《脱贫攻坚帮扶干部管理考核"一制度两办法"实施细则》等，充分调动干部的脱贫攻坚"战斗力"。

实施帮扶干部管理考核"一制度两办法"，即贫困村党组织第一书记述职评议制度、贫困村党组织第一书记考核办法和田阳结对帮扶干部管理考核办法。贫困村第一书记述职、评议、民主测评，包括对村情的了解情况，加强基层组织建设，开展精准脱贫，组织政策学习宣传，推进乡村建设，提升村务治理水平，落实为民办事服务，上一次述职评议梳理出来的问题的整改情况等八个方面的内容。述职评议结果作为年度目标考核的重要内容，作为干部选拔任用、培养教育和奖励惩戒的重要依据。述职评议得分低于 60 分，述职对象要分别向区委组织部、区纪委、上级党委写书面检查，提出具体整改措施。连续两次述职评议得分低于 60 分，由区委组织部对述职对象进行诫勉谈话或组织调整。实行贫困村党组织第一书记考核办法。在考核内容上，紧扣考核对象职责，结合脱贫攻坚、乡村建设有关要求，从履职尽责、制度机制、工作成效、自身建设等方面对第一书记进行考核。在考核结果运用上，对驻村工作期间表现突出、成效明显、群众公认、考核结果为优秀的，进行通报表彰，并优先提拔重用。对有发展潜力、有培养前途的，加大培养和使用力度。表现特别突出的，可破格提拔使用。对驻村工作期间作风漂浮、敷衍塞责、工作表现差、群众不满意、成效不明显、考核结果为不称职的，由派出单位按照相关规定处理，责令限期整改，必要时进行撤换。而被召回撤换的，扶贫攻坚任务完成前不得评优评先，属于培养对象或后备干部的，取消其资格，且扶贫攻坚工作结束前不得提拔或重用，有违法犯罪的，还要追究刑事责任。

完善结对帮扶干部管理考核制度。在管理考核主体职责上，乡（镇）党委是脱贫攻坚工作责任主体，负责对本乡（镇）结对帮扶工作干部的统筹管理，组织开展帮扶干部入户帮扶工作考核。在考核方式上，按照上级各阶段精准脱贫工作部署中有关入户帮扶工作要求，对照该村结对帮扶工作进展情况，结合各级领导或督查组评价、受帮扶户评价，对结对帮扶干部工作实绩进行百分比制量化考核，考核等级分为优秀、合格和不合格。如被县（区）级以上（含区级）脱贫攻坚指挥部列入红榜的，该季度考核直接评为优秀，如被列入黑榜的，则直接评为不合格。考核工作由乡（镇）党委组织，考核组由贫困村党组织第一书记、驻村工作队员以及乡（镇）干部等组成，对结对帮扶干部开展平时考核、季度考核和年度考核，区级组织人事部门对结对帮扶干部考核结果进行复核备案，作为干部年度考核的内容。在考核结果的运用上，对年度脱贫攻坚工作考核为优秀等次的结对帮扶干部，年度考核优先评定优秀等次，在单位年度绩效奖励二次分配时适当提高系数，同时优先晋升级别和提拔使用。对在季度考评中第一次被评为不合格等次的，进行警告教育；对第二次被评为不合格等次的，进行通报批评；对第三次被评为不合格等次的，当年年度脱贫攻坚实绩直接考评为不合格，当年年度考核直接定为不称职，并按照干部年度考核有关规定进行处置。如结对帮扶干部年度脱贫攻坚实绩考评为不合格等次，脱贫攻坚任务完成前不得评优评先，属于培养对象或后备干部的，取消其资格，且三年内不得提拔重用。有违法行为的，依法追究法律责任，构成犯罪的，依法追究刑事责任。

第三章

党建引领：抓党建促脱贫

习近平总书记指出："抓好党建促扶贫，是贫困地区脱贫致富的重要经验。要把扶贫开发同基层组织建设有机结合起来，抓好以村党组织为核心的村级组织配套建设，把基层党组织建设成为带领乡亲们脱贫致富、维护农村稳定的坚强领导核心，发展经济、改善民生，建设服务型党支部，寓管理于服务之中，真正发挥战斗堡垒作用。"[①] 习近平总书记这一论述为田阳探索抓好党建促脱贫提供了思想引领。

第一节　系统谋划：田阳抓党建 促脱贫的总体思路

一、"龙头带动"：加强各级领导班子建设

实现"精准脱贫，不落一人"的历史使命是中国共产党对人民、对历史许下的庄严承诺，也是筑牢民生基础、决定民心所向、实现全面小康的"棋眼工程"。在新一轮脱贫攻坚中田阳各级党委均发挥龙头作用，建立脱贫攻坚"六大工作机制"，形成全区"一个声音强调，一个标准要求，一个步调行动"的工作格局。从 2018 年起，田阳区委常委会和区政府常务会每月都召开会议研究脱贫攻坚工作。全

---

① 习近平：《做焦裕禄式的县委书记》，中央文献出版社 2015 年版，第 21—22 页。

区 33 名处级领导挂点联系 61 个贫困村，6302 名区级干部职工及 969 名区、市直单位干部共 7271 人参与帮扶 20646 户 75514 人，实现全区 152 个村和 4 个社区全部建档立卡户结对帮扶全覆盖，贫困村与非贫困村第一书记全覆盖。先后印发《田阳县强化落实脱贫攻坚主体责任实施办法（试行）》《关于进一步明确脱贫攻坚一线主体责任的通知》，全面压实各级扶贫主体责任，理顺了乡（镇）与帮扶单位之间的关系，明晰了脱贫摘帽冲刺阶段工作路径，高效推进脱贫摘帽各项工作任务的完成。

二、"筑牢根基"：强化村级组织建设

习近平总书记指出："农村要发展，农民要致富，关键靠支部。"① 在脱贫攻坚中田阳充分发挥支部的战斗堡垒作用，通过配强班子、人才保障、激励机制及严格管理等措施，抓好基层党组织建设，为打赢脱贫攻坚战提供人才和组织保障。2017 年，全区 152 个行政村"两委"班子和 4 个社区"两委"班子换届选举工作全部完成，新"两委"班子更加年轻化，有效提升了干部队伍活力。田阳还严格实施农村基层党组织评星定级和农村党员积分管理，创新推进基层党支部和党员积分常态化管理，有效破解基层党组织基础薄弱、党员管理难、作用发挥难等问题。同时，田阳创新打造"农事城办""党旗映山红""先锋守望""三方联动·精准监督""五个一"和党群抱团等一批党建促脱贫品牌，助推精准扶贫、精准脱贫扎实深入开展。各支部都在带头探索脱贫攻坚的"门路"，在"抓党建促脱贫攻坚"的创新融合上想法子、找路子。在组织部门的领导下，各支部狠抓支部规范提升、整顿软弱涣散党支部，进一步强化支部在脱贫攻坚中的政治引领作用，提升自身战斗力，带头攻坚克难。

---

① 习近平：《做焦裕禄式的县委书记》，中央文献出版社 2015 年版，第 20 页。

三、"先锋示范"：发挥党员模范作用

如果说一个支部是一个堡垒，那么一名党员就是一面旗帜。在广大人民群众心中，党员的样子就是支部的样子，党员的作为就是党的作为。在脱贫攻坚中田阳推行党员领导干部下沉贫困村，以开展"五个一"活动为抓手，促使党员干部作风大转变，实现帮扶措施"落地入户"常态化。一是每周确定工作主题。由领导干部担任行政村书记助理、主任助理，解决扶贫联系点重点难点问题。二是召开民情会。领导干部组织贫困村各类帮扶力量、贫困群众代表召开会议，收集民意、了解扶贫动态。三是开展夜访调研工作。帮扶干部坚持每周深入走访农户，了解群众脱贫致富需求，同时开展扶贫政策宣传。四是开展"三同"活动。下沉干部组织帮扶干部开展"三进三同三问"活动，与群众同吃、同住、同劳动，向群众问需、问苦、问计。五是审核扶贫手册。系统核实与审核贫困村的帮扶手册。六是落实帮扶政策措施。下沉领导干部与村"两委"干部、党员代表、村民代表一起讨论村庄扶贫计划，帮扶干部负责与结对帮扶户商定脱贫致富计划和措施。总之，每名党员都争当脱贫攻坚的表率，带领全体贫困户坚决打赢脱贫攻坚战，在 2020 年如期实现全面小康。

四、"人才推进"：强化脱贫攻坚人才支撑

习近平总书记指出："贫困地区最缺的是人才。近年来，我们向贫困地区选派了大批干部和人才，但从长远看，无论怎么加强外部人才支持，派去的人总是有限的，关键还是靠本地干部队伍和人才。"[1]

---

[1] 习近平：《在打好精准脱贫攻坚战座谈会上的讲话》，人民出版社 2020 年版，第 23—24 页。

田阳通过加强干部队伍建设，促进了脱贫攻坚。

首先，建立健全"帮扶干部激励机制"。制定《田阳县 2018 年基层党建工作、脱贫攻坚（乡村振兴）工作队管理、村干部日常管理情况"三合一"督查工作方案》和《田阳县脱贫攻坚帮扶干部管理考核"一制度两办法"实施细则》，对驻村工作队员、帮扶干部履职情况、驻村纪律进行随时、随机督查，及时掌握驻村工作队员和帮扶干部工作开展情况，对工作不到位、履职情况不好、"假驻村""假整改"的现象零容忍，并及时提出处理意见，形成通报。建立平时考勤、日常考核、季度考评、年终考核、巡察暗访相结合的监督考核机制。将出勤情况、群众满意度、履职尽责及遵章守纪情况作为主要考核内容，确保考核的真实性。将考核结果作为驻村补助发放、绩效奖励、评优评先、提拔使用的重要依据。对履行职责不力的，由组织部门进行批评教育或召回撤换，凡是被召回撤换的取消评优评先及列为后备干部资格。实行驻村工作队员、帮扶干部实绩与派出单位年度绩效挂钩，根据督查通报和年度考核情况，给予派出单位相应加减分。

其次，建立健全"帮扶干部"培训制度。田阳严格按照《关于广西聚焦打好精准脱贫攻坚战加强干部教育培训的实施方案》《自治区扶贫开发领导小组办公室关于进一步明确 2018 年全区扶贫干部分级分类培训任务的通知》等文件精神，紧紧围绕脱贫攻坚和乡村振兴中心工作，坚持按需施教、精准施训，把理论武装作为帮扶干部教育培训的根本，着重增强帮扶干部思想政治素质、履职能力、创新意识。领导高度重视，强化责任落实。成立脱贫攻坚干部教育培训工作领导小组，对重要事项及时召开会议研究决定。解决干部教育培训工作中遇到的问题和困难，确保教育培训工作任务顺利开展。结合实际，制定教育培训工作方案，明确培训工作重点，将教育培训目标分解具体落实到年度计划中。在教育培训工作中，做到一级抓一级，层层抓落实。一是优化课程结构，提高培训质量，重点开设《习近平扶贫论述摘编》《中央、自治区和百色市、田阳县脱贫攻坚决策部署》《〈中共中央关于打赢脱贫攻坚三年行动的实施意见〉解读》及《抓党建促脱贫业务和精准扶贫精准脱贫群众工作方法》等课程，培训对象覆盖村党组织脱贫攻坚工作队员、村党组织第一书记、村委会主任、村务监督委员会主任、新任村"两委"干部、大学生村官、帮扶干部等，提升干部服务脱贫攻坚和乡村振兴的能力和素质。二是注重创新手段，巩固培训成果，注重坚持学习与考核相结合，激发学员积极性。每一次的重点培训项目都设置结业考试课程，制作考试测试卷，采取闭卷考试的方式，及时掌握干部学习培训的实际情况，以检测学员的学习效果。三是把干部参加学习培训情况列入干部考核范畴，针对干部的工作能力提高情况、实用技术掌握情况、带领群众发展经济等情况，组织群众开展民主评议，进行综合考核，考核结果同干部评先评优挂钩，调动干部踊跃参训、发挥作用的积极性。

第二节 "固本强基"：田阳抓党建
促脱贫的创新举措与成效

近年来，田阳先后创新打造"农事村办""农家课堂"等在广西甚至全国享有名誉的党建品牌，并在此基础上，结合不断发展的经济社会情况，继续开发"农事城办""扶贫党旗映山红""支部建在山头上"等党建新载体。同时结合"不忘初心、牢记使命"主题教育活动，助力脱贫攻坚。

一、"整顿软弱涣散"：建强基层党组织

2016 年以来，田阳严格按照广西壮族自治区党委组织部"每年按照不低于 10% 比例倒排出软弱涣散村党组织"要求，认真对照软

弱涣散 10 种情形，开展软弱涣散基层党组织整顿工作。2019 年，田阳排查出 22 个软弱涣散基层党组织，其中年初排查出的 17 个软弱涣散基层党组织已整改完毕，9 月下旬至 10 月上旬领导带队"包乡镇、村村到"集中排查出的 5 个软弱涣散村（社区）党组织基本完成整顿。田阳 22 个软弱涣散村（社区）基层党组织得到巩固提升。

1. 狠抓调研排查，确保软弱涣散基层党组织"应列尽列"。俗话说"麻绳最容易从细处断，堤坝最容易从蚁穴溃"，基层党建工作最容易在薄弱环节出问题，软弱涣散是整个基层党建工作中最大的"短板"。为了进一步夯实基层党组织战斗堡垒，防止蛀虫侵蚀基层政权，每年年初，田阳都会组织各乡（镇）党委开展拉网式排查，并按照不低于 10% 的比例上报软弱涣散基层党组织，区委组织部随机派出督导组进行抽查。凡发现乡（镇）党委有瞒报漏报行为，坚决对责任人进行相应处理，对乡（镇）党委书记进行约谈，倒逼乡（镇）党委认真排查。2019 年初，田阳共排查出 17 个软弱涣散村党组织，其中"村党组织书记不胜任、工作不在状态、严重影响班子整体战斗力"1 个；"组织制度形同虚设、组织生活不正常、不开展党组织活动"4 个；"村干部贪腐谋私、办事不公、优亲厚友"3 个；"村级管理混乱、制度不健全不落实、村务财务不公开"2 个；"宗族宗教和黑恶势力干扰渗透、把持基层组织、侵蚀基层政权"2 个；"矛盾纠纷突出、信访多发、影响基层和谐稳定"1 个；"组织动员力弱、带领致富能力不强、在群众中威信不高"4 个。为真正确保无"漏网之鱼"，2019 年 9 月下旬至 10 月上旬，根据中组部组织二局在广西召开的集中整顿软弱涣散基层党组织调研推进会的会议精神，田阳及时制定工作方案，将集中整顿软弱涣散基层党组织工作与"不忘初心、牢记使命"主题教育融合起来，严格按照"不设比例、不定指标、应整尽整""在有限时间聚焦解决有限问题""100% 落实区级领导班子成员包乡（镇）村倒排查"的工作要求，组织区四家班子党员领导干部深入全区 156 个行政村（社区），深入基层开展蹲点走访调研，集中排查软弱涣散基层党组织。通过召开座谈会、个别访谈、查阅资料台账、现场查看、走访听取群众意见等方式，全面排查掌握各村情况。逐项类型、逐个问题过"筛子"，收集基层党员群众的意见建议，为全区整顿提升软弱涣散基层党组织寻思路、找办法。经过认真全面排查，新发现 5 个"隐藏得较深"的软弱涣散党组织，其中"村党组织书记不胜任、工作不在状态、严重影响班子整体战斗力" 1 个；"村干部贪腐谋私、办事不公、优亲厚友" 3 个；"组织动员力弱、带领致富能力不强、在群众中威信不高" 1 个。

2. 狠抓工作机制，确保整改工作"长期有效"。田阳在排查出软弱涣散基层党组织后，及时建立 2019 年度软弱涣散村党组织台账，并印发《田阳县领导班子成员联系指导软弱涣散村党组织工作方案》，要求区领导亲自指导各基层党组织，针对存在的主要问题，结合各村具体情况，按照"村级提出，乡镇研究，区级审核"的步骤，制定"一支部一对策一细案"。突出精细化管理、项目化推进的方式，逐一明确整顿任务、提出具体整顿措施、倒排整顿时间、确定责任单位和整顿责任人，确保压实责任抓整顿、扎实有力抓落实。此外，坚持"分解销号"制度，实行清单管理，对标对表制定清单。做到整顿一个、验收一个、销号一个，对整顿转化不彻底、不明显的基层党组织，做到人员不撤、力度不减、标准不降。对已完成整顿的软弱涣散基层党组织进行"回头看"，区级核验组深入村屯访谈村"两委"、党员代表及群众代表，核验整顿是否彻底、巩固是否到位、是否出现反弹和是否有新问题产生。

3. 狠抓联系指导，确保整顿提升工作"有专人管"。贯彻落实"四个一"整改要求，确保软弱涣散基层党组织有人指导，有人帮促。首先，按照一个软弱涣散党组织一名区领导负责联系的方式，建立区领导干部基层软弱涣散党组织工作联系点制度。由 17 名区处级党员领导负责对 22 个软弱涣散基层党组织的整顿工作进行重点帮助和指导。其次，落实一家区级以上机关单位包村帮促。根据各村软弱涣散情形，针对性落实纪委、组织部、公检法、司法局、民政局等22 个区直单位负责对软弱涣散基层党组织整顿工作进行帮助和督促。再次，组建一支工作组综合整顿。每一个软弱涣散党组织都落实有一支由区、镇、村三级人员组成的工作组。部分重点难点村提请百色市委组织部帮忙落实专门工作组。对软弱涣散基层党组织进行深入分析研究，针对存在的突出问题加强整顿。最后，派驻一名第一书记驻村指导，加强帮扶、重点攻坚、督促转化。2019 年列入的 22 个村（社区）软弱涣散党组织都落实有区级以上单位派驻的第一书记驻村，带领村党组织开展整顿提升工作。要求联系指导人员按照"村情清、问题清、整顿思路清、相关政策清"建强村"两委"班子、做深思想政治工作、化解矛盾；按照"发展和谐""四清"要求，推动软弱涣散党组织真正整改到位，稳步提升。

4. 狠抓日常教育，杜绝软弱涣散"死灰复燃"。引导基层党组织积极开展组织生活，提高农村党员干部思想认识，进一步缩减农村党组织软弱涣散滋生土壤。首先，严肃党内政治生活。结合"不忘初心、牢记使命"主题教育和"两学一做"学习教育常态化制度化活动，引导农村党组织认真落实"三会一课"、党员固定活动日等组织生活制度。对于组织生活不正常、长期不开展组织活动的党组织，及时批评教育其党组织书记，提高其思想认识，进一步筑强基层党组织战斗堡垒。其次，强化学习教育。每年组织村干部到区委党校学习，除了引导党员积极向时代楷模黄文秀、自己身边的优秀党员等先进人物学习外，还要引导村干部学习乡村治理知识，提高村干部"双带"能力，逐步强化农村党员干部素质。组织党员开展廉政警示教育，提高党员的思想认识，树立党员廉洁自律的意识。最后，强化服务职能，提高服务工作效率。严格落实《村干部坐班服务制度》，确保村部每天有一名以上村干部值班服务。按照增点扩面、提标提质和便民高效的要求，拓展深化"农事村办"村级服务站，强化党组织服务效能。

二、"农事城办"：创新服务群众

为解决从山区搬迁到城区易地扶贫搬迁点农村贫困人口的后续管理与服务问题，田阳在总结"农事村办"党建老品牌的基础上，创新探索"农事城办"服务机制。以"群众到哪里，组织服务到哪里"为服务主旨，投入150万元建立"一站式"服务大厅。配齐社区党委、居委会等功能室，为搬迁群众提供"一站式"服务，实现了"组织服务跟进城，群众办事不回乡"的目标。

1. 建强组织聚民心。设立易地扶贫搬迁社区党委，并在3个安置点分别设立了党总支部。各党总支部下以网格为单元共设8个党支部。各党支部下以楼宇为单元共设63个党小组。形成了"党委建在易地扶贫搬迁工作上、党总支部建在安置点上、党支部建在网格上、党小组建在楼栋上"的组织架构。落实社区组织活动场所。选优配强"两委"班子，同步建立妇联、共青团和工会等配套组织，推动群团组织参与社区建设。

2. 双线服务安民心。按照"社区管理房和人，原籍管理地和林"思路，要求群众搬出地乡（镇）、村与搬入地（乡镇）、社区主动对接，双线为群众提供居住证办理、学生转学、党组织关系转接等服务。在安置点设立政务服务中心或服务站，从组织、人社、教育等16个单位抽调业务骨干到服务中心大厅办公。为搬迁群众提供党群、产业、就业、文教、卫生、法律等一站式服务。建立AB岗双线服务队伍。A岗由各部门派驻服务窗口的工作人员担任，负责受理群众诉求和事项办理等内业服务。B岗由搬迁群众帮扶干部担任，负责信息核实、材料收集等外业服务。推行双线服务机制以来，为搬迁群众提供产业、卫生等服务3544件，举办培训班18期培训4266人次，有

895 人实现转移就业。

3. 先锋行动暖民心。按照党员年龄、学历、能力等要素将 174 名搬迁党员分为"两委"干部和楼栋长党员、青年无业党员、有技能务工党员、无技能劳力党员、患病或残疾党员、老龄党员 6 个类别。根据党员个人特长和群众需要，设定政策宣传教育岗、社情民意收集岗、环境卫生监督岗、社区治安巡逻岗、帮困助残服务岗等，引导 97 名中青年党员定岗服务。组建由"两委"干部、楼栋长、物业公司人员、社会爱心人士组成的党员义工服务队伍，配合推进社区重大事项工作，共参与社区建设服务 356 人次。

4. 网格管理顺民心。采取购买社会服务的方式，聘请 10 名社区工作者，以网格员身份，统一着装在各社区定网服务。实行"网格员+双楼栋长"服务模式。每栋楼落实 2 名楼栋长，一名由居民担任，负责日常巡查、政策宣传和信息收集等工作。另一名由物业公司人员担任，负责基建和水电维修。形成了"社区—网格—楼栋—家庭"四级无间隙对接的便民服务网。推行"网格员+老乡信箱"服务模式。在各楼栋每个单元悬挂"老乡心愿信箱"，由网格员定期开箱收集群众的建议和意见，由安置社区管理服务办公室协调相关部门即时受理解决并反馈。

专栏 3-1 "农事村办"简介

2007 年 8 月，田阳为适应机构改革新形势需要，解决部分乡镇撤并后管辖范围扩大，群众办事走路远、找人难、负担增加的问题，创新试行了"农事村办"工作新机制。通过在偏远行政村建立"农事村办"服务站，让乡镇挂点干部、站所干部、村"两委"干部轮流值班，采取直办、代办、巡回办理方式，为群众提供党务、政务、生产、文化、卫生、法律六大服务。到 2009 年 7 月，全区建成了 10 个乡镇农事村办服务中心、10 个片区服务站、24 个村级服务站和 4 个屯级服务点，农事村办服务机制在全区全面推行。

"农事村办"工作新机制有效解决乡镇撤并产生的新问题，得到广大党员群众的普遍称赞。推行过程中，还通过党员中心户带动、党员义工上门服务、农家课堂培训、法律调解流动到村屯、文化科技卫生巡回"三下乡"等，把党和政府的服务直接送到群众家门口，进一步加强基层组织建设和干部作风转变，畅通社情民意反映渠道，促进干群关系更加密切。2010 年 11 月，"农事村办"被中组部评为第一届全国基层党建创新 20 个最佳案例之一。

专栏 3-2　"农事城办"简介

2018 年 5 月，田阳在精准脱贫攻坚战中，为适应 6068 户 25145 人建档立卡贫困户到城区集中安置后的管理服务需要，在易地扶贫搬迁集中安置点老乡家园又创新推行了"农事城办"工作新机制，切实加强安置点的后续管理服务。

为了认真贯彻落实习近平总书记关于"易地扶贫搬迁不仅要改善人居条件，更要实现可持续发展"的重要指示，以及自治区党委提出的"易地扶贫搬迁点的社会管理要适应转变，想办法特色管理"的要求，田阳设立了老乡家园社区党委和"农事城办"管理服务办公室，统筹推进安置点后续管理服务工作。在一二期和三期安置点分别建立丽林老乡家园社区、五指山老乡家园社区，并相应建立社区党组织和社区居民委员会。在老乡家园三期建立农事城办服务中心，由 11 个区直部门派人进驻农事城办服务中心窗口，在一二期建立农事城办服务站，为扶贫搬迁群众提供党群、产业、就业、教育、卫生、法律便捷服务，努力实现"服务跟进城，办事不回乡"的目标。

同时社区实行"网格化"管理，配备 10 名社工任网格管理员，推选楼栋长和"党员先锋岗"，设置"老乡心愿信箱"，完善社区教育、卫生、警务、超市、菜市、银行、文体场所、公交车等各种公共服务设施。服务中心内设有儿童乐园、公共阅览室、工青妇活动室、党代表人大代表活动室等。依托20万亩扶贫产业示范基地、深百（南田）众创产业园、大型农产品批发市场、田州古城及各工业园区等，全力为扶贫搬迁群众提供产业发展、就业转移，形成"山上基地、产业富民，山下园区、就业安民，农事城办、服务便民"发展格局，确保"搬得出，稳得住，能致富"。

三、"支部建在山头上"：引领党群联手助推产业脱贫

为解决移民搬迁群众的增收问题，田阳规划建设20万亩农林生态扶贫产业核心示范区，解决全区易地扶贫移民搬迁后续产业发展和持续增收问题，确保搬迁群众"搬得出、稳得住、能致富"。在这个过程中，为增强搬迁群众的凝聚力，发挥党组织引领作用，田阳探索推行了"党支部建在山头上、新型经营组织建在产业链上、产业布局在基地上"的工作机制。

1. 建全山头党组织，完善机制服务先行。围绕抓党建促脱贫主线，充分发挥各级党组织的先锋模范带动作用，在山头上组建基地联合党委，下设基地管理党支部、产业示范党支部和技术先锋指导党支部。从原村"两委"班子、致富能手、退伍军人、返乡创业能人中选拔政治素质高、带富能力强、群众威信高的党员担任支部委员。支部班子成员发挥先锋模范作用，形成"领头雁""排头兵"。

2. 强化组织引领，党群联手助脱贫。加强党组织对示范区的引领和推动作用。通过强化党员和贫困户的教育培训，以及集体组织生活在示范区过、党课在示范区上等方式，强化党支部建设。强化党建引领作用。党员组织广大贫困户参与基地开发与建设，让贫困户实现

"天天有事干，月月有收入"的目标。健全技术服务体系。充分发挥技术先锋指导团党支部作用，出资聘请了全国扶贫状元、全国人大代表、芒果"土专家"莫文珍，以及"农家课堂"讲师梁民旺、杨照明等党员组成技术先锋指导团，按1名技术员联系指导10位能人党员的标准进行捆绑式跟踪服务指导，再由能人党员辐射带动其他贫困户的方式，引导党员带领贫困户做好日常生产管理，实现"授鱼"到"授渔"的转变。

3. 党员带头作示范，多种经营抱团发展。党员示范带动，组织全区能人党员率先到基地承包芒果经营，建设示范小基地。再由党员示范户通过"一带十"的传帮带方式，带动每户群众承包1—10亩地，参与芒果幼林苗或成果林的管护。平均每户每月实现增收2000—3000元。搭建党群利益共同体。采取"基地+党支部+合作社+农户"的发展模式，把党支部、合作社和贫困户连成利益共同体，让贫困户致富有人带、技能有人教。形成风险共担、利益共享的"抱团"发展新模式，实现"输血"与"造血"相结合。规范返包经营管理，示范区按照每户5—10亩的标准对外发包。通过政府担保和贴息的政策，鼓励群众带资入股、捆绑参与基地建设获得分红收入。

四、"扶贫党旗映山红"：创新打造党建品牌

田阳通过农村贫困精准识别发现，虽然经过了多年的扶贫工作，农村贫困面依然比较广泛，扶贫攻坚形势依然比较严峻，基层党组织及党员队伍在其中的战斗堡垒和先锋模范作用不够突出。为破解这一问题，田阳区委组织开展"党员人人做表率·扶贫党旗映山红"行动。以"打造一支基层扶贫先锋队伍，创办一批'农家技校'，建立一个党员创业带富基金会，培育一批党员创业示范基地，完善一套结对帮扶机制"的"五个一"活动为载体，组织全区各级党组织和广

大党员投身精准扶贫，发挥战斗堡垒和先锋模范作用，形成党建领衔扶贫攻坚新格局。

1. 打造一支基层扶贫先锋队伍，在每个贫困村组建一支扶贫先锋队伍，由贫困村党组织第一书记、乡（镇）包村领导、"美丽广西"（扶贫）工作队员、大学生村官、村"两委"干部、村务监督委员会成员、村民小组长、屯级党支部书记和"屯事联理"理事会成员或屯级管委会成员等力量组成，负责开展全村扶贫工作事宜。区委要求各先锋队伍引进1个以上脱贫项目，具体协调整合各类资源向贫困村倾斜，带领本村群众脱贫致富。2019年田阳52个贫困村均组建了基层扶贫先锋队伍，人员共1432人。

2. 创办一批"农家技校"。改造优化"农家课堂"，拓展提升为"农家技校"。紧紧围绕"产业稳步发展，扶贫对象有增收"的核心任务，开展针对性培训工作。2015—2019年，田阳25个"农家技校"举办芒果、蔬菜等种植业和牲畜生长期管护技能专题培训30期，电工、电焊和烹饪等专业技能培训21期，计算机使用和网络信息技术等业务培训12期，易地扶贫搬迁移民安置点群众入厂岗前培训15期。

3. 建立一个党员创业基金会。建立"田阳农村党员创业带富基金会"，每年从区财政经费划拨500万元、区代管党费支出20%，整合相关惠农项目资金和争取社会赞助等筹集基金1000万元以上。基金对农村能人党员及精准扶贫对象的农村党员发放，以提高农村党员带头致富、带领群众致富的"双带"能力。2019年初，基金按照相关程序已发放750万元，覆盖农村党员230人。

4. 培育一批党员带富示范基地。按照"围绕市场、培育示范、带动脱贫、共同增收"的要求，整合资源培育200个党员创业示范基地。通过发挥示范、引领和带动作用，推动贫困农民自力更生创业脱贫致富。基地以扶持贫困村养肉牛、养肉羊、养蛋鸡、种果等"三养一种"产业为主。截至2019年初，基地在陆续创建当中，覆盖农村党员 632 人。

5. 完善一套结对帮扶模式。形成并完善县（区）处级领导干部联系帮扶贫困村、机关党组织结对帮扶贫困村党组织、机关单位党员干部联系帮扶贫困户的一整套结对帮助机制。2019 年初，田阳 6078 名干部全部入村入户，对 52 个贫困村、14266 个贫困户 50541 人开展结对帮扶工作。

五、"先锋守望"：助力弱势群体同步脱贫

近年来，随着经济社会发展、城市化进程进一步深化，农村外出务工人员越来越多，留守儿童、空巢老人、留守妇女和病残人员等弱势群体无人照料的问题较为突出。为解决弱势群体无人照料问题，分担、减轻外出务工人员后顾之忧，加快农村家庭脱贫致富步伐，田阳结合扶贫攻坚工作，从弱势群体的迫切需要出发，深入实施"先锋守望"关爱行动。在各村组建党员义工队伍，建立爱心服务队，以"一对一"结对帮扶方式进行联系关爱，积极为农村弱势群体排忧解难，确保弱势群体难有所帮、急有所助、病有所救，促进农村社会经济和谐发展。

1. 通过"四定"（定标、定人、定责、定时），明确目标任务、服务主体。对所有农村"三留守"人员和残疾人，按照"一对一"原则进行结对关爱。即一名关爱对象落实一名村干部或党员义工负责联系照料，每村一个爱心服务团队负责联系帮扶；结对人员和爱心服务团队联动开展服务，定期对关爱对象进行探视，掌握动态，及时解决关爱对象的困难和问题。

2. 设定"五看"原则，确保关爱工作落到实处。一是看留守儿童的成长情况。重点关注留守儿童的学业和日常表现，通过深入留守儿童家中或学校，了解其学习成绩、身体成长及思想动态。发现成绩异常的查找原因并及时解决，发现身体健康或思想出现情况的，及时

送医就诊或引导纠正。二是看留守妇女的劳作情况。重点关注留守妇女家庭生产情况，通过深入田间地头及留守妇女家中察看、交流谈心，了解其生产、生活等情况，发现因劳力不足或生产技术不到位而无法按季节开展生产工作的，及时组织党员义工帮助生产。三是看空巢老人的身心状况。重点关注空巢老人的身体状况，通过与空巢老人或隔壁邻居交流沟通，了解掌握其身心健康状况和生活自理情况。发现有心理、身体健康问题的，及时疏导或送医就诊。四是看病残人员的起居情况。重点关注病残人员的生活起居和个人发展愿望，通过观察病残人员的日常活动及深入交流等，了解其身体、劳作情况及人生规划，发现行动或劳作不便的，及时给予照理，发现思想情绪有问题的，及时给予引导和鼓励，有发展能力和愿望的给予支持帮助。五是看弱势群体的保障情况。重点关注并做好联系对象生活、医疗、安全和法律等方面的保障，通过深入联系对象家庭查看米缸口粮、衣食物品、存折账户或与他们进行谈话交心等，了解掌握其保障情况，发现问题及时协调有关人员、部门给予解决。

3. 全方位相助，确保关爱行动取得真成效。一是关爱弱势群体实现全覆盖。通过排查并造册登记，田阳符合划定条件的弱势群体共有 7873 人，其中，留守儿童 1873 名、空巢老人 1972 名、留守妇女 2780 名、无人照料病残人员 1213 名。截至 2019 年 11 月，田阳共组建"先锋守望"服务团队 157 个，有 7873 名先锋爱心人士与"三留守"人员及病残人员建立了"一对一"守望关爱帮扶对子。通过关爱行动使生活困难、符合低保条件的"三留守"人员和病疾人员纳入低保救助范围，及时得到生活救治，其余人员也都得到了相应帮助、救助。"先锋守望"人员及服务团队已帮助农村弱势群体协调解决困难和问题 4700 个以上，实现了全体弱势人员难有所帮、急有所助、病有所救。二是弱势群体的精神文化和生活技能普遍得到提高。通过开展关爱行动，给予弱势人员富有亲情的关爱帮扶，不仅解决了其日常生活基本问题，还丰富了其精神文化生活，又开拓了其视野，有的掌握了新的技能。如五村镇桥马村 76 岁的赵克基老人，因儿子儿媳常年外出务工而成为"留守老人"。为此，桥马村党支部安排本支部党员黄军同志与其结对子。黄军经常到家中帮老人做家务，又帮干农活，还一起谈心聊天，使老人不再孤单。又如田州镇兴城村 36 岁的李树志，下肢体残疾三级，自幼失去双亲，长期以来主要靠政府低保救济维持生活。兴城村党支部李作山同志为帮扶党员，除日常关心其生活起居外，还经常鼓励和帮助其学习电动车修理技术。李树志掌握了修理技术后在城区租门面开了一个电动车维修店，收入及生活水平得到了大幅度的提高。

六、"屯事联理"：创新屯级民主管理新机制

近年来，各种惠民利民政策和扶贫项目不断增多，但是因农村民主管理机制不够健全等客观原因，一些惠民政策在落实过程中没有充分落地，甚至出现个别优亲厚友、吃拿卡要的现象；一些扶贫项目的落地因得不到广大群众的支持和参与，以及没有得到充分的民主论证，导致项目实施不科学或推进速度缓慢，在一定程度上影响了党和政府的形象。新形势下，如何寻求一个既能继续巩固党在基层的领导，又能充分尊重群众意愿的民主议事方式，全面助推精准扶贫工作，成了基层党委必须面对的现实问题。为此，田阳探索屯级民主管理新机制，在一些有条件的自然屯推行"屯事联理"民主制度。

1. 以党支部建设为核心，成立"屯级理事会"

在自然屯建立以屯级党支部为领导核心的"屯事联理"自治制度，在屯党支部的领导下，各屯召开村民会议，推选村民理事会班子成员。实行屯党支部和村民双推广选的方式，将德高望重、正义公平、热心屯务的老村干、老党员、村民小组长、村民代表选入理事会。确保每个组都有 1—2 名村民代表选入理事会，理事会成员一般

是 9 名或 11 名。2019 年，田阳已成立 47 个屯级理事会或屯级管委会。

2. 围绕"五联"工作法，明确民主议事内容

创新采用"五联工作法"，明确民主议事内容。一是"屯务联议"。严格按照议事程序对各种惠民政策的落实以及本屯群众反映急需解决的问题进行商议，决议后确定实施办法。如针对农村危房改造等扶贫项目的落实，各屯通过召开屯级理事会进行民主评议，确保政策落实的公平公正。二是"产业联兴"。各贫困村在推进产业发展中，采取"产业联兴"的方式，抱团发展，共同把产业做大做强。如那满镇新生村驮老屯在本屯"屯级理事会"的民主商议和带动下，合力建成了"百亩线椒"种植示范基地。三是"矛盾联调"。由理事会组织调解因扶贫项目征地、生态移民搬迁宅基地建设、惠民政策落实等引起的村民矛盾纠纷。如那满镇新立村在推进"广新家园"建设中，管委会引导和鼓励村民提意见、提方案、定决策，并对建设质量进行监督，实现新村建设矛盾纠纷的零发生。四是"治安联防"。组织建立联防队伍，对扶贫产业、生态移民搬迁新村等基地进行联防巡逻，确保扶贫项目安全、高效推进。五是"文明联创"。组织村民成立"泥腿子"文艺队，邀请文艺团体到屯演出，大力宣传推进精准扶贫的重大意义、中央地方扶贫政策和各种惠民利民政策。

3. 围绕"3221 工作法"，规范民主议事程序

严格实行"三提两议两公示一报告"工作法（3221 工作法）。"三提"指村民联名提议、组长提议和上级提议。其中村民联名提议要求 10 名以上的群众联名提议或同意方能提议。"两议"指商议和决议。根据村民联名提议和村民小组长提议的初步意见，按照少数服从多数的原则形成商议意见。商议意见经理事会充分论证表决后形成

决议。"两公示"指理事会决议公示和决议实施结果公示。"一报告"指议事最终结果报告党支部。

4. 建立六项基本制度，确保民主议事常态化

建立六项基本制度，加强对"屯事联理"自治制度的规范与约束。一是工作例会制，理事会每个季度至少召开一次会议，遇特殊情况可以随时召开；二是会议表决制，理事会实到会代表应当超过全体代表的2/3方能进行，理事项必须经过2/3以上到会代表同意，方能形成初步决议方案提交各组表决；三是成员联户制度，议事会成员按就近原则，分别联系一定数量的农户，负责征求和梳理群众的意见、建议，同时宣传、引导联系户执行各项决议；四是民主监督制，设立监事会和民主理财小组，每半年对屯内的财务收支情况进行一次阶段性清理，每年进行一次全面清理，如有必要可随时清理公布；五是责任追究制，对不按"屯事联理"工作程序决策的事项，村民有权拒绝，造成的损失由责任人承担；六是情况通报制，每次议事会上对上次议事会议定事项落实情况进行通报，保证每一项议定事项均得到落实。

七、"农家课堂"：突出农村党员教育培训平台

针对当前部分贫困群众没有一技之长缺少发家致富本领，没有致富信息缺少发家致富信心，没有致富意识缺少发家致富动力，以及个别贫困群众存在"等靠要"等问题，田阳对原有的"农家课党"农村党员教育培训平台进行深化拓展，在强化"农家课堂"、提高贫困群众发家致富意识和能力上下功夫。

1. 突出"农家课堂"基础完善、紧贴地气的特点

按照"有教室、有黑板、有电教设备、有宿舍、有厨房、有课

桌椅、有师资、有基地"八有标准，将"农家课堂"打造为区委在基层的重要宣传阵地。充分发挥"农家课堂"在农村紧贴地气的优势，组织各培训户到党校开展系统培训，深入了解和掌握当前党和国家的扶贫政策，增强历史责任感与使命感，同时组织宣讲团成员深入到各个"农家课堂"培训点，以通俗易懂的方言为家乡群众进行讲解，提高群众抓住机遇全力脱贫的认识与信心。

2. 突出"农家课堂"师资优良、经验丰富的特点

始终紧紧抓住现有"农家课堂"培训队伍，针对各贫困村产业情况和群众需求，分类举办各种专业技能培训班，让各贫困村每位群众都掌握一门以上的技能。据统计，田阳"农家课堂"登记在册的培训教师多达586名，都是全区生产一线的佼佼者，比如全国扶贫状元莫文珍、曾被授予"广西十佳农民专家"和"优秀农家课堂培训户"的芒果大王梁民旺。在推进精准扶贫培训工作中，田阳通过政府买单的方法，组织河谷一带"农家课堂"培训户特别是芒果种植教员，到南北部山区芒果新种基地开展一线教学，宣传和引导贫困群众种植发展芒果产业，并对他们进行芒果标准化生产、芒果控梢促花、保花保果、芒果抗灾等技术培训。

3. 突出"农家课堂"基地带动、辐射力强的特点

依托"农家课堂"培训平台，田阳培养一大批产业大户、农民经纪人等农村实用人才和乡土人才，服务和拉动贫困村群众做强做大农业产业，提高贫困村群众收入。同时，通过"农家课堂"平台和农业大户、农民经纪人等乡土人才队伍的辐射带动，将地域相近、产业相似的家庭分散经营聚集起来，整合各方人、财、物、力等生产要素，引导各培训户组织起来成立合作社，实行抱团发展，引领更多扶贫对象参与产业开发加快脱贫步伐。全区在"五个十万亩"大产业框架之下形成了东江芒果、内江香蕉、兴城番茄、龙河

蔬菜、琴华养兔、巴庙油茶等"一乡一业、一村一品"的特色产业布局，逐步形成了"产业合作化、经营专业化、服务一条龙"的现代农业新格局。

第三节 "秉持三从"：田阳抓党建促脱贫经验的启示

田阳紧紧围绕抓党建促脱贫攻坚，着力夯实党建基础，凝聚脱贫攻坚的强大合力，取得了一系列显著成效，形成"秉持三从"的启示，很具推广借鉴价值。

一、秉持从严压实党建责任的理念

压实党建工作责任，切实把党建工作与脱贫攻坚有机结合起来，同安排、同部署、同落实。强化乡（镇）党委、村级党组织抓党建工作主体责任意识，全面落实党建工作责任清单，增强抓党建工作责任感和使命感。

1. 落实责任是基础

脱贫攻坚工作，落点在基层，关键靠基层，基层党组织能否充分发挥引领脱贫致富的带动作用，对打赢脱贫攻坚战至关重要。因此，田阳按照"围绕发展抓党建、抓好党建促发展"的党建总体思路，坚持"书记抓、抓书记"和"用责任制管好责任人，以责任人带好一班人，以一班人盘活一盘棋"的正确用人导向，压实党组织书记"抓党建促发展"主体责任，改变党建工作与经济工作"两张皮"现象，以党建实效带动脱贫致富。

2. 建强组织是保障

实践证明，凡是致富奔小康走在前列的，都有一个好的党支部，反过来，哪里的党组织软弱涣散，脱贫攻坚就会相对滞后。因此，必须实施"党建引领、增收致富"行动，探索推广"党支部+合作社""党员中心户+协会""一对一"结对帮扶等党建促发展工作模式，全面建强基层战斗堡垒，增强基层党组织自我发展功能和带领群众脱贫致富实力。

3. 党员引领是动力

抓党建促脱贫攻坚，党员干部的致富带动作用非常重要，如果得到充分发挥，就会成为帮扶到户、精准脱贫的强大牵引。田阳扎实推行各级党员干部直接联系贫困村、贫困户工作机制，充分发挥处级干部、"第一书记"等的作用，形成强大的示范辐射效应。

二、秉持着重推动党建促脱贫的做法

田阳开展以"五个一"为主要内容的"党员人人做表率，扶贫党旗映山红"行动，以脱贫攻坚中心工作为重点部署党建工作，解决了党组织和党员在动力、组织、阵地、资金等方面的"短板"问题，发挥了党建在脱贫攻坚中的作用。

1. 紧紧抓住新时代农村基层工作的脉搏

随着人民群众素质的不断提高以及普法工作的不断深入，加上近年来全面推进精准扶贫等惠民工作，各种惠民利民政策不断增多，探索"屯事联理"民主机制，促进了农村基层的和谐稳定。

2. 不断扩大基层民主

"屯事联理"是"村事民议"的延伸和拓展，在农村建立村民理事会，探索推行民主决策、民主管理、民主监督机制，提高了村民自我管理、自我教育、自我服务的水平和能力，是扩大基层民主的有益探索。

3. 及时破解扶贫政策信息不对等问题

田阳探索实施的"三方联动　精准监督"村务公开机制，由惠农项目主管单位、村务监督委员会成员、受益群众代表三方共同参与对扶贫政策、资金、项目落实前、落实中、落实后的信息核实、实施全程监督、实施后果的评估反馈等，确保各环节信息的对等公开，有效杜绝了暗箱操作和违纪违法现象的发生。

三、秉持从实开展党建工作的思路

党的群众路线教育工作永远在路上，必须不断地保持和巩固。开展"党员人人做表率，扶贫党旗映山红"行动，教育引导了全区各级党组织和广大党员坚持群众路线，弘扬优良作风，保持清廉本色，不断树立党在群众中的良好形象。

1. 突出时代要求

田阳对"农家课堂"培训平台进行深化拓展，扩大了培训对象、丰富了培训内容、细化了培训方式，特别是将"农家课堂"打造升级为提升贫困村群众发家致富能力的平台，服务全区精准扶贫工作，凸显了时代的要求。

2. 突出地域特点

在深化"农家课堂"工作中，田阳围绕芒果、番茄、油茶等当地产业特点，并充分利用当地芒果、番茄等产业庞大的人才队伍、市场平台、信息渠道等资源，突出了地域特点。

3. 突出人文关怀

田阳在保留将党员集中到"农家课堂"进行集中培训的基础上，根据群众的需求及产业发展的实际情况，组织"农家课堂"到扶贫产业一线进行现场培训，不仅丰富了培训方式，提高了培训效果，也节约了村民群众的时间和经费，凸显了培训的人文关怀。

第四章

"牵牛鼻子"：产业精准扶贫的实践

产业扶贫是为贫困人口创造就地创业和就业机会，增强其内生发展动力，促进稳定增收，进而实现脱贫致富的重要途径。长期以来，在我国推进扶贫工作实践中，产业扶贫都被摆到重要的位置。在决胜全面建成小康社会的脱贫攻坚战中，产业扶贫被赋予了新的内涵。习近平总书记反复强调，产业扶贫是实现稳定脱贫的"治本之策""根本之策"，把它摆到了脱贫攻坚"五个一批"的首位。可以说，产业扶贫是精准扶贫的"牛鼻子"，抓住了这一"牛鼻子"，就抓住了精准扶贫的关键。田阳在推进脱贫攻坚实践中，以习近平总书记关于扶贫工作的重要论述为引领，始终紧紧抓住产业扶贫这一关键，探索出符合田阳自身实际的产业扶贫创新之路。

第一节　田阳推动产业扶贫的历史演进

和全国其他贫困地区一样，田阳的扶贫工作也始于 20 世纪 80 年代。1985 年末，按当时贫困标准，田阳有贫困户 33790 户，贫困人口 18.63 万人，分别占全区 55291 户农户的 64.42%，贫困发生率高达 64.75%。[①] 1986 年，田阳被列为国家级贫困县。回顾 30 多年来田

---

① 根据广西壮族自治区的规定，当年的贫困标准为农民人均收入 200 元以下，人均有粮
100 公斤以下。

阳产业扶贫的历史进程，有助于我们深入把握田阳在脱贫攻坚中创新推进产业精准扶贫的独特意义。

一、田阳产业扶贫的历史进程

田阳是一个"藏穷露富"的地方。全区可划分为北部土山区、河谷平原区和南部石山区三大区域。

表 4-1 表明，田阳三大区域资源禀赋不一，总体来看，河谷平原各方面的条件要优于南北山区。

表 4-1 田阳三大区域面积、耕地资源基本情况

区域名称	乡镇名称	行政村合计（个）	区域面积（平方千米）	区域面积占全区比（%）	耕地面积（公顷）	耕地占全区比（%）	其中水田面积（公顷）	水田面积占比（%）	是否包含全部行政村
北部土山地区	玉凤镇	17	627	26.3	2136.6	8.39	1290.07	60.3	是
	头塘镇	1							否
中部河谷平原	百育镇	6	413	17.3	10533	41.28	6855.33	65.08	是
	田州镇	10							是
	头塘镇	7							否
	那满镇	4							否
	那坡镇	8							否
南部石山地区	那坡镇	13	1407	41.5	12841.53	50.33	3342.6	26.02	否
	坡洪镇	24							是
	五村镇	20							是
	那满镇	8							否
	洞靖镇	20							是
	巴别乡	13							是

资料来源：根据田阳农业志整理。注：水田面积占比为占其区域本身的比例。

改革开放以来，田阳一直在探索符合自身特点的产业扶贫路子。从20世纪80年代中期开始，随着扶贫开发的推进，田阳结合本地实际，大胆进行农业产业结构调整，积极发展多种经营，走农业综合开发的路子，开启了产业扶贫的积极探索。一是发展甘蔗生产，增加农民收入。田阳的气候适宜甘蔗种植，田阳区委、区政府果断作出决策，在保证右江河谷商品粮用地基础上，甘蔗生产向南部和北部山区延伸发展，使粮蔗种植比例由9∶1调整到4∶1。为解决甘蔗生产运输难的问题，田阳采取"以工代赈"、发动群众集资等办法掀起乡村公路建设高潮，通过几年的努力，至1991年全区85%的村通了公路，为大力发展甘蔗生产奠定了基础。种蔗农户由1985年的1万户发展到1991年的3万户。1991年，仅甘蔗种植一项就增加农民收入4000万元，人均增收137元。二是开展多种经营，扩大农业生产门路。1987年，田阳鼓励大石山区发展竹子生产，区扶贫开发办拨出专款225万元调进竹种，支援山区发展竹子生产，至1991年全区竹子种植面积达2.7万亩，种竹农户达5000多户，年增加收入300多万元。1987年田阳政府投资3650万元建起了万吨纸厂，利用制糖的废渣和竹子生产书写纸，有力地支持了农业生产。同时，鼓励河谷平原利用荒山荒坡种植芒果，到1991年全区芒果种植已达到1.7万亩，拥有大小芒果场142个，"芒果专业村""芒果万元户"开始涌现。三是鼓励发展秋冬菜生产。利用右江河谷独特的气候资源（日照充足、无霜期长）优势，尝试"稻—稻—菜"种植模式创新，即在耕种了两季水稻的基础上，利用冬闲田发展秋冬菜。秋冬菜生产每亩一年可为河谷平原农户增加收入近1000元。农业综合开发有力地促进了经济发展和农民增收，1991年，全区工农业总产值达到3.66亿元（1990年不变价），比1985年增长36.06%，粮食总产量为11.76万吨，增长15.6%，农民人均纯收入480元，增长1倍多。到1990年底，贫困人口由1985年的18.56万人大幅下降到5.47万人，减贫幅度达到70.53%，取得了扶贫开发的良好开局。

进入"八七扶贫攻坚"阶段，尤其是党的十五大之后，田阳把加快农业发展作为推动扶贫开发的重要举措，全面贯彻落实党的十五大精神和广西壮族自治区党委"三大战略、六大突破"的决策部署，不断加强农业基础地位，紧紧围绕建设"农业强区"目标，认真总结经验，进一步调整和优化农业产业结构，以市场为导向，以"三田"（吨粮田、吨糖田、万元田）建设为载体，加大农业投入，依靠科技进步，大力发展"三高"（高产、高质、高经济效益的农产品或项目）农业，不断促进农业增产、农民增收、农村稳定。在产业扶贫方面，主要是以推进农业产业化开发为抓手，促进扶贫产业的规模化、市场化发展。至1996年，各类农业产业化组织达62个，其中龙头企业有8个，销售总额在5000万元至1亿元以下的有7个，如田阳松香厂、田阳常青淀粉厂、田阳天然食品厂、西部矿业集团田阳芒果食品公司、海南恒泰集团田阳原果酱厂、田阳右江果品加工厂、田阳造纸厂等，1亿元以上的有田阳糖厂等；中介组织3个，即田阳供销社、田阳芒果开发总公司、田阳种子公司（水稻制种）；专业市场1个——田阳城区东果蔬批发市场，以及其他组织50个（如小型企业或个体户），主要为自发组织的产加销一条龙的竹器加工厂等。在这些农业产业化组织的带动下，全区培育形成了粮食（主要是水稻良种制种）、蔬菜、甘蔗、水果等十大特色扶贫产业。规模化生产基地面积达到72.76万亩，其中水稻良种制种0.4万亩、糖料10.9万亩、蔬菜12.3万亩、芒果13.36万亩、竹子10万亩、油茶10万亩、木薯3.7万亩，其他15.8万亩，全区64129户农户都不同程度地参与到产业化扶贫开发中，农户与产业化组织或有稳定的购销关系，或实行一体化经营。这一时期，田阳的产业化扶贫开发成效显著，有力地推动了扶贫开发工作，促进了农民增收。全区农民人均纯收入由1990年的480元增加到1996年的1638元，增加了2.41倍，人均口粮稳中有升，从308公斤增加到318公斤。到2000年，"八七扶贫攻坚"目标全面实现。

尽管"八七扶贫攻坚"任务全面实现，但作为广西壮族自治区扶贫开发重点县（区）的田阳，由于经济社会发展基础较差，进入21世纪第一个10年期间，田阳贫困人口依然数量较大，田阳扶贫任务依然艰巨。据2001年进行的农村贫困状况调查统计，田阳农村人均纯收入在1000元以下的还有98个贫困村、1021个自然屯、34273个农户、149162人，分别占全区行政村、自然屯、农户、农业人口的64.47%、70.41%、52.31%、52.49%。其中，人均纯收入在625元以下，未解决温饱的还有41个贫困村、419个自然屯、11907个农户、49100人，分别占全区行政村、自然屯、农户、农业人口的26.97%、28.90%、17.8%、17.28%。

为此，田阳认真贯彻《中国农村扶贫开发纲要（2001—2010年)》，在深入调查研究基础上，制定了新阶段扶贫开发工作的总体思路：选准一个扶贫对象，围绕一个扶贫目标，抓好四项扶贫开发，坚持五项扶贫措施。其中，选准一个对象，就是把自治区确定的50个贫困村作为扶贫工作的重点扶持对象，坚持扶贫开发的一切工作都要围绕如何稳定增加贫困村农民收入这个目标来展开，抓好覆盖贫困农户比较有优势的产业发展，打好稳定增收的基础。在具体策略上，一是以基地化建设扩大产业规模。通过实施"优菜、优果、优蔗、优畜"四优工程，推进蔬菜、芒果、优质粮、甘蔗等十大基地建设，巩固和壮大传统优势产业。二是壮大龙头企业规模，以公司+基地+农户模式，推进产业的规模化、集约化经营。三是完善销售市场体系，构建以农产品批发市场为龙头，以乡（镇）集贸市场和经营网点为基础的农产品销售市场体系。四是完善服务体系，以农业服务部门为依托，农民自办协会为补充，大力发展农民专业协会和经纪人队伍，不断健全完善社会化服务体系，为产业发展提供产前、产中、产后服务。通过上述措施，推动扶贫产业发展再上新台阶。

从表4-2和表4-3来看，具有田阳特色的原料蔗、秋冬菜等扶贫产业，在2000年后产业规模不断壮大，经济效益和社会效益也不

断提高。以原料蔗为例，2007 年种植面积创下了历史最高，达到
16849.6 公顷，产量也达到 109.98 万吨，产糖量达到 13.37 万吨，由
于原料蔗价格也创了新高（275 元/吨），21393 户蔗农的总收入达到
30194.842 万元，人均甘蔗种植收入就达到 2987.5 元，对农民增收贡
献之大可见一斑。

表 4-2　田阳 1996—2010 年甘蔗生产情况表

年份	面积 （公顷）	产量 （万吨）	原料蔗价格 （平均价，元/吨）	产值 （万元）
1996	6504.7	33.59	245	8229.6
1997	9259.1	48.08	245	11779.6
1998	9364.2	46.14	223	10289.2
1999	9443.5	31.19	179	5583
2000	8373.9	20	180	3600
2001	7916.7	47.77	172	8216.4
2002	9920.1	61.59	154	9484.9
2003	12724.7	68.59	157	10768.6
2004	12000	62.01	192	11905.9
2005	13170.7	66.82	244	16304.1
2006	14107.93	73.12	275	20108
2007	16849.6	109.98	275	30244.5
2008	15272.4	85.95	275	23636.25
2009	12267.6	58.88	362	21314.56
2010	9684.74	43.72	492	21510.24

表 4-3　田阳 1996—2010 年蔬菜主要品种种植情况表

（单位：万亩）

年份	总面积	大番茄	小番茄	辣椒	西葫芦	四季豆	其他
1996	10.54	2.952	—	2.1	0.4	0.45	4.638
1997	13.2	3.225	—	2.5	0.6	0.7	6.175
1998	15.23	5.948	—	3.1	1	1.5	3.682

续表

年份	总面积	大番茄	小番茄	辣椒	西葫芦	四季豆	其他
1999	18.3	5.985	—	2.7	1.6	2	5.515
2000	21.2	5.32	0.01	3	3	3	6.87
2001	28.1	4.83	0.4	2.8	3.5	3.5	13.07
2002	35	5.1	2.571	2.5	3.5	2.5	18.829
2003	35.106	6.5	4.192	2.1	2.5	1.5	18.368
2004	35.31	6.5	6.44	1.6	2.5	1.5	16.77
2005	35.165	6.2	7.08	1.5	2.5	1.5	16.385
2006	35.42	5.7	7.9	1.5	2	1.8	16.52
2007	35.62	5	7.4	1	5.5	3.8	12.92
2008	35.91	4.72	10.1	1.3	5.2	2.1	12.49
2009	36	3.02	15.31	1.45	5.7	1.8	8.72
2010	36.01	4.07	16.26	1.2	2.5	1.3	10.68

在扶贫产业的带动下，2001—2010年田阳的扶贫工作也取得显著成效。至2010年，贫困人口比2001年减少了12597万人，贫困发生率由17.28%下降到11.88%，10年间下降了5.4个百分点。

表4-4　2001—2010年田阳主要年份贫困人口、贫困发生率变化表

年份	贫困人口（人）	比上年减少（人）	贫困发生率	备注
2001	49000	100	17.28%	
2005	56381	7381	19.67%	
2010	36403	19978	11.88%	

二、田阳产业扶贫的主要问题

田阳始于20世纪80年代的扶贫产业形成了一定规模，并具有田阳独特产业优势和一定的市场竞争力，从总体上带动了全区的减贫。

然而，由于过去实施的粗放型扶贫模式，产业扶贫的精准减贫带富作用依然比较有限，"藏穷露富"的特征十分明显。脱贫攻坚战打响之前，南部石山地区近百个村普遍缺乏扶贫产业的有力支持，导致其贫困面广、贫困程度深。这可以从2015年对田阳精准识别后各村贫困人口分布特征中得到佐证。

表4-5　2015年精准识别后田阳贫困发生率在5%以下的行政村

序号	乡镇	村	总人口（人）	贫困人口（人）	贫困发生率
1	田州镇	定律村	2383	6	0.25%
2	田州镇	隆平村	5934	82	1.38%
3	头塘镇	联坡村	1156	16	1.38%
4	头塘镇	四联村	2864	42	1.47%
5	头塘镇	新山村	3108	50	1.61%
6	头塘镇	二塘村	2572	45	1.75%
7	百育镇	六联村	2519	60	2.38%
8	田州镇	那塘村	3504	84	2.4%
9	百育镇	四那村	4573	118	2.58%
10	玉凤镇	岭平村	2405	68	2.83%
11	田州镇	兴城村	2823	80	2.83%
12	头塘镇	百坡村	4113	122	2.97%
13	田州镇	三雷村	4004	146	3.65%
14	田州镇	平坡村	2839	105	3.7%
15	田州镇	东江村	3060	120	3.92%
16	玉凤镇	长高村	2234	102	4.57%
17	玉凤镇	朔柳村	3129	143	4.57%
18	田州镇	龙河村	5819	266	4.57%
19	田州镇	凤马村	5176	240	4.64%
20	百育镇	新民村	3382	157	4.64%
21	头塘镇	百里村	3074	147	4.78%
22	头塘镇	百沙村	4463	217	4.86%
23	百育镇	七联村	5230	261	4.99%

资料来源：田阳区扶贫办提供。

　　表 4-5 所列的 23 个村中，除了玉凤镇有 3 个村，即岭平村、长高村和朔柳村之外，其余 20 个村全部地处右江河谷核心地带的田州镇、头塘镇和百育镇。经 2015 年的精准识别，其贫困发生率均在 5% 以下，不仅大大低于田阳 15.99% 的贫困发生率，也低于 2015 年广西全区贫困发生率（10.5%）和全国（7.2%）的平均水平。其中，2%（不含，下同）以下的有 6 个村，2%—3% 的有 6 个村。也就是说，这 23 个村只存在一些"插花式"的贫困户，其中大多数是因病、因残而缺乏劳动力致贫的，也有少部分因学（小孩上大学等）而导致陷入临时性的贫困。统计分析还表明，2015 年精准识别后，田阳 152 个村贫困发生率在 10% 以下的有 48 个村。其中，北部土山区增加了玉凤镇的统合村（5.85%）、上镇村（6.32%）、懂立村（7.00%）、坤平村（9.18%），南部石山区则仅有桥业村（原桥业乡所在地）和坡洪镇的古美村 2 个，其贫困发生率分别为 9.56% 和 9.93%，其余均为右江河谷平原。这是因为右江河谷不仅是田阳的"粮仓"，同时还是全国著名的"南菜北运"基地和"中国芒果之乡"。田阳当家的"一红（小番茄）一绿（芒果）"支柱产业，已覆盖到右江河谷的各个村屯和北部土山地区的朔柳村等。

　　调研发现，玉凤镇朔柳村有 9 个自然屯 14 个村民小组，2018 年全村有 780 户 3129 人，有劳动力 2013 人，外出务工的劳动力仅有 90 人。朔柳村虽然人均耕地仅为 0.58 亩，但可开发利用的荒坡地则多达 10 万亩。2011 年之前，该村的支柱产业是甘蔗（原料蔗），也有些群众尝试种植芒果。2011 年之后实施退耕还林才大面积改种芒果，2018 年底已发展到 5 万亩，占田阳芒果种植面积的 1/8。可以说，除了个别缺乏劳动力的家庭之外，家家户户都种了芒果，规模经营 100 亩以上的就有 151 户，50—100 亩的有 453 户。2011 年种下的芒果，2015 年就开始挂果，带动脱贫致富的效果开始凸显，2015 年全村人均可支配收入达到 9466 元，全村仅有贫困人口 143 人，贫困发生率仅为 4.57%。

相反，南部石山区则呈现出贫困面广、贫困程度深的明显特征。全区 52 个贫困村全部分布在该区域，仅这些贫困村的贫困人口就有 24857 人，占到全区贫困人口的 48.74%。表 4-6 是贫困发生率在 40%（含）以上贫困村的分布状况。

表 4-6　2015 年精准识别后田阳贫困发生率在 40%以上的行政村

序号	乡镇	村	总人口	贫困人口	贫困发生率
1	巴别乡	新平村	1413	1067	80.89%
2	洞靖镇	天德村	1092	687	62.91%
3	洞靖镇	太平村	1019	616	60.45%
4	五村镇	大列村	595	337	56.64%
5	五村镇	巴某村	1643	865	52.65%
6	巴别乡	德爱村	1415	724	51.17%
7	洞靖镇	那峨村	1549	752	48.55%
8	洞靖镇	念堂村	995	467	46.93%
9	五村镇	巴浪村	1408	658	46.73%
10	五村镇	伏王村	1305	605	46.36%
11	巴别乡	陇怀村	1592	728	45.73%
12	巴别乡	德安村	1932	848	43.89%
13	巴别乡	陇合村	1832	797	43.5%
14	巴别乡	花参村	1124	462	41.1%
15	那坡镇	合力村	1581	649	41.05%
16	那满镇	新层村	510	204	40%

从表 4-6 来看，精准识别后南部石山区共有 16 个村贫困发生率在 40%以上，占全区 152 个村的 10.53%。其中，巴别乡有 6 个村占 16 个贫困发生率 40%以上行政村的 37.5%，贫困发生率最高的新平村达到 80.89%。洞靖镇和五村镇分别为 4 个村，各占 16 个贫困发生率 40%以上行政村的 25%。那满镇和那坡镇各 1 个村，分别占 16 个贫困发生率 40%以上行政村的 6.25%。

以巴别乡新平村为例，该村地处田阳南部大石山区，位于巴别乡西部，村部距乡政府所在地 12 公里，距城区田州镇 65 公里。全村有 6 个自然屯 10 个村民小组，386 户 1429 人，其中劳动力 747 人，有 473 人外出务工，占全村劳动力的 63.31%。全村总面积 11 平方公里，生态公益林面积 5476.29 亩，耕地面积 3957.05 亩，人均耕地为 2.76 亩，但全部都是散落于山弄中的旱地、石窝地。村民的主要收入来源为劳务输出和种养殖。2015 年精准识别工作后，新平村建档立卡时有贫困户 305 户、贫困人口 1156 人，分别占全村户数和人数的 79.01% 和 80.90%。新平村贫困发生率高的主要原因在于：一是生存条件脆弱。村内没有一条地表河，群众饮水都是靠下雨天收集的山泉水，缺水导致新平村产业发展类型单一、效益极其低下。二是地处偏远，交通不便，村内基础设施落后，导致自身发展难。三是外出务工人员综合素质偏低，难以找到稳定高薪的工作。四是消息闭塞，群众获取致富信息、惠农政策的渠道不畅，导致大部分群众"想致富、无出路"。五是相当一部分群众不相信科学，小病拖成大病，导致因病致贫。六是部分农户因病因残疾缺乏劳动能力。七是部分农户家庭孩子多，导致因学致贫。

第二节　田阳产业精准扶贫的创新之举

在脱贫攻坚中，田阳坚持从实际出发，精心谋划产业精准扶贫，其创新之举主要有如下几个方面：

一、链式发展：推动产业精准扶贫的总体构想

2017 年 1 月，习近平总书记在河北省张家口市看望慰问基层干部群众时强调指出："打好脱贫攻坚战，是全面建成小康社会的底线

任务。做好这项工作，不能眉毛胡子一把抓，而要下好'精准'这盘棋，做到扶贫对象精准、扶贫产业精准、扶贫方式精准、扶贫成效精准。要因地制宜探索精准脱贫的有效路子，多给贫困群众培育可持续发展的产业，多给贫困群众培育可持续脱贫的机制，多给贫困群众培育可持续致富的动力。要把扶贫开发、现代农业发展、美丽乡村建设有机结合起来，实现农民富、农业强、农村美。"[①] 习近平总书记的这段重要论述，不仅强调扶贫对象、扶贫方式精准，还强调了"扶贫产业精准"，不仅强调脱贫，还强调了"可持续脱贫"，同时还强调了"可持续致富"，可以说是对精准脱贫内涵的深化与提升。可持续发展的产业、可持续脱贫的机制和可持续致富的动力，三者之间具有内在的关联性，共同构成了精准脱贫的长效机制。所以，通过实施产业精准扶贫，培育贫困地区可持续发展的产业，确保贫困人口脱贫的持续性、稳定性、长期性，是促进贫困人口彻底摆脱贫困，实现由贫困到非贫困转变的关键之举。

在推进脱贫攻坚战过程中，田阳注重引导广大干部群众深刻认识习近平总书记关于可持续脱贫重要论述的精神实质，在总结以往扶贫开发经验和教训的基础上，创新提出并实施"短期保收入、中期上产业、长期保就业（增收）"的产业精准扶贫"链式发展"新模式。基本思路是立足当前、着眼长远，兼顾短期可脱贫与远期能致富的目标要求，从总体上系统谋划"链式"扶贫产业发展：近期以差异化奖补政策为手段，重点实施具有劳动能力的贫困人口能力所及、一家一户可做到的"短平快"项目，通过提高项目覆盖的精准度，帮助贫困人口达到"一高于"（贫困人口人均可支配收入高于国家贫困线）的脱贫标准；中期围绕实现贫困人口的稳定脱贫、持续脱贫目标，在充分考虑产业基础、各乡村资源禀赋和市场需求的基础上，重

[①] 中共中央党史和文献研究院编：《习近平扶贫论述摘编》，中央文献出版社 2018 年版，第 74 页。

点实施培育壮大具有田阳特色优势的"5+2"、村级"3+1"产业扶贫精准工程，奠定贫困人口可持续脱贫的产业基础；远期着眼于贫困人口的可持续致富，以建设大项目、形成大基地、做强大产业为抓手，通过不断壮大产业规模，提升产业市场竞争力，推动田阳经济的高质量发展，创造更多创业就业机会，不断拓宽贫困人口增收渠道。构建起"当下脱得贫、中期稳得住、长期能致富"，兼顾短中长期目标的递进式产业精准扶贫新格局，走出了一条具有田阳特色的高质量精准扶贫、精准脱贫之路。

着眼"短期保收入"。田阳坚持因人制宜、因户制宜的"靶向治疗"精准帮扶措施。2016年以来，先后实施产业扶持资金委托经营、万元扶贫产业增收计划、千人就业技能大培训、易地扶贫搬迁补助、苗木补助、小额信贷复利分红、特色产业差异化奖补等10多项政策措施，确保全区建档立卡贫困户每户至少享受2种以上的产业扶持政策。

推动"中期上产业"。田阳充分发挥自身的区位优势，把培育壮大具有特色优势的扶贫产业作为重要措施，形成"5+2"（即芒果、柑橘、茄果类、猪和鸡五大扶贫支柱产业和糖料蔗、油茶2个备选产业）。首先是大力发展特色种植业，重点发展以圣女果为主的特色蔬菜、反季节蔬菜和绿色蔬菜；扩大水果生产规模，优化水果品种结构，积极发展具有市场竞争优势的芒果、柑橘、香蕉及百香果、火龙果、大果枇杷等热带、亚热带特色水果。其次是大力发展特色养殖业。在稳步发展猪禽传统优势产业基础上，推进生猪良种繁育体系建设，推动标准化、规模化养殖，同时利用丰富的山地资源发展养牛、养羊等草食动物养殖业。

致力"长期保就业（增收）"。田阳通过大办产业基地，重点打造北部20万亩农林生态脱贫产业核心示范区，右江河谷果蔬产业（核心）示范区、南部华润五丰（田阳）生态养殖供港基地，辐射带动五大主导产业规模化、集约化、高效化发展，全区形成南+北+河谷的产业发展格局。抓住国家深化供给侧结构性改革的有利时机，以发挥产业扶贫优惠政策的诱导作用为抓手，以提高产业发展质量和效益为中心，加大引进特色产品加工龙头企业力度，推动农产品分级、保鲜、仓储、冷藏、加工等采后处理设施建设，提高扶贫产业的商品化率和综合效益。同时，田阳还加快实施"大工业"战略，以招商引资为载体，以新山铝产业示范园、城东轻工业园区、红岭坡工业园区等工业园区为平台，以新型工业化作为"工业兴区"的第一推动力，大力发展煤电铝一体化的生态铝、新型建材、农产品深加工等产业，促进田阳产业的融合发展。

截至 2018 年末，田阳芒果产业每年可提供 6 万多个就业岗位，贫困户参与芒果产业务工 5000 多人，务工收入 2200 万元，人均 4400元；西红柿（小番茄）产业每年可提供 50.58 万人次用工量（贫困群众占 5.06 万人次），用工收入 2297.08 万元（其中贫困群众占229.71 万元）；新山铝产业示范园内就业、务工人数达 3900 多人，贫困家庭劳动力 380 人，月工资收入 2000—3000 元；田州古城内从商或就业、务工人数 4000 多人，贫困家庭劳动力 300 多人，月收入1500—4000 元；华润五丰（田阳）生态养殖供港基地每年可吸纳贫困户 800—1000 人务工，人均增收 2000 元以上。田阳产业的不断发展壮大，为贫困人口提供了更多的就地就业岗位和创业机会，贫困人口的增收渠道也持续不断得到拓宽，贫困人口可持续致富的基础更加坚实。

二、补齐短板：破解区域扶贫产业不平衡的发展难题

区域发展不平衡是田阳扶贫产业发展最突出的"短板"。右江河谷平原的芒果、小番茄（蔬菜）等产业不仅上了规模，而且在全国都具有较强的市场竞争力，这些特色优势产业在带动农户脱贫致富中的作用已充分凸显出来。北部土山区在右江河谷产业的辐射带动下，

芒果、蔬菜产业和林业及林下经济也已形成规模，减贫带富的作用也日益增强。南部石山区由于受自然条件差，交通等基础设施薄弱的制约，扶贫产业一直相对滞后，成为其区域性贫困的主要因素。补齐这块突出短板是田阳脱贫攻坚中最迫切需要解决的问题。为此，在推进新一轮产业扶贫中，田阳采取因地制宜、分类施策的精准措施，在继续巩固和发展河谷平原产业优势的同时，把着力点放在培育发展南部石山区扶贫产业之上。

南部石山区的产业主要以传统的玉米、黄豆、番薯等种植为主，每亩最多产玉米200公斤左右，效益之低下自不待言。依托南部石山地区的资源，加大产业结构调整力度，发展具有田阳南部山区区域特色的产业，是破解其产业发展瓶颈的必由之路。进入"十三五"，通过实施境内交通主干道建设，尤其是村屯道路提升工程，南部石山区交通条件得到极大改善。远离城市、无工业污染，昼夜温差较大、日照充足的独特气候条件，良好的生态环境等，成为南部石山区发展有机绿色产业的有利条件。田阳因势利导，按照"5+2"、村级"3+1"（即每个贫困村精准确立3个主导产业加若干个备选产业）的产业选择要求，引导南部石山区大力调整优化产业结构。

以最具典型的喀斯特地貌的巴别乡为例，该乡地处田阳的南部石山区，距离城区田州镇有56公里。地表资源十分匮乏，全乡人均耕地仅有1.83亩，其中绝大多数为散落在石山上的旱地。村民长期以来以种植玉米为主，亩产不超过250公斤，价格不超过2元/公斤。农民辛勤劳作一年，除自留食用与喂养牲畜外，几乎没有任何现金收入。巴别乡海拔相对较高，气温较低，光照充足，适合种植温带水果柑橘，且与其他地区相比具有"错峰上市"的竞争优势。该乡弄朗村新兴屯杨国丘，在2013年成为第一个"吃螃蟹"（种脐橙）的人。开始他只试种了1亩，他种的脐橙个头饱满、水分充足、甜度较高，上市后成为市场上的"抢手货"。后来他逐步发展到8亩，已挂果4亩，年收入达两万多元。在他的示范带动下，新兴屯村民小组柑橘规模已达百亩之多，收入大为可观。脱贫攻坚战中，巴别乡通过典型示范，引导各村屯发展具有山区特色的种养业。

表4-7 田阳巴别乡贫困村"3+1"产业选择情况

行政村	3个支柱产业			自选产业	备注
	产业一	产业二	产业三		
德弄村	柑橘	生态猪	生态鸡	生态牛	"十三五"贫困村
大问村	芒果	生态猪	柑橘	生态鸡	"十三五"贫困村
巴别村	柑橘	生态猪	生态鸡	生态牛	"十三五"贫困村
德安村	柑橘	生态猪	生态鸡	生态牛	"十三五"贫困村
大录村	柑橘	生态猪	生态鸡	生态牛	"十三五"贫困村
陇合村	柑橘	生态猪	生态鸡	油茶	"十三五"贫困村
安宁村	柑橘	生态猪	生态鸡	油茶	"十三五"贫困村
德爱村	柑橘	生态猪	生态鸡	生态牛	"十三五"贫困村
新平村	柑橘	生态猪	生态鸡	油茶	"十三五"贫困村
弄怀村	柑橘	生态猪	生态鸡	生态牛	"十三五"贫困村
陇朗村	柑橘	生态猪	生态鸡	生态牛	"十三五"贫困村
三坡村	柑橘	生态猪	生态鸡	油茶	"十三五"贫困村
花参村	芒果	生态猪	生态鸡	柑橘	"十三五"贫困村

经过"十三五"以来的努力，截至2018年末，南部山区以红心蜜柚、火龙果、柑橘类为主的特色水果经济带和以养猪、养鸡、养羊为主的生态养殖经济带正在快速崛起。北部山区以芒果、油茶、甘蔗为主的现代农林产业经济带正得到不断巩固和提升。右江河谷平原以小番茄、芒果、香蕉、大青枣、葡萄为主的现代果蔬产业经济带，生态铝、新型建材、农产品精深加工、现代物流等产业在不断提质发展。三大区域各具特色的产业并驾齐驱，具有田阳特色优势的区域产业发展新格局正在形成，区域产业发展不平衡的"短板"问题逐步得到缓解。

专栏 4-1 "种给农民看，带着农民干"的伍龙种植家庭农场

田阳伍龙种植家庭农场位于田阳五村镇，2015年1月以个人独资企业形式进行工商注册登记，注册资金100万元，经营范围：水果、蔬菜种植与销售；农业休闲观光旅游。

2018年底农场种植面积达220亩，总投资360万元。其中避雨栽培葡萄65亩，投资120万元；种植珍珠李14亩，投资20万元；种植沃柑141亩，投资220万元。农场常年用工30人，其中有14人来自国家建档立卡的贫困家庭，在农场工作不但提高了他们的经济收入，还能学习到种植技术。农场是田阳就业扶贫车间，在经济扶贫的同时也对员工进行技术扶贫。

农场种植的65亩葡萄位于五村镇政府对面，采用大棚促成栽培和简易避雨栽培相结合，使葡萄提早成熟上市，让早熟品种更早，高价好卖。2018年底农场的葡萄生产技术已经上升到不受气候因素如冰雹、霜冻等极端天气的影响，每年生产的葡萄供不应求。2016年初，在陇华村租地14亩种植天峨龙滩珍珠李。龙滩珍珠李种植管理粗放、投资少、投产快、产量高、价格稳。农场种植的2000棵龙滩珍珠李位于田阳南部干旱山区，海拔均在600米以上，现已投产，下一步将在田阳南部干旱山区推广。2015年初，在五村镇洞琴屯种植141亩柑橘新品种沃柑。沃柑栽培采用弯枝技术、长枝挂果技术以及生草栽培技术；安装肥水一体化，节水灌溉，精准施肥。在生产过程中，整个农场均采用"农家肥为主，化肥为辅"的施肥模式，安装杀虫灯等物理杀虫，葡萄园围防虫网等，尽量少用农药，生产有机绿色农产品。

农场一直坚持管理规范化、生产集约化，以技术信息共享、销售信息共享为原则，以"种给农民看，带着农民干"为核心，热情接待和培训各地前来学习取经的农民朋友8000人次以上，耐心指导他们掌握核心栽培技术。在农场的示范带动下，不仅带动田阳的五村、坡洪、那满等乡镇的葡萄、沃柑等水果产业的发展，还对广西的柑橘行业产生积极影响。

三、"三带三建"：完善扶贫产业发展的机制保障

推进产业扶贫是一项系统工程，涉及产业如何选择，资金技术人才等要素如何配置，服务体系如何完善，市场渠道如何拓展，作为参与主体的贫困群众其内生动力如何激发等。其中，最突出的问题是如何消除贫困群众对发展扶贫产业的畏惧心理。调研发现，一些地方的贫困群众由于长期居住在较封闭的山区里，习惯于从事简单的传统农业生产，不掌握新知识、新技术，更不了解市场信息。在推进产业扶贫过程中，对于发展什么、如何发展，产品生产出来之后往哪里卖等，他们往往一片茫然，因而对发展扶贫产业缺乏信心和决心。为破解这些难题，在推进产业扶贫实践中，田阳作了如下有益的探索。

首先，通过发挥星级示范基地、星级合作社、星级致富带头人的"三带"作用，帮助贫困群众消除在产业发展起步阶段存在的种种顾虑，有效激发贫困群众内生发展动力。一是创建星级示范基地，带动特色扶贫产业健康发展。打造北部20万亩农林生态脱贫产业核心示范区、右江河谷现代特色农业果蔬产业示范区等特色产业大基地，辐射带动全区芒果、茄果类特色产业规模化、产业化、集约化发展。2016—2018年，田阳成功创建广西现代特色农业示范区1个、市级示范区1个、县区级示范区4个、乡级示范区5个；全区61个贫困村发展特色产业示范基地21个。二是创建星级合作社，带动贫困户持续增收。龙头企业联动农民专业合作社，贫困户以带资入股、返包管理、务工就业、资产性联营等方式实现增收。截至2018年底，田阳共有芒果龙头企业6家，成立"田阳蔬菜协会"等果蔬专业合作社140个。其中，兴城番茄专业合作社种植番茄3500多亩，平均亩

产 5000 公斤，总产量 1505 万公斤，总产值 3010 万元，户均番茄收入 4.48 万元，人均番茄收入 1.68 万元，成为全区种植番茄产量最高、质量最好、效益最佳的专业合作社。为此，田州镇兴城村荣获原农业部授予的全国一村一品示范村"中国番茄村"称号。三是培育星级致富带头人，以示范引领带动贫困户创业。从 10 个乡（镇）61 个贫困村中精选出 186 名创业致富带头人，经过培训后，授予"田阳贫困村创业致富带头人"称号，给予金融扶持、产业奖补、农业保险等方面扶持，开展跟踪服务，确保其发挥减贫带富作用。如"扶贫状元"、2018 年全国脱贫攻坚奋进奖获得者——尚兴村莫文珍，带领尚兴村全村 225 户 1135 人到右江河谷的平旺等 10 个异地产业开发点，承包开发荒坡种植芒果 3200 多亩。2018 年，尚兴村仅芒果产业实现收入近千万元，全村人均纯收入 8520 元，村里大部分农户都住进"芒果楼"，开上"芒果汽车"。尚兴村的做法辐射带动全区 1200 多户群众异地种植芒果。

其次，构建以"'三建'促'三提'"的机制，畅通产品销售渠道，大大拓宽了产品销售空间，破解农产品销售难问题，变"扶持到户"为"效益到户"，使产业扶贫效益实现最大化。一是建设品牌，提高产品知名度。作为第一个"中国芒果之乡"，田阳充分发挥这一优势，申请通过"百色芒果"原产地保护认证、无公害芒果产品认证，并在百色市有关部门的协调下，联合右江区、田东县等区县，共同打造"百色芒果"这一区域品牌标识。同时，鼓励企业注册"壮乡河谷""七里香""布洛陀""醉美乡村""壮乡红"等果蔬产品商标，打造田阳特色果蔬品牌。依托每年承办的中国—东盟（百色）现代农业展示交易会平台，组团到北京、上海、广州等地举办展销会、推介会等，大力宣传推介"百色芒果""田阳圣女果"品牌，还与家乐福等各大超市开展合作，让田阳的芒果、番茄进入大卖场销售，提高田阳果蔬的知名度。通过加大品牌建设，把资源优势转化为产品优势、品牌优势、经济优势。二是建设渠道，扩大产品销售量。加大芒果、蔬菜等农产品综合批发市场体系和物流体系建设，培育壮大三雷老韦物流、壮乡河谷公司、中国—东盟现代农业物流园等大规模冷链物流企业。开通百色—北京果蔬冷链物流专列，完善冷链物流设施。田阳拥有冻库近 10 万立方米，冷藏运输车 10 余台，总运力 215 吨/次的物流配送能力，形成包括"种植—收购—分拣—包装—运输"一条龙的芒果、番茄产业链。同时，大力扶持培养本地农民营销队伍 3000 多人，招引外地客商 2000 多人常驻田阳从事果蔬销售，引导农民和农业企业到全国各地设立销售网点 100 多个。2018 年，田阳通过综合批发市场销售芒果超过 12 万吨。三是建设电商市场，提升网上销售能力。成立广西田阳赶街电子商务有限公司，打造电商服务平台，设立"田阳特色馆"；支持阿里巴巴百色产业带、淘宝百色馆、微商等建设。建立健全"区（县）、乡、村"三级电商物流体系，实现所有快递到村级服务网点 3 天内送达，打通全区农村电商物流"最后一公里"。截至 2018 年底，区（县）、乡、村级电商公共服务机构 89 个点及区级物流仓储中心服务范围覆盖全区 152 个行政村，服务建档立卡贫困户 39245 人次。2017 年，田阳被评为广西壮族自治区级优秀电子商务进农村综合示范县区。2018 年，通过淘宝、微商等各种电商平台，全区芒果线上销售 4.9 万吨，销售额 2.1 亿元，同比增长 35.23%。2019 年芒果上市期间，电商网络销售芒果每天发货量 1 万件以上，日销售额近百万元。

四、"三个落实"：强化扶贫产业发展的要素支撑

产业发展需要有生产要素提供有力支撑。和一般产业发展相比，扶贫产业参与主体、发展条件、发展环境等相对薄弱。在推进产业精准扶贫实践中，田阳以"三个落实"来破解这一难题。

1. 落实政策

用好用活政策，是撬动扶贫产业发展的关键之举。田阳通过打好政策"组合拳"，增强产业发展引导力，解决农户信心不足、动力不足问题。紧紧抓住中央和广西壮族自治区密集出台一系列强农惠农和扶贫开发优惠政策的历史性机遇，用好用够中央和自治区各项优惠政策。出台了《田阳县小额信贷带资入股产业合作经营主体实施办法》《田阳县"万元扶贫产业增收计划"试点实施方案》《田阳县2016年政策性农业保险工作实施方案》《田阳县扶持农业龙头企业和农民专业合作社实施方案》《田阳县扶持贫困户发展家庭经济产业实施办法》《田阳县特色水果种植补助办法》《田阳县2019年政策性农业保险工作实施方案》等10多项扶持产业发展的政策。这一连串"组合拳"政策的有力实施，释放出诸多政策红利，从产业主体的培育、产业发展资金的筹措、参与主体的利益联结等方面，吸引各方力量积极参与到扶贫产业开发中去，形成促进扶贫产业发展的强大合力。

2. 落实资金

田阳注重用好"金融扶贫助推器"，增强产业发展推动力，解决贫困户发展产业资金不足问题。按照"平台助推、金融扶持、带资入股、固定分红、劳务增收"的模式，政府引导和帮助贫困户向农商行贷款，每户贷5万元，政府负责贴息，并筛选和确定信誉度高、业绩良好的企业、农民合作社等新型经营主体与贫困户建立合作经营关系；贫困户以带资入股方式入股这些新型经营主体，在贷款期限内每年享受贷款本金10%的固定分红（连续享受3年）。截至2018年末，全区累计发放小额扶贫贷款7780户、35427万元，筛选并确定了26家企业作为与农户合作经营主体，其中入股企业的农户4697户，资金23833万元。

3. 落实培训

实施产业技能培训全覆盖，破除扶贫产业发展技术瓶颈。邀请自治区、市级农业院校、科研部门及本土专家为种植户授课，每年培训人数在 3 万人以上，利用广播电视、板报、微信、QQ 等方式普及芒果、番茄技术，不断提高广大果农的科技意识和种植管理水平。对全区建档立卡户全覆盖免费开展农业产业技能培训，确保全区建档立卡户一年至少接受 1 次以上培训，掌握 1—2 项实用技术。2016 年至 2018 年，共开展芒果和番茄管护技术、有机肥使用技术、病虫防治技术等各项产业技术培训 99 期，培训人数 14246 人次。

五、统领发展：实现产业富民与兴区相得益彰

在推进脱贫攻坚战中，田阳清醒地认识到，扶贫的实质是发展，从根本上说就是要解决贫困地区的发展问题。扶贫的基础在于发展，只有经济发展了，扶贫才有可持续的动力源泉。因此，田阳始终围绕发展抓扶贫，跳出扶贫抓扶贫，抢抓国家加大贫困地区基础设施、社会事业、产业发展等领域的建设投入机遇，把扶贫开发作为挖掘增长潜力、培育发展动力、拓展发展空间的重要抓手。既要切实解决好贫困人口的眼前之困，加快补齐经济社会发展短板，也要立足长远发展，致力于人民脱贫致富奔小康。田阳坚持以脱贫攻坚统领经济社会发展全局，坚持把壮大扶贫产业作为根本，牢固树立"扶产业就是扶根本"理念，统筹推进新型工业化、新型城镇化和农业现代化，促进经济高质量发展，实现富民与富区的统一。

在农业现代化方面，围绕打造西南一流现代化农业基地，提升农业现代化水平，促进乡村产业振兴的目标，以打造北部 20 万亩现代农林生态扶贫产业核心示范区、右江河谷果蔬产业（核心）示范区、南部华润五丰公司畜牧生态扶贫产业园和扬翔精准扶贫生态养猪项目

等特色产业基地为载体，辐射带动了全区芒果、柑橘、茄果类蔬菜、养猪、养鸡等特色产业规模化、集约化发展。同时，以深百（南田）众创产业园为载体，实施"接二连三"工程。引进一批农林产品精深加工龙头企业，对芒果、小番茄、油茶等农林产品进行精深加工和商品化包装处理。依托20万亩"飞地"基地发展立体开发、旅游观光新兴业态，推进"一二三产深度融合发展"，打造全国有名、西南一流、广西领先的现代化农业基地、精深加工基地、科研基地、现代农旅观光基地。促进农业增效、农民增收、农村繁荣。在新型工业化方面，突出加快"两园一区"〔新山铝产业示范园、深百（南田）众创产业园、红岭坡工业区〕发展。在优化存量、扩大增量、做大总量、提高质量上下功夫，打造西南地区新兴工业产业基地。加快新山铝产业示范园建设，大力发展铝深加工业。重点推进百矿集团1万吨精铝、百兴金兰年产30万吨铝棒、10万吨铝板带箔等重大项目建设，为经济发展注入新动力。加快深百（南田）众创产业园建设，推动中兴公司高科技手机壳生产线落户生产，主动对接深圳市南山区联合建设产业园，以"双方投资、税收分成"方式，以农林产品精深加工为重点，将产业园打造成为"联建式飞地工业园"。加快盘活红岭坡等老工业园区资源，推动华润集团骨料搅拌和垃圾处置项目落地建设，加快新旧动能的转换。

在新型城镇化方面，以撤县设区为契机，主动融入右江—田阳一体化战略部署。围绕百色市委、市政府"一中心两个副中心、一城两区"规划布局，高起点、高标准、高水平抓好城市总规划的修订和专项规划，大刀阔斧和精雕细刻地建设一批城市精品工程。加快推进"四桥一道一园三岛一酒店"（敢壮大道桥梁改扩建、东江一桥、东江二桥、东慕岛大桥，解放路壮文化元素的提级改造、市民体育公园，东江半岛、东慕岛、鲤鱼岛和五星级酒店）建设。实施田州古城沿河沿江美化、亮化和引水入城工程，加快推进"五馆一公园"（综合博物馆、壮民族博物馆、芒果博览馆、档案馆、文化馆及体育公园）等重点项目建设。打造壮乡民族特色系列古典小镇，提升城市品位。按照"城乡一体化"思路，结合"美丽田阳"乡村建设，加快打造头塘、百育、田州、玉凤4个特色小镇，分批分期建设那坡、那满、五村、坡洪、洞靖、巴别等特色民俗小城镇。促进新型城镇化、新型工业化、农业现代化的协调发展，夯实产业发展的坚实基础。

第三节　田阳产业精准扶贫的突出成效

产业精准扶贫的深入实施及其所取得的突出成效，有力地推动了田阳脱贫攻坚取得全面性胜利。

一、特色扶贫产业优势凸显

具有田阳特色优势的"5+2"扶贫产业体系基本建成，尤其是以小番茄为主的秋冬蔬菜和芒果两大扶贫支柱产业规模不断壮大，产业竞争力日益增强，产业发展水平推向新台阶。秋冬菜种植方面，"南菜北运基地"品牌日益提升，2018年种植面积稳定在37万亩（含复种），产量达100万吨左右，产值15亿元以上，其中茄果类蔬菜种植面积达22.4万亩，产值13亿元。芒果产业方面，田阳已成为全国最大的芒果生产基地，2018年种植面积40万亩，投产20万亩，主要品种有田阳香芒、红象牙芒、桂七芒、台农1号芒和金煌芒等，"百色芒果"入选全国"100个农产品"品牌，产量约20万吨。依托大型批发市场、农村电商等庞大的销售网络，番茄和芒果远销"北、上、广"等全国一线城市，市场供不应求。脐橙、蜜柚、沃柑等特色水果业优势初步显现，2018年种植面积达

4.2 万亩，桂果 0.61 万亩，年产值在 4000 万元以上。生态养殖业稳步发展，2018 年末，生态猪存栏达到 14.673 万头，生态鸡存栏 123.151 万羽。

表 4-8　2015—2020 年田阳"5+2"扶贫特色产业发展情况

类别		2015 年	2016 年	2017 年	2018 年	2019	2020 年
芒果	面积（万亩）	31.5	38	39.5	40	39.74	39.8
	产量（万吨）	13.5	15.5	22	25	21.9	24.96
小番茄	面积（万亩）	21.5	21.36	21.03	22.40	23.1	23.5
	产量（万吨）	60	58	62	60.5	58.2	62.4
柑橘	面积（万亩）	2.1	2.8	3.8	4.8	3.97	3.84
	产量（万吨）	0.04	0.045	0.05	0.1	0.15	0.85
生态猪	存栏（万头）	26.47	25.86	17.67	14.673	9.2117	11.11
	出栏（万头）	26.34	25.29	25.07	25.04	16.8998	15.0921
生态鸡	存栏（万羽）	168.44	173.28	138.31	123.151	130.5584	128.6525
	出栏（万羽）	315.39	323.07	325.39	297.504	354.1976	394.6728
油茶	面积（万亩）	11.607	11.8065	16.0995	17.4	18.1	18.8
	产量（万吨）	0.836	0.837	0.8598	0.8326	0.871	1.1328
糖料蔗	面积（万亩）	6.35	5.01	5.6	4.5	5.25	4.7
	产量（万吨）	16.7	14.63	19.62	16.4	20.55	19.1

专栏4-2 产业融合，打造产业集群

田阳充分利用园区丰富的土地资源、水陆空"三位一体"的立体交通网络和处于巴马国际旅游专线必经之地的区位优势，以发展桂七、台农等优质芒果产业为主体，在幼龄果园行间空地种植牡丹、白芍等有观赏药用价值的花卉，实行立体化种植，拓展产业功能；利用园区内山地、水面等资源，规划建设乡村旅游、休闲、观光、度假等配套设施，发展休闲农业、乡村旅游业；在园区附近规划建设农民工创业园，引进农林产品精深加工企业，对芒果等园区农林产品进行采后商品化处理、加工、物流，把"一产"转化为"二产"，带动"三产"发展，推动"一二三产"深度融合发展，打造产业集群，让搬迁移民转变为产业工人，实现贫困农民稳定就业、长期致富目标。

专栏4-3 龙头企业带动，村户共同增收

田阳引进中央直属国有控股企业、世界500强企业——华润五丰有限公司，合作建设华润五丰（田阳）生态养殖供港基地项目，致力于打造华润五丰在全国最大的养殖供港基地。项目遵循"组织重塑、合作开发、利益共享、劳务增收、融合发展"的建设原则。组织重塑即全区建档立卡贫困户联合组建养殖专业合作社，通过党支部推动、党员带动和致富带头人引领，共同参与养殖基地建设开发，提高扶贫产业开发的组织化。合作开发即利用中央精准扶贫政策，整合各类扶贫项目资金投入基础设施，华润五丰有限公司"拎包入驻"养殖运营，按照养殖量结算利润的合作开发经营模式。利益共享即行政村获得集体经济收入，有效破解村级集体经济"空壳"难题；建档立卡贫困户获得产业收入，形成持续稳定的增收来源。劳务增收即每年吸纳800—1000名贫困人口参与务工，人均月工资3500元以上，年均增收

4万元以上。融合发展即通过建设大型养殖项目实现养殖产业迅速提升，建设肥料厂、饲料加工厂和畜禽屠宰厂促进第二产业发展，建设物流配送中心带动第三产业发展，形成一二三产业融合发展的示范基地，促进田阳实现村级集体经济全覆盖和建档立卡贫困户脱贫致富。

二、扶贫产业发展的可持续性不断提升

蔬菜、水果等产业发展的技术支撑不断加强，先后引进各种丰产优质的芒果、耐热高产的番茄以及脐橙、蜜柚、火龙果等200多个农业新品种；推广芒果低位嫁接、节水灌溉、生物快繁等新技术58项，应用甘蔗高产、超级水稻等新成果36项，农业综合生产能力不断提高。2019年，田阳境内有广西百色国家农业科技园区、国家杂交水稻工程技术研究中心东盟分中心及10余家广西区内高等院校、科研单位、企业共同组建的广西芒果产业技术创新战略联盟等现代农业技术"联合舰队"。同时，通过"农家课堂"等培育新型农民，田阳现有各类科技示范户2000多户，农民"土专家"3万多名，河谷乡（镇）农民普遍掌握2门以上的先进实用农科技术，为扶贫产业发展提供了强大的智力支持。新型经营主体队伍不断壮大，田阳种养家庭农场发展到72家，注册资本达6333.2万元，其中种植业52家，养殖业9家，种养结合10家。通过各类农民专业合作社，经营领域全部覆盖到"5+2"特色扶贫产业。认定致富带头人186名，每个贫困村都有3名以上致富带头人。通过新品种的引进培育、新技术普及推广和新型经营主体的发展壮大，形成对特色优势扶贫产业可持续发展的有力支撑。

专栏4-4 "快乐种植家庭农场"给农民带来"快乐"

田阳快乐种植家庭农场于2014年9月发起成立，位于田阳

坡洪镇局新洞村那祥屯，由莫丽珍个人投资，累计投资 300 万元，主营项目：砂糖橘、桃果、李果、皇帝贡柑、茂谷柑的种植销售及农业观光旅游。

农场通过承包新洞村 400 亩荒地，主要发展砂糖橘及特色农产品种植销售、种苗及套种其他经济作物等，建成完善的高效节能灌溉系统，铺设管道约 3 公里，灌溉面积达 400 亩；购置交通运输车 2 辆；投入资金 50 万元建设基地内电力、道路、种植用的生产工具等基础设施。柑橘种植面积达 300 亩，桃果 50 亩、李果 50 亩，另有皇帝贡柑、茂谷柑等特色水果，年总产值 500 万元，创利 100 万元。

农场采取"基地+农户（建档立卡贫困户）"的运营模式，2018 年农场共吸纳贫困户入社 68 户，主要来自坡洪镇新洞村那墙屯、百叫屯等周边。通过近几年扶贫部门实施的产业扶贫政策，扶贫成效十分明显。主要表现在以下几个方面：一是带动就业明显增强。每天安排本地农民就业达 60 多人，为当地群众提供了就业岗位，还实现了贫困户就近就业，有效解决了农村富余劳动力就业问题。二是农民增收较为稳定。首先，农户每年获得土地租金 550 元/亩；其次，农场聘请的日常管理人员约 60 人，其中 90% 都是来自贫困户，他们每月的平均工资在 1600 元以上，年工资收入近 2 万元/人。另外，每年可吸纳约 100 名社会剩余劳动力和租地农民实现季节性就业，每人每季可获得 6000 元左右的劳务工资，有效地增加群众劳务收入，促进贫困户增收致富。三是有效地带动产业发展。每个贫困农户可将上级产业扶贫财政资金直接入股公司，农场负责组织经营种植管理，贫困户有偿投工投劳，实现了贫困村与民营企业互利共赢的目标，对田阳南部石山区乃至百色柑橘产业发展和农民增收起到了积极的推动作用。

专栏4-5 多重示范效应凸显的龙友百香果创业培训基地

龙友百香果创业培训基地位于田阳南部石山区坡洪镇局盛村，占地500亩。基地主要发展以百香果、红心蜜柚及特色农产品的种植、销售、育苗，并套种其他经济作物，配套发展肉牛、山羊等养殖，形成了"牛羊养殖—沼气液—水果种植"立体循环种养一体化的生态农业基地。该基地主要采取直接帮扶、劳务用工、股份合作等方式，从就业创业、技术培训、电商培训等方面对基层人大代表和广大农户进行创业培训和扶持。

基地创建以来，取得了多重的创业带富效应：一是典型示范效应。以基地为载体，通过组织区镇人大代表到基地参观，以个人艰苦创业的"现身说法"鼓励和带动区、镇人大代表积极发展特色产业，仅坡洪镇就有10名人大代表发展肉兔养殖、山羊养殖等特色产业，成为致富能手。二是学习培训带动效应。基地通过"固定课堂+流动教学"相结合的模式，运用典型案例、实地操作、互动教学等方式在基地组织开展特色种养技术培训；组织人大代表（教员）"送教进组入户"，把技术培训办到农户庭院和田间地头，形成良好的学习氛围。截至2019年6月，基地已开展相关培训9期，参训人员达350多人（次），部分群众和建档立卡的贫困户逐步成为掌握相应产业生产技术、技能的"土专家"、"田秀才"、种养能人或农产品销售服务的致富带头人、农村经纪人等，推动农业增产增效，农民增收致富。三是"抱团发展"效应。基地通过"人大代表+基地+合作社+农户（建档立卡贫困户）"的运营模式，共吸纳贫困户503户。贫困户通过扶贫小额信贷的方式入股，成立生产合作社，入社资金达255.9万元，基地与农户形成了紧密的利益共同体。同时，基地还提供就业岗位65个，解决45户贫困户的就业问题，直接或间接带动了 503 户农户增收。2018 年入股的 503 户贫困户，有 474 户已经脱贫。

三、贫困村"造血功能"不断增强

产业扶贫具有多重效应，其中增强贫困户、贫困村的造血功能是最重要的功能。在推进产业精准扶贫中，田阳把着力点放在培育贫困村"造血功能"上，不仅实现了村级"3+1"扶贫产业的全覆盖，还从基础设施改善、技术培训、资金支持、带头人培育等方面，致力于贫困村"造血功能"的再造。

如前述的田阳贫困发生率最高的巴别乡新平村，自脱贫攻坚战打响以来，在帮扶单位的大力支持下，先后投入 43 万元实施 3 个自然屯的屯内道路硬化，投入 245 万元新建三条产业路，覆盖 5 个自然屯，直接受益群众共 258 户 936 人，对口帮扶单位——百色市人大常委会在 2016 年为该村出资建设了 6 个产业水池，极大改善了生产条件。在驻村"第一书记"带领和后盾单位区科技局支持下，新平村根据本村的地形和气候条件，因地制宜发展特色产业，通过落实产业奖补政策，发动群众种植脐橙、红心蜜柚 500 多亩，并在"地力"片由致富带头人牵头，34 户贫困户参与集中打造 80 亩脐橙示范基地，实现特色产业 100% 全覆盖，户均有果蔬 1.5 亩，改变了原有的单一产业发展模式。区科技局、农业农村局把扶持该村产业发展作为重要任务，定期派出技术人员到村里开展技术培训和技术咨询服务，提高了群众的种植管护能力。该村种下的脐橙、蜜柚长势喜人，丰收在望。2015 年种下的蜜柚已经开始挂果，产品质量上乘，深受消费者的欢迎。同时，该村还加入了由广西机场管理集团出资在巴别乡创办的巴山农副产品贸易有限公司，打通了产品销售渠道。一个经济收入几乎空白的贫困村，在各级部门的帮扶下，产业发展已迈出坚实的步伐。

专栏4-6 让"土货乡货"飞出大山的
巴山农副产品贸易有限公司

　　巴山农副产品贸易有限公司（以下简称"巴山公司"）由对口帮扶田阳巴别乡弄朗村、大录村、大问村的广西机场管理集团公司（以下简称"集团公司"）出资，联合巴别乡13个村联合兴建。在开展对口帮扶中，"集团公司"发现巴别乡有大量的土鸡、土鸭、土猪以及纯天然的果蔬等农产品，各村种植的脐橙、蜜柚堪称有机绿色的上乘产品，深受外界欢迎。但由于缺乏必要的储藏、分拣、包装，加之销售渠道不畅通，仅在当地销售，只能卖出"白菜价"（很低的价格）。如不加以解决，政府扶持发展的产业在几年集中上市之后，产品难卖问题将成为最大的"隐患"。

　　"集团公司"通过对巴别乡产业现状的考察，综合分析自身所拥有的市场渠道优势等，在当地成立以消费扶贫"造血帮扶"为宗旨的"巴山公司"。为使这家公司发挥出最大化效益，经与政府协商，决定采取抱团发展模式，"巴山公司"覆盖到巴别乡的13个村，采取"公司+扶贫车间+航空物流"的运行模式，即"巴山公司"负责收购当地的农产品（包括农户自养自种的生态产品——猪、鸡、鸭和各类果蔬），扶贫车间负责做宰杀、分拣和简易包装，并由"巴山公司"负责产品的物流。同时，在销售方面，"集团公司"还探索出了"内销+外销+线下+线上"的销售模式，即：内销——组织"集团公司"广大员工"爱心认购"，同时利用南宁、桂林机场航站楼和员工食堂投入使用的有利时机，把扶贫农产品在销售门店展示销售，推进扶贫农产品进机场、进企业、进食堂的"三进"；外销——将"巴山公司"组织收购的土猪、土鸡、脐橙、芒果等农产品，参加广西商品交易会、"区直挂点扶贫村产业招商暨农产品采购交易会"、广西国有企业扶贫农产品展销会等线下展会，扩大销售渠道；线上——

依托广西农信社利农商城线上展销。

2019年9月20日—11月10日，不到两个月的时间里，仅通过南宁机场这一渠道销售、消化的扶贫农产品就超过20万元。扶贫农产品的"三进"效应开始凸显。

第四节 田阳产业精准扶贫的经验启示

田阳产业精准扶贫的深入推进，不仅拓宽了贫困人口的增收渠道，有效提高了贫困农户的收入水平，同时还积累了可资借鉴的宝贵经验，具有重要的政策启示价值。

一、坚持"链式发展" 构建产业可持续发展的长效机制

实现精准扶贫、精准脱贫目标，需要有可持续发展的产业来支撑。习近平总书记指出："产业增收是脱贫攻坚的主要途径和长久之策，现在贫困群众吃穿不愁，农业产业要注重长期培育和发展，防止急功近利。"[①] 习近平总书记不仅强调了产业扶贫对于脱贫攻坚的重要性，还为我们指明了产业扶贫的方向，即"要注重长期培育和发展"，也就是要注重扶贫产业发展的可持续性问题。田阳在推进产业精准扶贫中提出的扶贫产业"链式发展"——短期保收入、中期上产业、长期保就业（增收），不仅注重短期的"保增收"，还注重中期的产业培育，更注重长期的扶贫产业的可持续发展，从而形成长期、中期、短期目标一致（都聚焦于贫困人口的增收）、紧密配合

---

① 习近平：《在打好精准脱贫攻坚战座谈会上的讲话》，人民出版社2020年版，第21—22页。

（兼顾实现短期目标与长远目标）的可持续脱贫的长效机制。

二、坚持"补齐短板"促进区域扶贫产业的均衡发展

习近平总书记指出："精准扶贫，要分类施策。……扶贫是大政策，大政策还要细化，就像绣花一样。不同的地方、不同的贫困户有不同的扶法，……对文化背景不同的地方，工作要因地制宜。"[①]习近平总书记特别强调的是精准扶贫的核心要义——因地制宜，分类施策。这就要求各地在实施精准扶贫过程中，必须从实际出发，坚持以问题为导向，破解实现"精准脱贫"的最大障碍、突出难题。从田阳来看，区域产业发展不平衡——中部右江河谷平原和北部土山区比较强，南部石山地区产业很薄弱，是其突出的"短板"。一定意义上说，南部石山地区的贫困就是田阳的贫困所在，能否补齐这块最突出的"短板"，破解区域产业发展的不平衡难题，决定着田阳脱贫攻坚战的胜负。基于这一特殊区情，田阳多管齐下加大对南部石山区产业发展的扶持力度，首先，在改善其生产生活条件上下功夫，抓住百色至靖西高速公路建成通车的机会，加快南部石山区道路、水利、电、网络等基础设施建设，实现了公路、水利和信息网络的村村通、屯屯通，一举解决了个别乡（镇）（如巴别乡）长期以来用水难的问题。其次，加大南部石山区特色种植业（如柑橘、大果枇杷、蜜柚等特色水果）和生态养殖业的培育。再次，引进华润五丰等央企集团在南部石山区布局建设大型生态养殖基地。这些重大措施的落实落细，有效补齐了田阳南部石山区的"短板"。实践证明，坚持以问题为导向，因地制宜、对症下药，才能破解精准扶贫中的诸多难题，进而使脱贫攻坚得以务实推进。

[①] 中共中央党史和文献研究院编：《习近平扶贫论述摘编》，中央文献出版社 2018 年版，第 78—79 页。

三、坚持"引培并举" 构建多元经营主体引领产业发展新格局

习近平总书记指出："发展现代农业、推广良种良法、开发特色产业，需要一定经营规模，也需要农民合作社、家庭农场等新型经营主体引领，不是随便一家一户就能干得了的。如何将产业扶持和精准扶贫有机结合起来，应该允许和鼓励地方探索。"[1] 习近平总书记的这一重要论述，指出了在推进产业精准扶贫中，培育新型经营主体的重要性。农村家庭联产承包经营责任制是我国农村基本经营制度，实践证明这一基本经营制度符合我国国情。但如果只是单家独户经营，分散的各家各户很难进入现代市场体系，这就是习近平总书记指出的"不是随便一家一户就能干得了的"原因所在。可见，在推进产业精准扶贫中，能否建立和完善多种新型经营主体引领的方式，就成为产业扶贫成功与否的关键。在推进产业精准扶贫中，田阳以着力营造良好营商环境为抓手，通过外引与内培相结合，构建起多元新型经营主体引领产业发展的新格局。在外引方面，重点引进与田阳产业契合度高、实力雄厚的大公司、大企业。华润集团在南部石山区投资建设华润五丰（田阳）生态养殖供港基地（产品主要供应香港市场），规划建设1万头种猪基地、20万头肉猪基地、50万羽蛋鸡基地、120万羽肉鸡基地以及配套建设复合肥厂、饲料厂、物流中心、屠宰加工厂等9个项目（一期项目肉鸡基地已投入运营），形成大企业+大基地+合作社+农户的经营模式。在"内培"方面，重点激活内部资源，培育壮大本土企业、合作社等新型经营主体。如五村镇桥马村等8个贫困村合伙投资700万元，抱团成立田阳联盈投资开发有限责任公

---

[1] 中共中央党史和文献研究院编：《十八大以来重要文献选编》（下），中央文献出版社2018年版，第39页。

司，与田阳裕景农贸有限公司（本土能人创办的公司）合作经营果蔬塑料筐（用于芒果和小番茄的包装储运）项目，形成村集体企业+原有企业+农户的经营模式。多元新型经营主体的不断壮大，将数以万计分散经营的农户带入了现代市场，极大提高了田阳扶贫产业组织化程度。

四、坚持"全产业链打造"提升扶贫产业发展的质量和效益

在现代市场经济条件下，产业的价值创造，无论需经历多少个极其复杂的迂回生产环节，最终都必须以满足消费者的消费需求才能得以实现。从这个意义上讲，"全产业链"推进扶贫产业发展，是其取得高质量、高效益的根本途径。实践中，田阳在业已形成具有一定竞争力的产业（如小番茄、芒果等）规模和产业优势基础上，在产业链前端，通过加大供给侧结构性改革力度，以打造北部20万亩农林生态扶贫产业核心示范区、右江河谷现代特色农业果蔬产业示范区等特色产业大基地为抓手，加大优质品种选育及种植技术标准化和管理规范化力度等，提升芒果、小番茄等产业前端生产的集约化经营水平，从源头上做好产品质量的管控，着力提高产品品质；在产业链中端，通过引进加工企业，补齐果蔬产品加工"短板"，延长产品的价值链；在产业链后端，进一步完善果蔬产品交易市场体系，壮大经纪人队伍，加大仓储、物流设施建设力度，加强品牌打造，抓住我国电子商务快速发展的机遇，构建线上与线下相结合的电子商务销售网络，大大拓展了果蔬产品的销售空间，从而极大提高了市场份额和市场竞争力，促进特色优势产业的稳步发展。实践证明，提升扶贫产业发展的质量和效益，关键在于运用市场思维，按照产业发展的客观规律，对产业链实施一体化打造，构建涵盖产业链前端、中端和后端的产业体系，这是确保扶贫产业可持续发展的重要保障。

第五章

面貌一新：易地扶贫搬迁的经验

贫困的国家常常被土地贫瘠、气候燥热等不利环境因素所影响，位于贫困空间地带的人们更容易遭受自然环境的冲击，因而陷入"贫困陷阱"和"贫困循环"。[①] 易地扶贫搬迁是脱贫攻坚"五个一批"中投入最大、难度最大、风险最大的系统工程，是决战脱贫攻坚、决胜全面小康的焦点战役。啃下易地扶贫搬迁这个"硬骨头"是打赢打好脱贫攻坚战的重要标志。

第一节 精准搬迁：田阳易地扶贫搬迁的新使命

田阳贫困人口大部分分散居住在自然环境恶劣、生态脆弱、资源匮乏、交通闭塞的南部和北部山区，饮水难、用电难、行路难、上学难、看病难、增收难、住房难，是典型的"一方水土养不起一方人"。实施易地扶贫搬迁工程，让山区贫困群众搬迁到城区河谷一带进行易地安置，帮助贫困群众实现转移就业创业脱贫致富，解决子女入学、就业、就医、养老等问题，是打破贫困山区落后怪圈、破解发展困局、彻底拔除"穷根"的有效途径。

---

① 宋安平：《湖南易地扶贫搬迁的成效、问题及政策研究》，《湖南社会科学》2018 年第 5 期。

一、自发搬迁：贫困群众自发搬迁致富故事

1. 穷则思迁：莫文珍带领村民迁出大山

田阳移民扶贫搬迁早期探索是一种自发性的过程。田阳自发性搬迁中最具典型意义的是莫文珍带领尚兴村村民的扶贫移民探索。尚兴村属于田阳南部石山地区，全村 17 个自然屯 275 户 1391 人，村域中岩石裸露，山峰林立，从村里到镇上要走 5 个小时的山路。全村耕地面积 213 亩，人均耕地面积 0.15 亩，且都是碗一块、瓢一块的石缝地。吃水更是艰难，莫文珍所在的谷隆屯，旱季吃水要到村对面山腰上 48 米深的岩洞里去挑水，村民用 12 根牛绳连接，吊上一个竹筒，一筒一筒往外提，一人一天只能挑出一担水。

面对恶劣的自然条件，时任村党支部书记的莫文珍和其他干部一起组织村民改善生活，但效果并不理想。1987 年，尚兴村人均收入不足 160 元，人均粮食不足 60 公斤。1983 年莫文珍到右江河谷一带打工，发现当地的群众承包荒坡搞种养业收入比较好，他也希望村民走出大山，借地生财，摆脱贫困。但是让村民离开世代居住的地方，搬到别处，谈何容易。1987 年，一个偶然机会他得知那坡镇那驮村有个弄蕉坡，土地比较贫瘠，还没有人开发。莫文珍就找到那坡镇党委、政府寻求帮助。经过镇政府牵线搭桥，莫文珍与那驮村支书商量租赁弄蕉坡地的事情。经过反复协商后，那驮村最终同意莫文珍与村民承包 450 亩弄蕉荒坡地，签订了开发期限为 50 年的承包合同。获得搬迁机会后，莫文珍跟村干部商量扶贫搬迁，但遭到老干部一致反对，认为祖祖辈辈都过下来了，搬出去是忘记祖宗，不能"穷则思迁"。莫文珍只好走家串户，苦口婆心动员村民搬迁到弄蕉坡，最终有 16 户 84 人加入了他组织的搬迁行列。

2. 穷则思变：探索产业稳致富

弄蕉坡原是老牧场，多年放牧，水土流失严重，坡上全是红壤，不少地方连草都不长。要在这里开始新的生活，一切都得重新开始。莫文珍和群众到弄蕉坡后，大家在荒坡上搭工棚住下，白天开荒修路、造田造地，种玉米、木薯，晚上睡工棚的地铺，一日三餐喝粥。经过半年苦战，开始有收获，但玉米产量比石山区的还低。面对这种情况，人心开始浮动，有4户偷偷返回原来的村庄。

这个事对莫文珍刺激很大，他向附近的群众和政府农业科技人员请教，才知道新开垦的红壤，没有经过氧化，没有足够的肥料，产量自然低。经过思考，第二年他决定带领大家种甘蔗，但村民都没有种植过甘蔗，缺乏经验。莫文珍组织群众到县城和镇里的机关单位去运垃圾、挑大粪，向有经验的同志请教甘蔗种植技术。购买甘蔗种要一笔不小的投入。莫文珍壮着胆到银行贷款3600元买甘蔗种。父亲听说后，非常生气，连夜下山指着他骂："你个败家子！我养大你们兄弟6个都没有贷过款。如果甘蔗种植不成功，看你怎么还！"甘蔗种植下去不久，一直大旱，甘蔗苗不拔节，怎么办？莫文珍听说糖厂可赊肥料，他又顶着压力去赊了肥料。当年6月施肥后，正好连下几场大雨，甘蔗苗开始快速生长。11月甘蔗丰收，还了甘蔗种和肥料款，每户还有收入300元。甘蔗种植的成功，使大家看到了脱贫的希望，更加积极投入到生产中，原先返回老家的农户也重新回来了。

种了两年甘蔗后，莫文珍发现芒果效益更好。他与村民扩大甘蔗种植面积，同时开始探索种植芒果。芒果苗的价格贵，没有钱买苗，莫文珍组织大家到外面捡别人丢弃的芒果核，拿回来自己育苗，然后再花钱从附近的农民那里买枝条进行嫁接。又东拼西凑借来1000多元购买种苗，最终种植了210亩5000多株芒果。芒果种植后，莫文珍召集全体移民开会，告诉大家芒果是脱贫致富的最好门路，果树管护不好，就会失去脱贫致富的依靠。没有钱买肥料，他与村民一起去捡牛粪。群众不懂技术，有的施肥过量，造成果树只长枝叶少结果。莫文珍认为靠自己摸索不行，必须"走出去"学习经验。他多次向有芒果种植管理经验的果农请教，积极参加各类芒果管理培训班，并且到广西农学院芒果示范场学习，向专家教授请教，并设法将广西农学院的专家请到安置点来指导芒果种植。在莫文珍的带动下，搬迁群众逐渐掌握了种植技术，增加产业投入，取得很好的成效。

经过几年时间，弄蕉坡安置点在莫文珍和搬迁群众的辛勤努力下，发生了翻天覆地的变化。山上的玉米、木薯、甘蔗、芒果等农作物长势良好，搬迁群众收入持续增加，实现了稳定脱贫致富。1994年，芒果收入8.7万元，甘蔗收入2.2万元，加上木薯、养猪以及劳务输出等收入，整个安置点总收入14.3万元，人均收入达到1080元。莫文珍学习与实践芒果种植，渐渐地成了"土专家"。2004年，莫文珍在广西农业专家的帮助下，把长期在实践中摸索出的一整套芒果改良、嫁接、丰产实用技术整理成书——《实用芒果生产技术》，在广西科学技术出版社出版。

莫文珍带出的16户农户成功脱贫后，留在山里的村民再也坐不住了，纷纷要求出来，搞异地开发。为使乡亲们尽快摆脱贫困，莫文珍多方联系，在镇党委、政府的帮助下，为村民选择安置点。就这样，尚兴村所有村民都搬迁到了那坡镇右江河谷的弄蕉坡、安楼、平旺等10多个安置点安家落户，开发种植农作物总面积达2350亩。大队人马搬出来后，莫文珍带领大家修路、修水柜、架电线，完善各种设施，集资8万元修通6条15公里的公路，改善交通条件。弄蕉坡进屯公路，由于年久失修，路况差。在莫文珍争取下政府资助26万元，群众投工投劳修成了一条宽4米、长1.5公里的水泥路。集资4万元，争取政府支持10多万元，挖了6个水井，建立6座水池，安装6套抽水机，接水管6200米，解决7个易地安置点170户820人的饮水问题。集资4万元，争取政府支持12万元，架设高压线3公里，低压线8公里，解决了安置点生产生活用电问题。在田阳进行地头水柜大会战和沼气池建设大会战中，尚兴村群众发扬自力更生、艰苦奋斗精神，建成 75 座地头水柜共 6346 立方米，沼气池 21 座。①

二、聚焦精准：政府主导易地扶贫搬迁新特点

1. 精准扶贫前的田阳易地扶贫搬迁

进入 21 世纪后，田阳将易地扶贫搬迁作为解决极度贫困地区多维贫困的重要途径。2011—2015 年，田阳按照"政府引导、群众自愿、分步实施"原则，对石山区人均耕地不足 0.3 亩，受石漠化威胁严重地区、矿山、地质灾害区，建设与发展成本投入过大，生产生活环境恶劣的贫困村农户，以及居住分散、远离集镇和交通干线的散居贫困户实行搬迁扶贫。在移民安置上采取差异化安置方式：对有一定经济能力和迁移意愿的能人户，结合小城镇建设、交通路网建设、生态建设，采取一次性补助和土地优惠等方式，实行靠"镇"安置，鼓励移民迁移到城镇及周边建房或购买经济适用房安置，逐步融入城镇生活；对严重石漠化和地质灾害频发区不具备生产生活条件的农户，实行靠"路"、靠"水"、靠"地"相对集中安置；对生活在生命财产安全受到严重威胁地区，亟须搬迁又无法提供自筹资金的贫困户，结合农村危旧房改造和政府资助等形式，提高补助标准完成搬迁。"十二五"期间，田阳易地扶贫搬迁投入资金 1767 万元，实施易地扶贫搬迁工程项目 35 个，新建住房 140395 平方米，改扩建道路 56.169 公里，改善庭院附属设施 33960 平方米，挡土墙 4631 立方米，排水沟 9500 公里，铺设管道 22.5 公里，新建人畜饮水工程 6 处 1100 立方米，安置农村贫困人口 1446 户 6518 人。

---

① 李丽芳、任维浩：《播撒幸福的人——记全国扶贫状元广西田阳县尚兴村民委员会主任莫文珍》，《农家之友》1997 年第 1 期；苏胜、杨尚：《吃蟹第一人——记全国劳动模范、全国扶贫状元、田阳县尚兴村党支部书记莫文珍》，《农家之友》2005 年第 4 期；阳秀琼、范立强：《莫文珍：穷则思迁思变》，《当代广西》2017 年第 24 期。

在精准扶贫实施之前，田阳易地扶贫搬迁以区域瞄准为主，搬迁对象包括贫困村的贫困人口和非贫困人口，造成扶贫瞄准偏离。究其原因，一是在精准扶贫之前扶贫资源最多下沉至村级。贫困户由于物质资本、人力资本、社会资本等方面的积累和能力不足而难以做出搬迁决策，而贫困村中的富裕户在以上资本中具有先天性优势，更倾向于选择搬迁。资源条件相对较好的贫困村和贫困村内相对比较富裕的农户获得了搬迁，生产和生活在安置地得到了发展。[①] 二是从搬迁脱贫的成效看，易地扶贫搬迁是一项系统性工程，投资规模大，建设成本高。易地扶贫搬迁建设成本包括经济成本、心理成本、环境成本和文化成本等。[②] 支持相对富裕的农户搬迁，能较好地解决搬迁移民在安置地"稳下来"的问题，能有效提高扶贫成效。另外，易地扶贫搬迁也存在直接受益或间接受益问题。一些贫困户在优惠政策的鼓励下实施了搬迁，由于原有生计资本损失、新的生计资本难以建立，结果可能导致"越搬越穷"的状态。而如果将贫困户放在社区系统或更大的背景下考虑，鼓励"富人"搬迁，迁出地资源承载人口减少，对于留下的贫困户而言，他们占有的资源相对增加而间接受益，可能更有利于脱贫。[③]

2. 易地精准扶贫搬迁

党的十八大之后，中央提出精准扶贫、精准脱贫方略，精准识别贫困对象并建档立卡，因村因户因人施策，促进帮扶措施与贫困识别结果有机衔接。易地扶贫搬迁作为重要精准扶贫路径，是打赢脱贫攻坚战的"头号工程"。在新的扶贫形势下，易地扶贫搬迁呈

---

① 唐丽霞、林志斌、李小云：《谁迁移了——自愿移民的搬迁对象特征和原因分析》，《农业经济问题》2005 年第 4 期。

② 赵劲等：《对我国深山区移民扶贫成本的社会学分析——江西省遂川县为例》，《西北农林科技大学学报》（社会科学版）2006 年第 3 期。

③ 朱启臻：《农村扶贫开发理念辨析》，《农业经济问题》2005 年第 11 期。

现出新的特点。

一是搬迁对象严格限制在农村建档立卡贫困人口。精准扶贫要求包括易地扶贫搬迁的扶贫资源进一步下沉到贫困户和贫困个人。在易地扶贫搬迁对象选择方面，易地扶贫搬迁与精准识别、精准管理机制创新紧密衔接，将居住在深山、石山、高寒、荒漠化、地方病多发等"一方水土养不起一方人"的贫困地区以及生态环境脆弱、限制或禁止开发地区的建档立卡贫困人口作为主要搬迁人口。除少数同步搬迁人口外，易地扶贫搬迁对象严格限定于农村建档立卡贫困人口。

二是易地扶贫搬迁对象规模庞大。从 2001 年开始，国家发展改革委安排专项资金在全国范围内陆续组织开展易地扶贫搬迁。截至 2015 年底，全国累计易地扶贫搬迁贫困人口 680 多万人，加上一些地方根据本地实际统筹中央财政专项扶贫资金、扶贫移民、生态移民、避灾搬迁等资金实施搬迁工程，全国累计搬迁 1200 万人。而"十三五"时期的搬迁规模接近 2001—2015 年各类搬迁工程的规模，约是整个 15 年易地扶贫搬迁规模的 1.5 倍。

三是搬迁对象安置的集中化和非农化。土地是农民的安身立命之本。为减少移民搬迁的生计风险和稳定解决贫困人口温饱问题，长期以来农业安置成为我国安置扶贫搬迁对象的主要方式，也取得积极脱贫成效。然而，经过多年的农业安置，调整土地用于移民农业安置日益困难。而利用新开发土地、置换土地等方式落实移民在安置地承包耕地的空间也有限。新阶段易地扶贫搬迁人口规模十分庞大，农业安置须有大量土地用于移民农业生产的问题日益凸显。易地扶贫搬迁安置工作更为注重探索仅提供居住用地、土地占用量少得多的非农集中安置方式。国家发布的《全国"十三五"易地扶贫搬迁规划》明确指出采取集中安置为主、集中安置与分散安置相结合的方式，集中安置人口占搬迁人口总规模 76.4%，其中依托中心村或交通条件较好的行政村就近集中安置占 39%，在周边县、乡（镇）或行政村规划建设移民新村集中安置占 15%，县城、小城镇或工业园区附近建设安置区集中安置的占 37%，依托乡村旅游区安置占 5%，其他集中安置方式占 4%。①

三、脱贫挑战：田阳扶贫搬迁及主要风险

1. 田阳易地精准扶贫搬迁基本情况

田阳属于典型的老、少、山、穷地区。"十三五"时期田阳易地扶贫搬迁规模达到 6063 户 25124 人，其中建档立卡贫困人口为 6058 户 25103 人，同步搬迁 5 户 21 人。易地搬迁人口占 2015 年底全区建档立卡贫困人口的 49.25%。易地扶贫搬迁群众主要来自南部石山区和北部山区的 7 个乡镇。在移民的安置上，田阳采取城镇集中安置，即将搬迁人口迁移至城区周边的老乡家园一、二期安置点（含雷公点）、老乡家园三期安置点、福晟家园 3 个安置点。其中老乡家园（一、二期）安置点（含雷公点）安置 2137 户 8513 人，老乡家园（三期）安置点安置 3474 户 13934 人，福晟家园安置 452 户 2677 人。

表 5-1　田阳"十三五"期间易地扶贫搬迁人口规模与分布

乡镇名称	老乡家园一二期（含雷公点）		老乡家园三期		福晟家园（含名苑）		合计	
	户数	人数	户数	人数	户数	人数	户数	人数
巴别乡	321	1299	549	2282	64	378	934	3959
洞靖镇	400	1667	767	3123	99	608	1266	5398
那满镇	185	715	150	579	20	120	355	1414
那坡镇	203	809	242	910	41	239	486	1958
坡洪镇	394	1560	701	2764	75	423	1170	4747
五村镇	477	1848	523	2164	108	634	1108	4646

---

① 《国家发展改革委出台全国"十三五"易地扶贫搬迁规划五年推动近 1000 万贫困人口搬迁脱贫》，2016 年 9 月 23 日，见 http://dqs.ndrc.gov.cn/fpkf/201609/t20160923_819308.html。

乡镇名称	老乡家园一二期（含雷公点）		老乡家园三期		福晟家园（含名苑）		合计	
	户数	人数	户数	人数	户数	人数	户数	人数
玉凤镇	157	614	543	2122	44	266	744	3002
合计	2137	8512	3475	13944	451	2668	6063	25124

2016 年以来，田阳实施易地扶贫搬迁共筹集资金 22.43 亿元，其中中央预算内资金 2.4 亿元，自治区财政资金 0.87 亿元，市本级资金 0.13 亿元，地方政府债 3.62 亿元，专项建设基金 1.28 亿元，中央财政贴息贷款 11.23 亿元，农发行贷款 2.90 亿元。截至 2018 年底，实际支付资金 22.43 亿元，资金支出方向主要为：建房主体工程款 10.39 亿元，配套基础设施工程款和附属设施电表安装费 3.88 亿元，前期工程费、监理、造价咨询等费用 7.88 亿元，税款及贷款利息等其他支出 0.28 亿元。

上述筹集的资金主要用于老乡家园一、二、三期及福晟一品湾 3 个安置点项目建设。老乡家园一期项目占地约 90 亩，总建筑面积约 11.6 万平方米。项目主要建有 6 栋 12 层电梯楼，每层为两梯 6 户，户型面积 75 平方米，设计为三房一厅一卫一厨，均价为 1700 元/平方米。2014 年开始开展项目前期工作（含征地工作），2015 年 2 月完成项目勘察设计招标，同年 6 月完成施工招标。2015 年 6 月 18 日开工，竣工时间为 2016 年 11 月。2018 年底，全部竣工验收，符合交房入住条件，大部分贫困户搬迁入住。

老乡家园二期项目占地约 60 亩。主要建有 4 栋 12 层电梯楼（户型 75 平方米），总建筑面积 10 万平方米，计划安置建档立卡贫困户 1056 户 4800 人。2015 年开始项目前期工作（含征地工作），2015 年 8 月完成项目勘察设计招标工作，施工招标工作于 2015 年 12 月完成，2017 年 10 月竣工。2018 年底，全部竣工验收，符合交房入住条件，大部分贫困户搬迁入住。

老乡家园三期项目占地约 2350 亩，总建筑面积约 136.2 万平方米，主要建有 50 栋楼和商铺 6600 套房、配套基础道路及配套基础设施工程。31 栋住宅楼共 4047 套（50 平方米 478 套，75 平方米 2996 套，90 平方米 528 套，100 平方米 25 套，150 平方米 20 套），2018 年底全部竣工验收，群众已搬迁入住。19 栋商铺已完成施工建设任务，支持扶贫车间产业的发展，解决就业富民的任务。配套的五指山老乡家园超市、深圳对口帮扶的区人民医院已投入使用，群众入住满意度高，物业服务得到肯定。

福晟家园（含名苑点）属社会房源，主要建有 12 栋楼 539 套房。2018 年底已竣工验收，小区基础设施已完善，物业公司已进驻开展物业管理，群众已入住。

在安置区后续管理上，在安置点推行便民服务，成立安置社区政务服务中心，组织相关职能部门派人入驻办事窗口为搬迁群众办理各种业务需求；创建社区党组织，在老乡家园建立 2 个党总支、7 个党支部，完成所有党员的组织关系转移，安排总支委员轮流值班，为易地扶贫搬迁群众服务。推行网格化管理模式，公开招聘 10 名社工，按照网格化管理要求，每名社工定向负责 3—6 栋楼宇易地扶贫搬迁户的管理和联系，通过定期走访、大厅接访等方式，了解易地扶贫搬迁户的需求，及时解决所反馈的问题。创建微信公众号服务平台，提升安置点现代化信息网络管理水平。各帮扶干部动态更新搬迁户的各项信息，实现实时掌握搬迁户的动态，为下一步做好各项服务提供依据。

2. 田阳易地扶贫搬迁的主要风险

易地扶贫搬迁是政府主导、坚持自愿原则的有组织自发性移民。对于政府而言，易地扶贫搬迁是一种非常规的扶贫方式，而对于农村贫困人口而言，易地扶贫搬迁是一种脱贫发展的途径。参与搬迁的贫困人口不仅生产生活地理空间（由自然条件构成）变动，而且涉及他们的社会空间（由人际交往关系构成）和心理空间（由文化和意义体系构成）的重塑。迁出地和迁入地的差异性越大，地理空间变动和社会空间、心理空间重塑的幅度就越大。

易地扶贫搬迁的目标在于通过地理空间的转移改变贫困农户的外部发展环境制约，通过奖励降低贫困人口在生产生活中面临的外部冲击风险，降低其发展的脆弱性。然而，易地扶贫搬迁将贫困人口从一个区域整体迁移到另外一个区域本身就存在着生产贫困等各种风险。扶贫搬迁将农村贫困人口迁移到发展条件、发展机会较好的城镇，意味着贫困人口脱贫发展的机会大大增加，但同时搬迁人口可能丧失在原住地的生计资源，以及移民在搬迁安置中的必要投资等，也使得搬迁后贫困群众更为脆弱，贫困程度加深的风险增加。曾任世界银行和社会政策高级顾问的 Michael M.Cernea 及其研究小组就移民风险进行了深入研究，提出了移民贫困风险与重建模型（IRR）。该模型归纳了移民过程中的八种风险，即土地丧失、失业、失去房屋、边缘化、食物没有保障、发病率和死亡率的增加、失去享有公共财产和服务的权利、社会解体。[①]

与传统影响因素导致的"旧贫困"不同，易地扶贫搬迁是因需要发展而迁移后带来的"新贫困"问题。国内学者在水库移民等非自愿性移民的研究中，将这种"新贫困"称之为"介入型贫困"或"次生贫困"。[②] 易地扶贫搬迁遵循群众自愿原则，赋予建档立卡贫困群众搬迁选择权利，一定程度上避免了非自愿移民带来的贫困风险。田阳在易地扶贫搬迁中采取集中安置方式，有利于降低搬迁对贫困人

---

① Michael M.Cernea、郭建平、施国庆：《风险、保障和重建：一种移民安置模式》，《河海大学学报（社会科学版）》2002 年第 2 期。

② 杨彦云、徐映梅、胡静：《社会变迁、介入型贫困与能力再造——基于南水北调水库移民的研究》，《管理世界》2008 年第 11 期；张绍山：《水库移民"次生贫困"及其对策探析》，《水利经济》1992 年第 4 期；严登才、施国庆：《农村水库移民贫困成因与应对策略分析》，《水利发展研究》2012 年第 2 期；严登才：《广西岩滩库区移民贫困成因与可持续生计路径分析》，《广西民族研究》2013 年第 2 期。

口原有社会网络的冲击，同时搬迁后保留搬迁群众在原住地的耕地林地等承包使用权，也允许群众返回原住地，有利于降低搬迁群众面临的生计风险。

一是搬迁后贫困人口的生计风险可能加大。易地扶贫搬迁后，搬迁群众离开原有的村庄来到城区附近的安置点居住。尽管搬迁人口仍保留了原住地的土地承包权、林地承包权，能够继续耕种原来的土地，但是由于人和耕地的空间距离比较远，部分搬迁群众继续耕种土地时农业生产成本增加，农业护理水平下降，农业收入减少。一些搬迁群众由于距离太远甚至选择不回原住地耕种土地，出租或是弃荒原有耕地，也导致了搬迁群众农业收入减少甚至变为零。例如巴别乡大路村易地扶贫搬迁 55 户贫困户，其中 1/3 的搬迁农户搬迁后继续回来耕种自己的土地，在安置点和原住村落"两头跑"，1/3 的搬迁农户选择放弃耕种自己的土地，还有 1/3 的农户选择长期回来耕种土地，偶尔到安置点居住。另外，搬迁群众对安置区及附近的非农就业机会并不熟悉，搬迁安置后的非农就业并不一帆风顺，甚至很难找到适合自身条件的满意工作。总体而言，尽管搬迁后移民的生计资源实现了增加（兼有安置地的生计资源和原住地的生计资源），但由于安置社区距离原住地远，搬迁群众比较难统筹使用好安置地和原住地的生计资源，在原住地农业生计受到影响，农业收入下降，而在安置地获得合适的就业机会也会花上一定时间甚至很长时间。这些无疑增加了搬迁群众的生计风险，甚至带来了新的贫困问题。

二是搬迁后移民固有的社会关系网络弱化，贫困风险有所增加。田阳的易地扶贫搬迁是绝大部分村庄的部分贫困群众搬迁，极少数是整村搬迁。经过长期的生产生活，搬迁群众在原住村落形成了稳固的社会互助关系网络。易地扶贫搬迁后，搬迁群众在原住村落的社会组织与人际关系网络将受到不同程度的冲击。搬迁后，移民与原有社会网络中的群体交往互动难度增加，亲属关系可能淡化，原有的互助性关系网络弱化。当搬迁群众在陌生的环境中（安置社区）无法有效建立新的关系网络时，并不利于他们获得就业和发展机会，进而增加贫困风险。较多搬迁农户在安置社区的人际交往圈子很小，甚至难以找到可以帮忙的亲戚或熟人，他们也不舍得花费太多钱与原住地的亲戚进行手机联系，与原住地亲戚的关系有所疏离。

三是搬迁群众生产生活成本和债务负担可能加重。扶贫搬迁后，移民在原有的农村住房弃用，甚至需要拆除，导致搬迁群众的资产损失。虽然安置区住房建设搬迁群众投资不多（田阳规定农户投资不得超过 1 万元），但是搬迁群众在安置地的吃穿住行都需要钱（如购买食物、物业费、交通费等），生活成本大幅增加。贫困农户家庭资产本来就少，搬迁投资（安置房投资）、生活开支加大等可能加重贫困人口的债务负担。

四是可能造成搬迁群众公共服务权利的丧失。易地扶贫搬迁的规划（搬迁规划和安置规划）往往难以考虑到所有因素，并且政府安置社区配套基础设施建设方面也存在一定的滞后性。如田阳老乡家园安置点的部分学校等配套公共服务设施建设滞后于住房建设。因而，在易地扶贫搬迁规划不完备、公共服务建设滞后的情况下，搬迁群众在入住后面临失去部分公共服务权利的风险，或者公共服务权利获得的成本增加，如正常的文化活动的中断等，生活水平会有所下降。

第二节　分类扶持：田阳搬迁群众 后续发展的举措与成效

易地扶贫搬迁是打赢脱贫攻坚战的重要举措。易地扶贫搬迁工作包括搬迁、安置和后续扶持等多个环节。搬迁是手段，脱贫是目的。移民搬迁后的持续帮扶措施（后续扶持）是实现易地搬迁群众脱贫的关键环节，是易地扶贫搬迁政策的落脚点，也是难点。党的十八大以来，中央强调易地扶贫搬迁要"挪穷窝"与"换穷业"并举，安居与乐业并重，搬迁与脱贫同步。田阳全面贯彻落实中央、广西壮族自治区、百色市精准扶贫部署，在搬迁过程中把移民的生计发展作为工作重心，结合田阳资源条件，采取系列分类扶持和后续管理举措，促进了搬迁群众脱贫致富与安居乐业。

一、多元路径：移民后续发展精准扶持

田阳依托区域经济发展和城乡资源条件，以及搬迁农户家庭劳动力状况，采取通过农贸批发市场就业脱贫一批、通过工业企业就业脱贫一批、通过发展扶贫车间脱贫一批、通过公益岗位就业脱贫一批、通过外出务工脱贫一批、通过农业发展脱贫一批、通过社会保障兜底脱贫一批等多元化的后续扶持政策，帮助移民搬迁后实现生计发展。

1. 通过农贸市场自主就业脱贫一批

依靠独特的河谷平原和气候优势，田阳种植芒果、小番茄（圣女果）等特色果蔬，2018 年底种植芒果 39.7 万亩，产值 13 亿元，种植茄果类蔬菜 22.4 万亩，产值 12 亿元。田阳是中国第一个"芒果之乡"、全国果蔬名县区、"南菜北运"基地，每年农产品远销北京、上海、广州、武汉、哈尔滨、香港等全国近 200 多个大中城市及越南、俄罗斯等国家和地区。田阳蔬果能够销往全国及国外，除了逐步建立的现代物流体系外，也与田阳完善的农贸市场体系有关。田阳在 20 世纪 90 年代就建立了西南地区最大的农副产品产地批发市场，近年来又建立了广西田阳城东果蔬菜批发市场、三雷农贸批发市场、古鼎香农贸批发市场等，成立了三雷老韦物流、壮乡河谷公司、中国—东盟现代农业物流园等具有大规模冷链的物流企业，芒果、番茄产业已形成完整的"种植—收购—包装—运输"链条。芒果上市用工期

为每年的5—8月，番茄等蔬菜上市用工时间为每年10月份至次年的2月份，芒果、番茄等果蔬农贸批发全年用工时长为9个月。根据田阳区政府统计，田阳芒果产业链（城区附近的芒果采摘、选果、包装、运输等）能提供6万多工作岗位，其中易地搬迁群众等贫困户参与芒果产业用工5000多人；番茄产业链（城区附近的番茄采摘、选果、包装、运输等）提供了11.8万人次的用工量，其中易地搬迁群众等贫困农户参与产业用工3.2万人次。

广西田阳农副产品综合批发市场等农贸市场距离老乡家园等易地搬迁安置点不远，贫困人口搬迁后，可以通过到城区农副产品批发市场务工，到城区附近的番茄、芒果产业园务工获得工资性收入。据田阳区政府统计，每年约7000名搬迁劳动力到老乡家园周边的三雷农贸批发市场、古鼎香农贸批发市场务工。以广西田阳农副产品综合批发市场为例，一个劳动力通过选果、装卸等，一天收入可达120元左右，一个月收入3000元左右，一年用工平均3个月，一个劳动力一年通过番茄产业务工可创收9000元。

专栏5-1　广西田阳农副产品综合批发市场简介

广西田阳农副产品综合批发市场位于百色市田阳三雷开发区，地处南昆铁路、国道323线、324线与右江水运航线的田阳交汇处，南百高速公路横穿境内，距百色机场8公里、南昆铁路田阳火车站不到3公里，交通十分便利。广西田阳农副产品综合批发市场占地252亩，分两期建设。一期工程152亩于1998年初由田阳供销社投资3000多万元兴建，于1999年11月20日开业投入使用。建设有交易大棚14栋（经营铺位168间），冷藏保鲜库4栋、45间。建有综合服务大楼、大型停车场、信息服务中心、农产品质量安全检测中心、废弃物处理中心、物业管理、保安等服务机构。二期工程新征地100亩。市场主要以批发、代购代销、联购联销、代储代运、零售等方式进行经营，主营蔬菜、水果、农副土特产品及加工品，兼营餐饮、旅馆等，主要产品有番茄、西葫芦、四季豆、芒果等几十个品种。大宗蔬菜上市时间为每年 11 月份至次年的 5 月份，芒果上市时间为每年 6—8 月份。市场开业以来，交易十分活跃，带动作用明显。市场平均日交易量为 2000 吨，高峰期日交易量达 5000 吨，从事市场务工人员上千人，产品年总交易量 70 多万吨，成交额 16 亿多元，直接或间接带动农户 9 万多户，直接提供就业人数近万人次，年上缴各种税费近 400 万元。产品销往全国近 200 多个大中城市及越南、俄罗斯等国家和地区，已成为中国西南最大的农副产品产地批发市场、我国南菜北运重要生产基地之一。该市场是原国家农业部定点"鲜活农产品中心批发市场"、国家商务部"双百市场工程"农产品批发市场、中华全国供销合作总社重点龙头企业、广西首批农业产业化重点龙头企业。

2. 通过工业企业就业脱贫一批

田阳铝矿等资源非常丰富，工业发展潜力大。脱贫攻坚以来，田阳立足区位优势和资源优势，深入实施"工业兴区"发展战略，以"两园一区"（新山铝产业示范园、深百（南田）众创产业园、综合工业园区）为平台，强化招商引资，加快构建"大工业"发展格局。全区工业快速发展，工业总产值从 2010 年的 46.4 亿元增加到 2015 年的 173 亿元，再到 2018 年的 209.98 亿元。依托深百（南田）众创产业园、新山铝产业示范园等工业园区为搬迁群众提供了大量的就业机会，促进搬迁群众通过工业企业实现就业一批。如田阳专门为易地扶贫搬迁群众就业配套建设深百（南田）众创产业园，解决搬迁群众就近就地就业难题。产业园总规划面积约 10000 亩，总建筑面积294 万平方米，按劳动密集型产业集中区和高新技术产业集中区两大板块规划，主要引进农副产品精深加工、现代仓储物流、高新轻工加工等产业进驻。产业园一期规划面积1000亩，已完成1000亩的土地征收和平整工作，推进实施的404亩标准产房区建设内容为：钢架结构标准厂房9栋、中型厂房4栋、大型厂房3栋，4栋产品综合展厅，以及园区道路、供排水、供电、网络和绿化等基础设施，总投入约6.68亿元。项目建成后安排30—50家中小微企业入驻，已入驻企业有百色恒华服装，可接纳300人就业。按照项目建设进展情况，可解决贫困家庭劳动力约2000人，有效解决搬迁群众就地就业难题。

专栏5-2　田阳综合工业区概况

田阳综合工业区实行"一区二片区"的开发管理模式，按照片区所在区域具体分为城东轻工业片区、红岭坡工业片区。总体规划面积2251.59公顷。

城东轻工业片区于2005年6月开发建设，规划面积1383.74公顷，发展定位为以农副产品物流及本地资源型农副产品加工为主导产业和非食品类轻工业，承接产业转移新基地和农民工创业园；片区内包含综合小商品批发市场和农民工住宅区——老乡家园。工业片区地处田阳城区东部，区位优势明显，交通便捷，拥有水路、公路、铁路、航空"四位一体"的交通优势。工业片区已开发土地面积3000多亩，已有广西福民食品有限公司、田阳嘉佳食品有限公司、广西田阳冠誉包装制品有限公司、百色壮乡河谷农业科技有限公司等25家企业竣工投产。农民工创业园项目由恒茂集团公司作为项目业主自筹资金建设标准厂房等项目。为解决项目建设资金以及园区长远发展问题，田阳以深圳市对口帮扶百色市扶贫协作为契机，建立扶贫协作产业园，并将产业园更名为深百（南田）众创产业园。项目建成后计划安排30—50家企业入驻生产，可提供就业岗位3000个。城东工业片区入驻企业有39家，其中规模企业11家，2017年工业总产值28亿元，安排就业岗位2000多人。

红岭坡工业片区位于田阳右江河上游，南至那坡镇尚兴村新村，北到头塘镇二塘村，红岭坡工业片区规划面积867.85公顷。片区发展定位以原糖加工及造纸、建材、矿产品加工为主，包括纸品生产、制糖产业、冶炼产业、建材加工、矿产加工等。工业片区已有制糖、造纸、建材、石材、水泥、冶炼等一批支柱产业企业，是田阳规模以上工业企业的聚集地，与新山铝产业园齐头并进，构建田阳工业经济发展的"火车头"。工业片区内已建有南华糖业公司、南华纸业公司等25家企业，其中规模以上企业14家，工业总产值48亿元，安排就业岗位3000多人。

3. 通过发展扶贫车间脱贫一批

扶贫车间是山东省菏泽市甄城县首创并在全国范围推广的一种创新扶贫模式。扶贫车间是以扶贫为目的，以妇女、老人等为主要对象，以农产品初加工、手工业、来料加工经营等为主要业务，设在乡、村的加工车间。其特点是劳动密集型、技术要求低，贫困群众在家门口稳定就业，尽管每天收入不高（20—100元），但挣钱顾家两不误。2015年11月，山东省菏泽市甄城县董口镇党委书记到等堂村走访，受村民自发建的制品加工点"小窝棚"启发，探索建设扶贫车间，菏泽市出台政策，通过财政扶持、援建捐建等方式，把"小窝棚"升级改造成"扶贫车间"。2016年9月，全国产业精准扶贫现场观摩会在菏泽市召开，推广了扶贫车间经验。2017年2月，扶贫车间被纳入中央政治局第39次集体学习的12个精准扶贫案例之一。2017年9月，全国扶贫车间现场会在菏泽召开。2017年12月，中西部22个省份已建立扶贫车间2万多个，吸纳贫困人口14.9万人。

田阳将扶贫车间作为重要举措，积极扶持在易地搬迁安置点、贫困村发展扶贫车间。2019年5月，田阳区政府印发《田阳县进一步加快就业扶贫车间建设工作实施方案》，提出积极发展工厂式就业扶贫车间、居家式就业扶贫车间、种养式就业扶贫车间、贸易流通式就业扶贫车间、乡村旅游式就业扶贫车间等，并形成了系统的扶持政策。2019年7月，田阳区人民政府进一步出台《田阳县脱贫攻坚三年行动期间（2018—2020年）创办就业扶贫车间十五条优惠政策的通知》，详细规定了扶贫车间企业扶持12项优惠政策，以及贫困户就业补助、技能提升补贴、创业贷款贴息等3项贫困户优惠政策。

2019年12月，田阳已建设就业扶贫车间35家，涵盖电子产品加工、服装加工、伞类加工、皮具加工、风扇加工、木材加工、塑料筐制作、纸箱印刷等多个行业，其中已认定并挂牌的就业扶贫车间有26家，发放就业扶贫车间带动就业奖补12.6万元，吸纳建档立卡贫困劳动力415人，其中易地搬迁劳动力336人。

专栏5-3　百色市彩宏伞类制造有限公司就业扶贫车间

百色市彩宏伞类制造有限公司是一家集生产、加工、经销、批发于一体的综合型雨伞生产企业，总公司位于广东深圳，经田阳区人民政府招商引资，于2019年3月正式在田阳易地扶贫搬迁安置点老乡家园三期内落户投产，创建就业扶贫车间。该公司有专业的小伞流水线、大伞流水线以及帐篷生产线等多条正规化生产线。截至2019年底，该公司招到员工80人，其中易地搬迁建档立卡劳动力30人，工人工资采取计件制方式支付，员工根据劳动能力强弱，月工资收入1800—3000元。该扶贫车间仍在扩建，扩产后预计可提供300多个工作岗位供易地扶贫搬迁贫困劳动力就业。

4. 通过公益岗位就业脱贫一批

公益岗位扶贫理念来源于印度经济学家阿玛蒂亚·森的福利发展观，倡导提高人的可行能力，扩展其发展自由度，通过工作增进人的可行能力，以劳动换取福利并实现自我发展，一方面实现贫困人口的就业增收，另一方面增加当地的公共服务供给。① 公益岗位扶贫是我国脱贫攻坚探索的创新扶贫方式。公益岗位扶贫主要是指在贫困地区设置一批"公益岗位"，运用政府购买服务的理念和方式予以现金或实物补贴，实现贫困人口的就业增收和当地公共服务供给。② 由于公益岗位扶贫的福利性，它瞄准的贫困对象包括弱劳动力特征的贫困劳动力，如年龄偏大、体能下降、缺乏劳动技能、受家庭拖累较重等，处于无业可扶的困境之中。③ 公益岗位扶贫的实质是政府集体购买具有公益性质的就业岗位，一方面解决相关公共领域的发展和管理问题，另一方面增加扶贫对象的就业收入，促进脱贫。易地扶贫搬迁基本解决了搬迁人口的住房和公共服务问题，但在安排搬迁对象的生计上仍面临较大挑战，为部分具有劳动能力的扶贫搬迁对象提供公益岗位，是解决移民生计问题的一种有效方式。④

田阳易地扶贫搬迁以城区集中安置为主，搬迁规模庞大，相应的公共服务需求也有较大的开发潜力。田阳区委和政府将公益岗位就业作为促进易地搬迁对象生计发展和脱贫的重要路径，积极开拓公益岗位，安排搬迁群众在安置点就近就业。截至 2020 年 12 月底，田阳获得公益岗位就业的易地扶贫搬迁劳动力 225 人，其中男性劳动力 151 人，女性劳动力 104 人，劳动力平均年龄为 45 岁。

5. 通过外出务工脱贫一批

外出务工是我国农村贫困群众脱贫的重要方式。在田阳易地扶贫搬迁群众中，有相当一部分搬迁人口是具有一定务工技能甚至多年外

① 左停、王琳瑛、旷宗仁：《工作换福利与贫困社区治理：公益性岗位扶贫的双重效应——以秦巴山区一个行动研究项目为例》，《贵州财经大学学报》2018 年第 3 期。
② 左停：《积极扩展公益岗位扶贫政策的思考》，《中国国情国力》2017 年第 11 期。
③ 胡振通、王亚华：《公益岗位互助扶贫模式助力脱贫攻坚战：基于山东乐凌的实地调研》，《农业经济问题》2019 年第 10 期。
④ 吴国宝：《用好公益岗位扶贫这一政策工具》，《人民论坛》2018 年第 29 期。

出务工经历的贫困农户。然而，在易地扶贫搬迁实施过程中，这部分贫困农户由于需要操办家庭搬迁安置事务而停止外出务工，可能失去原有的务工岗位和机会。针对这部分搬迁群众的生计发展，田阳区政府设立公共就业服务窗口，积极开展职业培训，提升搬迁群众就业创业能力，举办专场招聘会，将就业岗位送到家门口。

在搬迁群众就业信息发布方面，为做好搬迁户后续就业创业服务等工作，田阳区政府在老乡家园易地扶贫搬迁安置点挂牌成立就业创业服务工作站，面向搬迁群众开展就业推荐和技能培训等各项就业服务工作。安装立式触摸一体机和户外 LED 大屏幕，全天滚动播放就业政策及企业用工信息。邀请定点培训机构进驻，通过入户宣传，动员易地扶贫搬迁劳动力参加技能培训。落实就业创业服务各项业务现场办结制度，为搬迁群众提供求职登记、创业贷款申请、职业培训等公共就业服务。

在开展职业培训方面，田阳区政府整合人社、农业、扶贫等部门培训资源，开展"点菜式培训"，由易地扶贫搬迁贫困劳动力"点菜"——提出培训要求，政府"上菜"——安排培训内容，因地制宜、因人施策，使每个有培训意愿的易地扶贫搬迁劳动力通过培训都能掌握一门实用技术和就业创业技能。2018 年，田阳共举办职业技能培训 74 期 100 个班 2560 人，其中贫困劳动力参加职业培训 1022 人，实现就业 626 人，易地扶贫搬迁劳动力参加培训 574 人，实现就业 359 人。2019 年，开展职业培训 45 期 63 个班 3264 人，其中培训贫困劳动力 1102 人，易地扶贫搬迁劳动力 611 人，其中取得职业资格证书 1658 人，培训后实现就业 2067 人。

在组织举办现场招聘会方面，田阳结合"春风行动""就业援助月""民营企业招聘周"等公共就业服务专项活动，在老乡家园举办各类现场招聘会，为易地扶贫搬迁劳动力搭建用工对接平台，帮助符合岗位条件并有意愿的搬迁劳动力与田阳内外企业取得联系，促其上岗就业。2019 年在易地扶贫搬迁安置点共举办现场招聘会 5 场，招聘企业 150 多家，提供岗位 7000 多个。

6. 通过农业发展脱贫一批

为使易地搬迁群众实现稳定收入，田阳结合芒果种植特色优势，在易地搬迁安置点附近（距安置点约 7 公里）创建特色搬迁农业产业基地。政府投资流转土地，建立 20 万亩农林生态脱贫产业核心示范区。以股权量化方式，在 20 万亩农林生态脱贫产业核心示范区给 6063 户建档立卡贫困搬迁对象配置芒果资产联营每户 1 股/亩的产业，配置期限 10 年，配置期内合作经营方式分为幼苗期前 3 年、投产期后 7 年两个阶段。幼苗期前 3 年由田阳恒壮建设工程开发有限公司（简称"甲方"）统一管理，成果期后 7 年搬迁户可自主或委托甲方经营管理，如选择委托甲方经营管理，则无须参与投入、分成和分担亏损责任，由甲方按芒果经营权租金每年每亩 1000 元返还给搬迁户，连续支付 7 年，实现户户有产业增收。另外，搬迁群众在原住地的土地承包权、林地承包权等土地权益保持不变。同时，政府支持和鼓励搬迁群众将个人或集体的土地承包经营权、林权、宅基地使用权直接流转或折股量化。建立健全农村土地承包经营权流转制度，搬迁群众原有土地承包经营权转包、出租、转让或入股，所得收益归原农民所有。搬迁群众在流转土地承包经营权后，可继续享受流转前政府各项支农惠农政策和相关补助补贴，增加农民土地财产性收益。

二、农事城办：移民后续管理精准服务

1. 完善移民安置社区治理机制

移民搬迁后需要进行生产生活恢复重建的大量工作，做好移民搬迁的后续管理与服务是易地扶贫搬迁脱贫的必然要求。田阳易地扶贫搬迁规模庞大，来自全区 7 个不同乡（镇）的移民主要集中安

置在 3 个移民安置点，这也为有序管理安置移民并为其提供优质服务提出了挑战。为了有效治理易地扶贫安置社区，2019 年田阳成立了两个新型移民安置社区，即丽林老乡家园社区、五指山老乡家园社区，由于福晟家园两个安置点与老乡家园不在一起，而是位于田州古城对面，处于中山社区管辖范围，没有成立新社区。丽林老乡家园社区包括老乡家园一期、二期和雷公安置点，老乡家园一、二期连在一起，雷公点是原来的廉租房建设点，紧邻老乡家园一、二期。丽林老乡家园社区共有 17 栋安置楼房，安置入住易地搬迁群众 2317 户 8510 人。五指山老乡家园社区是易地扶贫搬迁老乡家园项目三期工程，共有 31 栋安置楼房，安置入住搬迁群众 3479 户 13985 人。福晟家园两个安置点共 12 栋安置楼房，安置入住搬迁群众 456 户 2677 人。

田阳区党委、政府成立了田阳老乡家园社区党委，肩负着贯彻落实区委、区政府切实加强易地扶贫搬迁安置后续管理和服务的职责，各项工作直接由社区党委和"农事城办"管理服务办公室统筹规划、组织推进。易地扶贫搬迁安置点建立"社区+党委+网格化"机制，实行"两委"班子成员联系社区、社区干部负责网格、楼长负责楼栋的管理体系。根据各安置社区（点）党员人数情况，田阳老乡家园社区党委下设丽林老乡家园党总支、五指山老乡家园党总支和福晟家园党支部。各易地扶贫搬迁安置社区根据党员人数多少，以片块为单位成立了 7 个党支部以及共青团、妇联等群团组织，各党支部以楼宇为单位下设 11 个党小组。移民安置社区实行网格化管理，将搬迁安置点的培训就业、民主议事等全部纳入网格化管理，强化安置社区的自我管理、自我服务功能。通过政府购买服务方式配备 10 名社工任网格管理员，每栋楼推选楼栋长和"党员先锋岗"。形成"党委建在易地扶贫搬迁工作上、党总支部建在安置点上、党支部建在网格上、党小组建在楼栋上"的组织架构。同时，田阳针对易地扶贫搬迁点党员整体能力不强的实际情况，通过"区直党员优秀干部任书记+搬迁点优秀党员任委员"的传帮带方式，同步选好配强安置点社区"两委"班子，为党组织发挥战斗堡垒作用提供队伍保障。完善搬迁点党组织活动工作经费、"两委"干部及居民小组长、网格长、网格员的报酬待遇保障制度，和村（社区）工作经费和村干部报酬待遇同等标准同步落实。

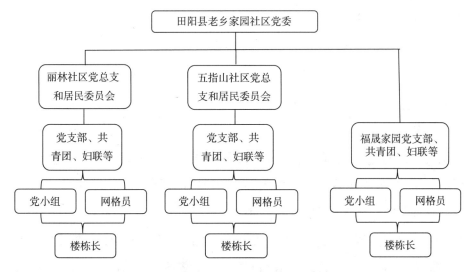

图 5-1 田阳易地扶贫搬迁后续管理组织架构

在安置点建设中，田阳将阵地建设项目与移民搬迁安置点建设同步规划、同步建设，根据各移民点人口数量，落实专门地皮，按"设施完善、功能齐全"的原则为各安置点新建组织活动场所，配套建设"两委"办公室、党群阅览室、党群活动室、党群会议室等功能室和篮球场、文艺舞台、卫生室、学校等公共服务设施，配齐配全办公设备，为党员和群众学习提供阵地保障。另外，针对易地扶贫搬迁安置点党员整体素质不高，本领不强，居民群众致富意识和致富能力不强的实际情况，采取"送学进社区""送学上门"的灵活培训形式，组织党校和各定点培训机构深入易地扶贫搬迁安置点开展培训。2018 年，田阳区政府结合各安置点的实际情况，开展选树身边好党员等系列活动，培育选树 20 名扶贫搬迁先进典型，通过现身说法的方式，提高党员群众的自我致富意识和发展能力。①

2. 创新公共服务供给方式

针对易地搬迁群众多样化的公共服务需求，田阳区政府按照"社区管理房和人，原籍管理地和林"的思路，创新实施"农事城办"管理模式。在老乡家园易地扶贫搬迁三期安置点设立田阳农事城办服务中心，并在各安置点设立农事城办服务站。农事城办服务中心参照区政务服务中心的配置，由公安、民政、卫计、教育、人社等11个区直单位派人进驻窗口，为搬迁群众提供党群、产业、就业、教育、卫生、法律等"一站式"服务。农事城办服务中心的服务大厅具有县区和乡两级政务服务中心的职能，除特殊少数业务需要专网办理之外，易地扶贫搬迁群众可以不回原村镇、不进部门，就可以办完所需服务事项。田阳农事城办服务中心还设置了"老乡心愿信箱"，农民工工会工作站、共青团青年之家、妇联儿童乐园、"老乡书吧"公共阅览室、党代表和人大代表活动室等，加上老乡家园易地扶贫搬迁各安置点配套有教育、卫生、警务、超市、菜市、物业管理、公交站点、文体场地、银行自动服务点等各种公共服务设施，实现了"公共服务跟进城，群众办事不回乡"。

另外，农事城办服务中心与田阳老乡家园社区党委统筹推进各项服务工作，构建了"一办三中心"的公共服务供给结构。"一办"指的是农事城办管理服务办公室。农事城办管理服务办公室下设的"三中心"分别是就业服务中心、政务服务中心和物业服务中心。就业服务中心包括人社服务窗口、"党建+就业"工作组、社区"两位"、社工办。政务服务中心包括公安服务窗口、教育服务窗口、卫健服务窗口、民政服务窗口、司法服务窗口、农业农村服务窗口、林

---

① 李庭英、莫有合：《田阳"五同步"推进易地扶贫搬迁安置点基层组织建设》，2018年8月21日，见 http://fpb.gxzf.gov.cn/html/2018/fpdt_0821/42606.html。

业服务窗口、市监服务窗口、残联服务窗口、工会服务窗口、团委服务窗口和妇联服务窗口。物业服务中心包括客服、巡楼、水电、保安、保洁、收银等服务窗口。

三、有效脱贫：易地扶贫搬迁脱贫成效

田阳易地扶贫搬迁规模庞大且搬迁对象在原住地生活多处于多维贫困中，收入低，在交通、住房、教育、医疗卫生等多个方面存在困难。经过几年的努力，田阳易地扶贫搬迁群众的生计得到发展，收入水平显著提高，多维贫困大大缓解，实现了稳定脱贫。

1. 搬迁群众的生计获得发展，收入水平提升

田阳区政府通过促进搬迁群众就业、发展农业生产、提供公共公益岗位等多种方式促进搬迁群众实现了生计的发展。在非农生计上，通过出台"一户一策""一户一帮""一户一档"等措施，2018年底，田阳易地扶贫搬迁建档立卡贫困家庭6063户中有劳动力家庭5953户，已有1人以上有劳动能力且有就业意愿的家庭成员实现稳定就业，户就业率100%。全区搬迁劳动力14879人，已就业12124人，就业率81.48%。总体而言，通过易地扶贫搬迁及后续发展扶持，搬迁群众的生计获得了多样化发展，收入水平获得提升。

2. 安置社区公共设施不断完善，搬迁群众多维贫困有效缓解

田阳三个易地扶贫搬迁安置点的住房、水、电、路、网等基础设施已全面完善。老乡家园一、二期配套建设一所幼儿园，园内共有12个班，小、中、大各4个班，共收纳413名学前儿童，三期配套建设的老乡家园幼儿园、老乡家园第一小学、老乡家园第二小学、老乡家园中学，第一小学一期工程已竣工并投入使用，已招收幼儿和一到

三年级学生共 668 人，其余年级学生均就近安排到田阳第九小学、田阳第七小学等学校就读，搬迁群众子女教育贫困得到有效解决。老乡家园（一、二期）建设有田州镇卫生院老乡家园分院，在老乡家园（三期）建设有田阳区医院老乡家园分院，基本满足搬迁户就医需求。老乡家园卫生服务中心项目正在加快推进建设中，该项目新建门诊综合楼 1 栋，住院综合楼 1 栋，医技综合楼 1 栋，总投资 3000 万元，2020 年 11 月投入使用，搬迁群众健康贫困得到有效缓解。

3. 社区治理和服务日益完善，搬迁群众融入新社区

田阳通过构建"社区+党委+网格化"机制，实行"两委"班子成员联系社区、社区干部负责网格、楼长负责楼栋的管理体系，社区治理日益完善。通过组织党员先锋服务、节庆和日常群众性文体活动、设立社区管理楼栋宣传栏、打造社区党建和感恩文化教育、推行政策宣传进社区、开展爱护环境卫生、调解处理社区矛盾纠纷等，扎实推进安全和谐社区建设。通过创新实施"农事城办"公共服务供给方式，为搬迁群众提供便捷的各项服务，实现"群众办事不回乡"目标。

第三节　整合扶贫：田阳易地扶贫搬迁的经验启示

一、部门整合：精准扶贫搬迁责任制

易地扶贫搬迁是扶贫开发的超常规举措，致力于解决其他扶贫方式难以有效解决的贫困问题。易地扶贫搬迁的特殊性，决定了其扶贫过程的复杂性。易地扶贫搬迁是一项复杂的系统性工程，涉及政治、

经济、社会、文化、环境等多方面建设。易地扶贫搬迁的复杂性，使得它的投资规模远远大于常规扶贫手段，而且需要参与扶贫的主体也极其众多。我国易地扶贫搬迁遵循政府主导，自愿搬迁的原则。多部门参与建设易地扶贫搬迁工程是推进易地扶贫搬迁的现实需要。这也表明，实现政府各部门力量和资源有机整合、协同推进至关重要，甚至决定了易地扶贫搬迁能否顺利推进。田阳易地扶贫搬迁规模庞大，几乎占了全区建档立卡贫困人口的一半。

为顺利完成易地扶贫搬迁任务，田阳探索实施"市包县区、县区包项目"的领导包点责任制，推进相关部门的力量和资源整合。具体而言，由区委书记、区长牵头组成易地扶贫搬迁工作专班领导小组，区委书记、区长任领导小组双组长，区委副书记、副区长任副组长，领导小组成员包括涉及扶贫搬迁的各职能部门正职领导，以及涉及乡（镇）的书记或乡（镇）长。领导小组下设办公室，负责领导小组日常事务，办公室设在移民局，由移民局长兼任办公室主任。办公室下设各安置点工作组。每个安置点工作组组长由区级领导担任（包点负责），全权负责该安置点项目建设，相关职能部门正职任工作组成员。领导小组负责贯彻落实上级易地扶贫搬迁安置点建设的部署安排，研究、细化易地扶贫搬迁安置点工作任务和时间安排，统筹协调易地扶贫搬迁的部门力量和资源整合，协调解决工作中存在的主要问题和重大问题。易地扶贫搬迁安置点工作组负责具体落实部门整合，履行包建设进度、包工程质量、包资金管理、包搬迁入住、包后续产业发展、包就业创业、包稳定脱贫、包考核验收的"八包"责任。

二、生计整合：搬迁群众生计多样化

搬迁群众实现生计发展是易地扶贫搬迁完成脱贫任务的关键。"十三五"时期，我国易地扶贫搬迁多采取城镇集中安置方式。在城乡两种差异性发展资源的条件下，实现搬迁群众尽快恢复和发展是扶贫搬迁城镇集中安置的重点和难点。田阳易地扶贫搬迁采取的是城镇集中安置模式。田阳在实践探索中的经验可以概括为搬迁群众的生计资源整合和生计多样化发展。具体而言，在搬迁后，仍继续完善迁出地区的基础设施和推进扶贫开发（除整村搬迁村落外），为搬迁群众使用原住地区的农业资源奠定基础。同时，在安置地充分整合各类资源，增加搬迁群众的非农生计资源和机会，如搬迁群众获得了农贸市场就业机会、工业企业就业机会、扶贫车间就业机会、公益岗位就业机会，以及外出务工的资本和能力的提升等。支持和鼓励搬迁群众将安置区发展资源与迁出地发展资源整合，即搬迁群众通过城乡两类生计资源的统筹实现生计资源和资本的增加。搬迁群众差异性生计资源的整合，也带来了生计的多样化，不仅有助于发展搬迁群众的生计，也降低了搬迁群众的生计风险。如搬迁群众发现其无法适应城市的非农就业时，可以选择返回原住地进行农业经营并享受政府的有关扶贫政策。搬迁群众比较好地适应在安置地的非农就业时，可以通过土地流转、农房租赁等方式获得资产收益，进而巩固在城市的生计与生活。

三、服务整合：农村服务城里办

搬迁群众的身份问题是城镇集中安置需要处理好的重要问题之一。在实施城镇搬迁移民过程中，有些地方政府在行政管理上仍保留搬迁群众的农民身份并保留其在原住地的土地权益。搬迁群众在原住村落涉及的生产、文化、卫生、民政、法律等方面的"农事"仍需要回到原住村落办理。这不利于村民在城镇安置社区定居，也增加了搬迁群众的生活成本。为此，田阳创新实施"农事城办"服务供给方式，通过在安置社区成立具有县（区）和乡两级政务服务中心的农事城办服务中心或农事城办服务站，使搬迁群众在安置社区就能享受到党群、产业、就业、教育、卫生、法律等"一站式"服务。更为重要的是，农事城办服务中心构建了"一办三中心"的公共服务供给结构，对就业服务、政务服务和物业服务进行了整合，较好地满足了搬迁群众多样化的服务需求，同时大大降低了搬迁群众的服务获取成本。

第六章

三力同心：粤桂扶贫协作的实践

　　党的十八大以来，习近平总书记就脱贫攻坚和东西部扶贫协作发表了一系列重要讲话。在 2015 年中央扶贫开发工作会议上，习近平总书记明确提出了到 2020 年实现农村贫困人口全部脱贫，贫困县全部摘帽，要求强化东西扶贫协作，推动东部地区人才、资金、技术向贫困地区流动。2016 年 7 月，在东西部扶贫协作座谈会上，习近平总书记进一步强调："东西部扶贫协作和对口支援，是推动区域协调发展、协同发展、共同发展的大战略，是加强区域合作、优化产业布局、拓展对内对外开放新空间的大布局，是实现先富帮后富、最终实现共同富裕目标的大举措，必须长期坚持下去。"① 实践证明，东西部扶贫协作充分体现了中国的制度优势和政治优势。20 多年来，东西部扶贫协作逐步走出了一条以政府援助、企业合作、社会帮扶、人才支持为主要内容的道路，探索出了闽宁协作、滇沪合作、粤桂扶贫协作等各具特色的地方模式，并取得了显著的成绩。

第一节　共同使命：粤桂扶贫协作的时代篇章

一、粤桂扶贫协作的重要使命

　　2016 年 7 月，习近平总书记在宁夏考察时强调，到 2020 年全面

---

① 中共中央文献研究室编：《习近平关于社会主义经济建设论述摘编》，中央文献出版社 2017 年版，第 231 页。

建成小康社会，任何一个地区、任何一个民族都不能落下。全面建成小康社会，是没有任何人掉队的小康，是没有任何民族拉下的小康。新中国成立以来，广大农村地区得到了很大发展，但西部地区特别是革命老区、连片特困地区贫困程度深、扶贫成本高、脱贫难度大，是脱贫攻坚的短板。1996 年 9 月，根据邓小平同志提出的以东部支持西部、先富帮后富、最终实现共同富裕的"两个大局"战略构想，党中央、国务院作出东西协作扶贫的重大战略部署，确定由东南沿海 13 个较发达的省市，协作帮扶西部 10 个较为贫困的省区。组织经济较发达地区与经济欠发达地区开展扶贫协作，是加快贫困地区脱贫致富步伐的重要途径，是实现共同富裕的必要措施。1996 年，广东省站在"两个大局"战略高度，以高度的政治责任感，带着广东人民的深情厚谊，与广西一道携手开启扶贫协作之旅。20 多年来，粤桂两省在产业协作、整村推进示范村建设、劳务输出等领域开展一系列协作，其中广州市对口帮扶百色市，东莞市对口帮扶河池市，实施了村屯道路、民房改造、人畜饮水工程等项目，惠及 50 多万贫困群众；647.9 万广西籍劳动力在粤务工，实现了"输出一人，脱贫一户"的目标。这种以经济援助为主要手段，以实现西部贫困地区经济社会全面发展和贫困人口脱贫致富为目标的对口支援模式，使得桂西北几十万贫困群众彻底拔掉穷根。

粤桂扶贫协作还应坚持"输血式扶贫"与"造血式扶贫"相结合，培育贫困区自我发展能力。习近平总书记指出："扶贫要同扶智、扶志结合起来"[①]，贫困地区只有激发内生动力、增强自我造血功能，才能实现脱贫攻坚工作可持续发展。广东拥有丰富的技术人才、先进的管理理念，采取对口支援、精准帮扶的政策措施，通过教育培训、人才交流等形式，可以准确对接广西发展的薄弱环节。一方

---

① 习近平：《在深度贫困地区脱贫攻坚座谈会上的讲话》，人民出版社 2017 年版，第 16 页。

面，教育扶贫不仅是摆脱贫困的有效方法，更是赋予贫困地区内生发展动力的重要手段。自两广建立对口协作以来，广东省援建学校1000多所，资助10万多名贫困学生顺利完成学业，广西已有211所学校与广东省219所学校结对，1200名教师到粤学习，成为贫困地区的教学骨干。同时，加大"两广"对口帮扶职业教育协作力度，瞄准建档立卡贫困人口精准发力，广西主动与广东职业院校结对帮扶，在联合办学、专业设置、师资培训、毕业生就业等方面给予指导和帮助，实现职业院校结对帮扶全覆盖。另一方面，人才交流不仅让西部地区获得摆脱贫困的经验，更是促进区域协调发展的重要支撑。据统计，两省区共互派挂职干部169人次、专业技术人才1334人次，开展干部人才培训10655人次，输出（引进）技术43项。进入脱贫攻坚战阶段，粤桂扶贫协作已经不再满足于输入广东地区的产业、资金、项目等，更重要的是在资源、人才、技术等方面进行要素整合、协作交流，致力于贫困地区内生动力的培育，为实现发达地区与落后地区的合作共赢奠定重要的智力保障。

二、粤桂扶贫协作的全新要求

习近平总书记指出："西部地区特别是民族地区、边疆地区、革命老区、连片特困地区贫困程度深、扶贫成本高、脱贫难度大，是脱贫攻坚的短板，也是我对脱贫攻坚最不托底的地方。"① 做好新时代东西部扶贫协作工作，既要加强领导，增强组织推动力；又要深化帮扶，提高脱贫精准度。广西作为集"老少边穷"为一体的连片特困地区，是我国脱贫攻坚的主战场之一。粤桂扶贫协作不仅需要采取一系列超常规的措施，凝聚社会各方力量，开展全方位帮扶；还应充分

---

① 中共中央党史和文献研究院编：《习近平扶贫论述摘编》，中央文献出版社2018年版，第18页。

对接市场需求，突出产业帮扶、深化劳务协作，提升东西部扶贫协作水平。

2016年，习近平总书记在宁夏银川专门召开东西部扶贫协作座谈会，深刻论述了东西部扶贫协作和对口支援工作的重要意义，并就进一步做好工作提出具体要求。粤桂两省区认真贯彻"银川会议"精神，迅速落实行动，通过开展高层对接、签署协议、编制规划、结对帮扶等工作，再次开启东西扶贫协作新征程。2016年9月，粤桂两省区在百色召开"广西·广东扶贫协作工作联席会议"，共同谋划推进粤桂扶贫协作。根据中央和广东省委、省政府的部署，深圳市由原来帮扶贵州毕节市、黔南州调整为牵头帮扶广西，重点为百色、河池两市及17个贫困县。2017年3月15日，粤桂两省区在北京签订了《"十三五"时期粤桂扶贫协作框架协议》，双方决定在结对协作、产业协作、劳务合作、建设新农村、教育协作、医疗卫生扶贫协作、旅游扶贫协作、人才支援交流、青年公益协作、开放开发协作等方面开展新的扶贫协作。2017年9月4日，粤桂两省区在广西梧州召开粤桂扶贫协作第二次联席会议，共同签署了《关于进一步加强粤桂扶贫协作工作的意见》。两省区商议决定，全面落实"携手奔小康行动"，开展全面结对帮扶，广东省每个帮扶县各选派1名优秀副处级干部挂职，实现对广西33个国定贫困县帮扶全覆盖。2016年以来，广东省及深圳市两级财政落实财政帮扶资金4.6亿元，57个项目签约落地，计划总投资245亿元，直接受益贫困人口超过20万人。粤桂积极探索乡（镇、街道）与贫困村（社区）结对帮扶，构建了"省、市、县、乡、村"五级立体化的结对帮扶体系。通过深入开展"千企扶千村"的活动，引导3600多家民营企业结对帮扶3385个贫困村，共实施帮扶项目3746个，投入资金9.98亿元，受益贫困群众达到37.89万人。

要实现粤桂扶贫协作互利共赢，除了强化扶贫开发工作领导责任制、建立全社会共同参与的社会扶贫体系，还应坚持以市场为导向，把握好供需关系，发挥东西部优势互补效益。产业帮扶上，深圳市中央大厨房和百色、河池 13 家农业合作社建立农产品供应基地，惠及 1109 户贫困户。深圳港中旅、华侨城集团、碧桂园等 20 多家大中型企业到百色、河池投资。粤桂双方共同推动"两广六市"和"两广十市"旅游协作，成为旅游合作的成功典范。劳务协作上，广东共帮助广西 33 个结对贫困县 3.54 万贫困人口就业，向广东省新增转移就业人数 31.7 万人次。建成深圳—都安老乡家园，创建扶贫创业车间，使当地群众在家门口实现了就业。实践证明，粤桂扶贫协作是支持和帮助广西贫困地区摆脱贫困的重要路径，是实现先富帮后富、最终实现共同富裕目标的关键举措。在中国经济社会发展的新时代背景下，粤桂扶贫协作充分发挥东西部地理区位优势、产业结构优势、人力资本优势，扶贫协作内容由初期的单向帮扶向双向互动转变，参与主体由政府全程主导向社会共同参与拓展，实现了从西部受益到东西部互利的转变。双方在扶贫领域形成"优势互补、互惠互利、长期合作、共同发展"的大格局，为广西贫困地区打赢打好脱贫攻坚战奠定了坚实的基础。

第二节　凝聚合力：粤桂扶贫协作的创新举措

习近平总书记指出，贫穷不是社会主义，如果贫困地区长期贫困，面貌长期得不到改变，群众生活长期得不到明显提高，那就没有体现我国社会主义制度的优越性，那也不是社会主义。作为中国特色扶贫开发道路的重要组成部分，粤桂扶贫协作一直在政府高位推动下稳步发展。百色市田阳区、深圳南山区严格按照广东省、广西壮族自治区和深圳市关于东西部扶贫协作的决策部署，以粤桂扶贫协作为契机，聚焦贫困人口，按照粤桂"携手奔小康"工作安排，通过引进广东企业项目、广东扶贫资金，在产业发展、扶贫车间、劳务输出、人才交流等协作领域精准发力。在深圳南山区的大力支持下，田阳的各项事业取得了长足的进步，特别是扶贫协作工作，正朝着预期的目标全面推进。南田两地扶贫协作工作所取得的显著成效，充分彰显社会主义集中力量办大事的政治优势和制度优势。

一、以政府主导彰显集中力量办大事优势

1. 提高认识，不断完善协作机制

抓好东西部扶贫协作，是党中央、国务院为加快西部贫困地区扶贫开发进程、缩小东西部发展差距、促进共同富裕做出的重大战略决策，既是一项重要的政治任务，也是推进田阳加快发展、加快脱贫的重要机遇。2017年，按照中央和两广的统一部署，在百色市对口扶贫协作局的指导下，百色市田阳区与深圳南山区结成对口帮扶关系。三年来，南田两地党委、政府始终高度重视扶贫协作工作，保持紧密合作，积极探索创新工作思路，总体推进扶贫协作工作开展。

一是党政主要领导开展调研对接。自2017年结对以来，田阳区党委、区政府主要领导两次带队到深圳南山区对接协作工作及开展项目招商。南山区也专门组成调研队伍到田阳调研座谈，共商东西部扶贫协作。双方党政主要领导充分交流与沟通，形成会议纪要，明确工作任务目标，为下一步对口协作指明了方向，并提出了具体的工作要求。2017年以来，在南田双方党政主要领导努力下，明确了对口扶贫协作工作目标和思路，扶贫协作工作开局良好，达到了预期效果。

二是建立南田两地党政联席会议制度。田阳区与南山区建立常态化党政联席会议机制，每年联合召开不少于一次党政联席会议。2017年以来，南田两地党政主要领导联合召开扶贫协作联席会议5次。两区和各有关部门、各乡（镇）负责人以及南山区企业相关负责人积

极参加会议，共同研究推进两地东西部扶贫协作各项工作。双方就产业协作、劳务协作、人才交流、结对帮扶工作、教育卫生协作等进行充分交流协商，全方位、宽领域、精准化的东西协作扶贫项目全面启动，极大地推动了两地协作向纵深方向跨越。

三是认真编制扶贫协作规划和年度计划。为增强扶贫协作工作的针对性和有效性，根据南田对口帮扶协作工作座谈会会议精神，田阳区与南山区共同研究制定《南山区—田阳县 2017 年度扶贫协作工作计划》，签署《南山区—田阳县扶贫协作框架协议》，并出台《南山区—田阳县扶贫协作联席会议制度》及《南山区—田阳县扶贫协作五年整体规划》。通过明确帮扶目标、帮扶内容和帮扶工作重点，进一步完善南田扶贫协作顶层设计，以科学的规划引领精准扶贫，为下一步对口协作指明了方向。

四是落实责任层层分解任务。为确保粤桂扶贫协作的各项工作落到实处，田阳组建了扶贫协作领导小组，成立专门办公室，做到专人负责。南田两地党政部门坚持将扶贫工作早部署、强责任、细分解，专门制定《南山区—田阳县扶贫协作工作任务分解表》，逐级落实任务，层层传递责任。田阳区委常委会、区政府常务会议多次专题讨论研究扶贫协作工作中存在的产业合作、人才选派等问题，确保粤桂协作扶贫工作取得实质性进展。

2. 集力聚资，精准使用帮扶资金

习近平总书记在东西部扶贫协作座谈会上强调："资金保障要实，做到投入实、资金实、到位实，精打细算，用活用好，用在关键，用出效益。"[①] 2016—2018 年，田阳共获得东西部财政帮扶资金5558.6 万，其中，2016 年 1078.6 万元，2017 年 1600 万元，2018 年

[①] 中共中央文献研究室编：《习近平关于社会主义经济建设论述摘编》，中央文献出版社2017 年版，第 234 页。

2880 万元。为使协作资金利益最大化，在资金的安排和项目选择上，田阳严格按照中央、广西壮族自治区关于协作资金管理使用的相关要求，紧紧围绕"两不愁三保障"的总体目标，结合田阳脱贫攻坚工作实际，将帮扶资金有效用在民生急需的项目上，共组织实施协作项目 18 个，帮助建档立卡贫困人口脱贫 7168 人。

一是精准使用在影响民众基本生产生活项目上。田阳南部山区大多属于大石山区，石漠化程度严重，供水基础设施条件差，旱灾频繁，严重制约了当地经济社会发展。田阳将 1000 万东西部扶贫协作资金投入在农村饮水安全巩固提升项目上，项目建设主要分布于大石山区贫困村。有效改善人饮、生产用水条件，解决 52 个贫困村近 5 万人的安全饮用水及灌溉问题，节约农民取水劳力支出，提升山区人饮供水保证率和供水水质，改善当地居民生活条件，促进区域城乡经济发展，为项目区带来巨大社会效益。同时，还将 78.6 万元投入到五村镇定夜村夜上屯扶贫项目，帮助定夜村的贫困人口进行危房立面改造，为贫困人口解决住房难问题。

二是精准使用在易地扶贫搬迁、扶贫车间、卫生教育等民生工程项目上。田阳老乡家园易地扶贫搬迁项目是田阳实施脱贫摘帽的重要举措，是广西易地扶贫搬迁示范项目。2018 年是田阳脱贫摘帽之年，为加快推进贫困群众搬迁工作，扶贫协作资金重点向贫困户易地扶贫搬迁安置点基础设施建设和医疗设施建设等领域倾斜。其中，投入 1800 万元用于实施老乡家园贫困户移民安置点路网及配套设施建设，使得贫困户早日入住，方便移民安置点的贫困群众出行。投入 300 万元用于实施田州镇卫生院老乡家园分院项目和田阳人民医院老乡家园三期医疗点项目，有效解决老乡家园易地搬迁安置点 6000 多名贫困群众就近就医保障问题。安排 300 万元用于实施老乡家园安置点第一小学综合楼和学生食堂建设，有效改善贫困学生学习生活环境。

三是精准使用在产业发展、致富带头人培训等致富工程项目上。为推进产业扶贫，田阳将扶贫协作资金精准用在产业发展项目中。其中，2017 年将 850 万元以"入股分红"的形式，投入广西高新农业产业投资有限公司，以实施智能标准化育苗项目，主要目的在于增加田阳 61 个贫困村的村集体经济收入；将 150 万元用于实施那满镇光琴村生猪养殖循环经济利用项目，培育贫困村致富带头人创业，通过收益分红、吸纳就业等方式，帮助 62 户 210 名贫困群众脱贫致富。致富带头人培育上，2017 年投入 260 万元用于农林生态扶贫产业核心示范区培训基地项目。项目建成后，作为贫困户农业技能培训基地，带动村集体经济发展，促进贫困人口增收。除此之外，专门安排 50 万元干部教育培训经费用于农村致富带头人和教育、卫生技术人才培训，提高带头人能力，更好带动本地贫困人口脱贫。

表 6-1　2017—2018 年田阳使用南山区财政援助资金情况

序号	项目名称	项目建设内容	广东帮扶资金（万元）	资金来源年份	资金使用金额（万元）
1	农林生态扶贫产业核心示范区培训基地	在 20 万亩园林核心示范区培训基地新建培训中心，用来培训贫困户，年预计培训 4 期共 200 人次。	260	2017	260
2	洞靖镇桥业卫生院改造项目	在桥业村修建卫生院住院部，受益人口为桥业片区及周边共 12 个贫困村。	100	2017	100
3	集中安置点就业扶贫驿站	在 4 个贫困村新建 4 个扶贫驿站。	150	2017	150
4	民生工程建设	资助 8 个贫困村兴建民生工程。	80	2017	80
5	教育资助基金	资助 25 名贫困大学生，每位 4000 元。	10	2017	10
6	田阳老乡家园第一小学 1 号教学综合楼及食堂建设	新建田阳老乡家园第一小学 1 号教学综合楼及食堂，预计可容纳 668 名贫困学生。深圳市南山区财政支持资金 300 万元。	300	2018	300

续表

序号	项目名称	项目建设内容	广东帮扶资金（万元）	资金来源年份	资金使用金额（万元）
7	5个乡镇17个贫困村建设项目	开展"镇镇、村村结对"工作；巴某村、弄里村，巴别乡德安村、德弄村、安宁村、巴别村，那满镇新仑村、光琴村，洞靖镇天德村、太平村，坡洪镇双达村等贫困村基础设施建设，实现携手奔小康。	200	2018	200
8	扶贫车间	老乡家园及各贫困村建设一批扶贫车间。	100	2018	100
9	百色市田阳区深圳市南山区	青年致富带头人，农村致富带头人和教育、卫生技术人才培训。	50	2018	50

3. 搭建平台，共同开发人才资源

人才是推动经济社会发展的第一资源，是广大贫困地区实现精准脱贫的重要支撑。在打赢脱贫攻坚战中，政策、资金和项目固然重要，但最关键的是必须充分发挥人才的示范、引领和带动作用，形成强有力的人才智力支持。田阳依托南山区在教育、卫生、农业、科技等领域的人才和技术优势，加强人才交流和专业技能培训，补齐贫困地区人才短板，促进人才规模、质量、结构与贫困地区经济社会发展相适应，增强可持续发展内生动力。

一是完善干部挂职培训交流。根据《深圳南山区与田阳县东西部扶贫协作干部人才交流三年计划》，南田两地坚持双向挂职，有力提升了田阳干部人才干事创业的能力。一方面，田阳积极选派区直、乡（镇）干部到南山职能部门跟班锻炼、交流学习。2018年，田阳选派1名副处级干部、3名科级干部到光明区挂职锻炼，8名技术骨

干和致富带头人到深圳培训学习。通过选派人才到南山区挂职培训，开拓贫困地区干部视野，提升各项能力。另一方面，南山区加强对口帮扶人才选派，选派1名副处级干部到田阳挂职，13名支医医师、3名支教教师、4名培训教师到田阳支援，为挂职交流干部人才提供施展能力的平台。南田两地选派优秀干部的双向挂职，形成了南山—田阳干部人才观念思路互通、资源信息互享、技术技能互学、能力作风互促的良好交流学习格局，在干部思想源头上确立区域协调发展、协同发展、共同发展。

二是强化专技人才"组团式"帮扶。按照中央扶贫先扶志，扶贫必扶智，以及关注民生的要求，持续深化南田两地教育、卫计部门协作。通过积极组织教育、卫生专业技术人才前往南山进修培训，不断提升其技能水平。如南山区教育部门及相关学校到田阳开展校校协作，田阳妇保院、玉凤中心医院等医疗机构到深圳进行培训与交流，南山卫计局、蛇口人民医院、西丽医院、疾控中心等单位分别到田阳进行学术交流与义诊，通过协作交流，有效提升田阳的卫生服务水平。截至2019年底，两地卫计、教育系统人员交流协作达150余人次。与此同时，实施旅游行业人才培训计划，适时组织田阳旅游管理、服务人员赴深圳学习培训，提升现代化管理水平。此外，田阳加大专业技术人才的支援力度，邀请专家教授来田阳蹲点教学，提升田阳自我发展的内生动力和能力。如南山区按实际需求派出旅游专业人才到田阳开展业务交流与"手把手"指导，把东部地区先进的理念、技术、经验等传播到田阳。

三是推动青年协作交流。创新青年人才培养模式。为鼓励、支持田阳青年创业发展，田阳积极与深圳南山区的青年创新人才加强联系，多次组织青年人才前往深圳学习，主动与深圳市总商会青年企业家协会对接沟通，建立了两地互动合作的关系。开展青年志愿者行动。南田两地每年组织志愿者赴田阳开展助学助教、医疗卫生等各类助困帮扶志愿服务活动，通过关爱空巢老人、留守儿童、残疾人，提升困难群众的获得感和满意度。加强青年人才交流培训。引导南田两地青年人才交流协作，成功创建田阳老乡家园"南田青年之家"，服务青年创业。截至 2019 年底南田两地团委联合举办 3 期青年人才培训班，培训青年人才 99 人，培训对象涵盖青年创业致富带头人、青年教师、青年医务工作者等。此外，还加强两地公益组织体制建设、项目运作和志愿者培训等方面的学习交流，促进两地青年共同成长。

专栏 6-1　开展致富带头人培训　助推残疾人创业

为扩大扶贫协作覆盖面，助推脱贫攻坚全面推进，南山区与田阳区不断创新工作机制，搭建协作平台，创办了创业致富带头人培训班。具体由南田两地团委联合举办青年致富带头人培训，结合深圳、南山改革先行、前沿地区特点，开展现场授课、实地调研、考察交流的培训模式，开阔创业致富带头人眼界，了解信息市场形势，实现学以致用。并注重吸收残疾人参加，鼓励、支持特殊人群创业。

一是开展培训协作，激发内生动力。充分利用好东西部扶贫协作机会，由团委和残联组织，在开展致富带头人培训时，注意吸收有创业意向的残疾人参加，支持残疾人脱贫。如那坡镇残疾人黄文学，对养蛇很有兴趣，但对创业缺乏信心。参加残疾人培训后，黄文学决心加大蛇场养殖规模，打出自己的特色品牌，初步成功办好养蛇车间，养蛇规模达 3000 条，市值 81 万元，纯利润近 36 万元。

二是以点带面，扩大减贫成效。以黄文学的产业发展成效为基础，带动周边村民，特别是贫困群众一起参与到肉蛇养殖事业中，带动更多人实现脱贫致富。据悉，2018 年底黄文学带动本村 4 户贫困户一起参与到肉蛇养殖产业中，并连同其他致富带头人一起开拓肉蛇养殖业，为群众提供养殖技术。区协作办、人社局将黄文学养蛇产业列入 2019 年"扶贫车间"重点扶持项目，加大对其创业的支持力度，鼓励更多的有创业意愿的人参加到创业的行列当中，从而带动更多的贫困劳动力就近就业。

二、以市场力量放大优势互补合作效益

习近平总书记指出，要把东西部产业合作、优势互补作为深化供给侧结构性改革的新课题，大胆探索新路。广东有产业、技术、人才、资金和管理等方面的优势，广西有资源、土地、劳动力等方面的优势，双方合作潜力巨大。开展粤桂扶贫协作，既有利于借助西南工农业原材料加快发展，又有利于承接东部产业转移、提升产业发展水平，实现欠发达地区与发达地区乃至珠三角地区社会经济发展的有效衔接和全面整合。围绕打赢脱贫攻坚战总目标，按照"市场主导、优势互补、长期合作、共同发展"的原则，南田两地积极探索优势互补、共同发展、共同富裕的长效合作机制，在推进东西部扶贫协作中，将南山的先进创新理念、资金、技术、管理优势和田阳的资源、生态、劳动力等优势深度结合，充分发挥先富带动后富的"粤桂效应"。

1. 聚焦产业发展，推动区域经济发展

产业协作是粤桂扶贫协作的关键环节，也是南田两地市场合作的重点领域。正所谓"栽好梧桐树，引得凤凰来"，产业协作不仅要促成当地产业兴旺，形成自我发展能力，更重要的是通过系好扶贫协作的"产业纽带"，以高质量营商环境推动区域经济发展。

一是打造深百（南田）众创园工业区，积极开展东西部招商引资工作。为方便贫困群众就近就业，针对需要照顾家庭及其他原因的确无法外出务工群体，南田两地携手创建了深百（南田）众创产业园。为吸引更多企业进驻园区，田阳以"企业落地即可投产"为目标，完善基础设施建设加强服务，为"引得进、留得住"企业打下

坚实基础；田阳区委、区政府主要领导还带队到深圳、东莞、佛山等珠三角地区，有重点、有目标，带项目、带任务开展重点项目招商活动。通过深耕项目资源，密切关注大企业的投资意向，定向搜索信息，做到第一时间了解项目信息，第一时间落实招引措施，确保招商有效性。截至2018年底，田阳引导恒华公司等5家东部企业进驻深百（南田）众创园进行投资，解决250多人就业，其中贫困人口66人。在打造深百（南田）众创园的同时，田阳抓住南山对口扶贫协作的机遇，按照"招大商、招好商"的思路，借助南山区的支持与协作，到深圳大力开展招商引资活动。2018年，田阳组织招商团队赴东部地区开展招商推介活动，共走访对接13家企业，累计成功引导10家东部企业到田阳投资，新增投资额3144万元，推动经济水平提升。其中，在百色市重点产业（深圳）投资推介会暨项目签约仪式上，田阳与华润五丰农业开发（中国）有限公司签订了总投资10亿元的华润五丰（田阳）生态养殖供港基地项目；与佛山联合正展进出口有限公司签约总投资5000万元的年产200万套风扇项目；在2018年扶贫协作联席座谈会上，田阳与惠州富美康通讯有限公司签约总投资6亿元的智能终端制造项目。为了更好地留住企业，促进企业发展，田阳还整合本地投资环境资源，充分发挥劳动力资源丰富且薪酬价格低、土地流转价格相对较低、税收政策灵活、电价便宜、立体交通网络比较完善等优势，以减轻引进企业初产阶段成本压力，吸引更多深圳企业投资。

二是搭建深圳百色两地产销合作关系，提升田阳特色农产品知名度。芒果产业作为田阳的一大特色产业，是当地群众收入的一个重要来源。南田两区立足实际，达成"发挥好西部农产品丰富、东部消费市场量大的优势"产销对接共识，以扩宽产品销售渠道为切入点，提升市场经济带动力，帮助贫困群众实现增收脱贫。一方面，田阳充分借助南山区科技、信息先进的优势，拓展线上线下销售市场，开启电商扶贫。坚持主动"走出去"，把田阳芒果展销到珠三角、上海等东部发达地区，进一步扩宽产品销售渠道。另一方面，田阳借助2016年度被国家定为第三批电子商务进农村综合示范项目县区的机遇，建立"县买县卖"电商平台，做大做强芒果线上销售产业链，培育线下龙头企业，并充分发挥深圳市企业众多、资质雄厚等优势，搭建深圳百色两地电商产销合作关系，不断提升田阳特色农产品知名度。同时，田阳充分发挥东部市场资源优势，与天虹、人人乐商场、深圳市水果协会、海吉星农批市场等大型连锁商业企业建立合作关系，发动果蔬类企业、合作社赴深圳、杭州、宁波、南宁、成都等各大城市开展芒果专场推介活动，强化品牌培育与推广，打造"一区一品"。2018年全区电子商务销售芒果4.8万吨，销售额2亿元，同期增长34.22%，其中仅在广东省内就销售9600吨（含深圳2400吨），销售额4600万元。通过销售贫困户的水果、土地流转、入股分红，帮助6528名建档立卡贫困人口脱贫。此外，田阳在百色市率先成立电商协会，整合力量积极开展电商进农村，实施"分线（路）运行，分村包户"，完善三级物流网络体系和产地溯源认证，农村电商服务贯通农产品生产、加工、销售整条产业链，助力产销对接。

三是推进扶贫车间建设，提升产业转移承接水平。扶贫车间建设作为产业扶贫的重要内容，是促进贫困人口稳定增收的重要举措。根据当地劳动力就业需求，田阳通过引进劳动力密集型手工小企业，打造了制衣、农副产品加工、来料加工制造等一批就业扶贫车间，带动贫困户在家门口就业，确保搬迁群众实现搬得出、稳得住、能致富。2019年田阳投入300万元，用于老乡家园和6个贫困乡镇的扶贫车间扩建，已建成扶贫车间15间，吸纳贫困人口就业425人，提高了产业合作减贫成效。如恒华服装有限公司在老乡家园安置点创办了田阳第一批扶贫车间，为易地扶贫搬迁群众提供就业配套服务，帮助70多人实现就业，其中贫困群众20多人。田阳福民食品公司利用当地的圣女果、芒果等优势资源，在百育镇建立果蔬食品加工就业扶贫车间，吸收农村富余劳动力100多人进厂务工，人均月工资2000元左右。田阳还积极创新"扶贫车间"产业扶贫模式，开展"车间连户"工程，通过引进电子产品、工艺品等手工加工项目，推行"企业+中心户+农户"市场化运作，将生产流水线延伸到村到户。本地农户除了可以到产业园区就业外，还可以依托产业园区的企业开办"家庭车间"。企业送订单下乡，统一配送原料、统一技术指导、统一上门回收、统一配套机器和设备，开办"家庭车间"的农户在家按企业要求进行来料加工，实现居家灵活就业。截至 2018 年底，田阳已引进手工加工企业 5 家，建立中心户 50 余户，家庭车间 286 户，创收38 万多元。此外，田阳还出台《田阳县创办就业扶贫车间十五条优惠政策》，对企业和贫困户给予支持。其中，针对企业的优惠政策，包括场地租金补贴、自建车间补助、稳定运营奖补、岗前培训补助、贷款贴息补助等；针对贫困户的优惠政策，包括贫困户就业补助、技能提升补贴、创业贷款贴息补助等。

2. 聚焦劳务协作，助力就业脱贫攻坚

劳务就业是实现脱贫致富"短、平、快"的重要渠道。广西是劳务输出大省，仅在广东务工的农民工就达 600 多万人，其中不少是来自贫困的家庭。南田两地坚持市场导向，不断深化劳务协作，利用田阳劳动力资源丰富和深圳市劳动岗位多的条件，推动劳务输出组织化、技能培训精准化，以就业形式带动脱贫致富。

一是深化劳务输出组织化。围绕推动劳务输出由"个体型"向"组织型"转变的新要求，南田两地共同签订劳务输出合作协议，并组织南山区、南宁市、田阳区及周边的 60 余家企业到田阳举办专场招聘会，建立起连接劳动力供需双方的桥梁。2017—2018 年，共开展"春风行动""就业援助月"等各类专场招聘会 6 场，参会企业超过 80 余家，提供 100 多个工种，8000 多个就业岗位。为做好劳务输出服务工作，田阳就业部门主动收集参加招聘会企业提供的就业岗位数，结合本区待业人员信息库，着重筛选贫困人员，对岗位适应程度

进行科学匹配，并将符合岗位匹配的就业人员直接向用工企业推荐，尽可能缩短实现就业过程加速就业。截至 2018 年底帮助 1341 名贫困人口赴广东省就业务工，帮助 808 名贫困人口实现省内就近就业，帮助 112 名贫困人口到其他地区就业，实现了有务工意愿的劳动力"走得出、稳得住、有活干、有钱赚"。南田两地组织招商、人社等部门引进劳动力密集型手工小企业到贫困群众安置点和贫困乡（镇）建设"扶贫车间"，优先吸纳当地劳动力，实现贫困劳动力家门口就业。通过有序组织贫困地区富余劳动力进行劳务输出，促进南田两地人力资源的优势互补，成为带动区域发展新的经济增长点。

二是实现劳务培训精准化。田阳坚持以劳务输出由"体力型"向"技能型"转变为导向，通过深入了解贫困劳动力务工需求，针对不同年龄段和文化层次的建档立卡富余劳动力，制定了不同的培训方案。通过开展"田阳百场扶贫技能巡回培训月"活动，因村因人施策，做到培训到户到人，每个有培训意愿的贫困劳动力都能掌握一门实用技术和就业创业技能。根据企业用工和人力资源市场需求，田阳还打造"点菜式培训"新模式，即由建档立卡劳动力提出培训要求，政府安排培训内容，合理制定培训计划。此外，依托碧桂园、金博士以及区内培训机构，持续开展贫困劳动力转移就业培训及职业技能培训，建立了多渠道、多层次、多形式的农民技能培训体系。同时结合用工需求，大力实施有针对性的"订单式""定向式""定岗式"技能培训，先后开展育婴师（月嫂）、养老护理员、建筑企业、电工等多项工种培训，确保就业需求与市场无缝对接，实现输出劳动力到深圳异地顺利就业。截至 2018 年底，开展各类培训班 22 期，培训建档立卡贫困人口 434 人次。

3. 聚焦红色资源，创新旅游协作模式

发展旅游业已经成为不少深度贫困地区脱贫攻坚的有力抓手和重

要支撑。百色作为少数民族地区和革命老区，有着丰富的红色资源和民族资源，结合本地资源禀赋探索旅游产业开发，是帮助贫困群众脱贫的重要途径。田阳地处广西西部、右江河谷中部，区位交通基础设施发展相对滞后，红色旅游资源潜力未充分挖掘，区域旅游路线未形成规模，以旅游协作带动脱贫致富的动力不足。随着南广高铁的开通，有效消除了旅游壁垒和进入障碍，促进了两省区间经贸合作和旅游交流，为两广游客跨省区旅游及旅游企业跨区域经营提供了便利条件。为挖掘更多帮扶协作渠道，南田两地围绕以百色起义为主线的红色旅游，以市场化的方式助推田阳旅游产业发展。

一是引进旅游服务企业。2018 年，田阳引进深圳市旅游协会和招商国旅等知名旅游服务企业赴田阳开展旅游开发协作。深圳招商国旅集团投资 300 万元，在田阳注册成立"百色红旅文化教育基地培训有限公司"，将干部红色教育和东西部精准扶贫工作有机结合起来，推动当地红色旅游发展。仅 2018 年度，深圳南山各部门、企业党支部赴田阳开展党建教育和扶贫协作调研 36 批次 676 人。同时，红旅公司的运营，有效助推当地服务业发展，已提供约 100 个就业岗位，带动 7 名贫困劳动力实现就业，月薪为 2500—3500 元。

二是打造旅游帮扶项目。南田两地结合"百色起义"红色教育资源，以"加强干部红色教育和旅游协作"为抓手，精心设计了红色革命传统教育与访贫问苦相结合的项目。南田两地还深入挖掘当地壮族发源地民俗文化资源，秉承打造"旅游夜归地"的思路，有效助推田州古城旅游产业、瓦氏夫人红色教育及壮民族文化等产业链发展。同时，将乡村旅游纳入布洛陀文化旅游线路，通过旅游住宿、购物、餐饮等方式为贫困劳动力提供更多就业岗位，增加困难群众收入。

三是加大品牌宣传力度。南田两地积极在宣传推介、新闻出版、媒体融合等方面深入开展交流合作，举办"布洛陀文化旅游节"活动，吸引南山区各旅游企业、协会，扩大组团旅游的规模，全面提升旅游品牌影响力和市场竞争力。加大"党旗引领扶贫协作"宣传，使田阳逐渐成为深圳市各级党组织在基层党建、脱贫攻坚工作的社会实践基地。2018 年，深圳市"中青班"、市委组织部干部培训班先后在田阳开展"三同"教育实践活动，增进了深圳市干部对田阳、对壮民族的了解，加深了和老区人民的感情。

三、以"三力协同"构建大扶贫战略格局

扶贫开发作为一项复杂的系统工程，需要各方力量协同作战，合力攻坚。南田两地开展对口协作以来，充分调动党政机关、企事业单位、社会组织及各界人士积极参与，探索创新帮扶模式，积极引入帮扶资金，形成政府、企业、社会"三力协同"，多方联动的大扶贫格局。

1. 深化结对帮扶工作

南田两地根据"携手奔小康"工作要求，坚持以"结对帮扶、统筹推进"为原则，不断深化镇村结对、企业结对、校卫结对帮扶工作，基本构建了全方位、多领域、多层次大帮扶格局。一是推动镇镇结对、村村结对帮扶。积极探索在乡（镇、街道）之间、行政村之间的结对帮扶，主动对接南山区街道、企业到田阳开展结对帮扶工作，并结合基层党组织建设工作，充分发挥组织阵地作用，切实开展两地基层党组织结对共建工作，完成"镇镇结对"4 项[1]；在"镇镇结对"的基础上，南田两地扩大"村村结对"效益，完成村级结对帮扶 8 项[2]。二是推动企业结对帮扶。深入开展"千企扶千村"活动，引导广西亚龙铝业有限公司、南桂铝业等 32 家民营企业与 32 个

---

[1] "镇镇结对"4 项：即南山区蛇口、招商、粤海、南山 4 个街道，分别结对帮扶田阳县五村、巴别、洞靖、那满 4 个乡（镇）。

[2] 村级结对帮扶 8 项：即南山区蛇口、招商、粤海、南山 4 个街道各 2 个社区，分别结对帮扶田阳县五村、巴别、洞靖、那满等 4 个乡（镇）8 个贫困村。

贫困村结成"一对一"帮扶对子，实施帮扶项目6个，投入资金123万元，受益贫困群众达到1.3万人。引导东部企业开展结对帮扶工作，湾厦股份有限公司、赤湾公司和海王集团结对帮扶田阳3个贫困村，有效促进贫困地区发展。三是推进校卫结对帮扶。南田两地签订教育、卫生结对帮扶协议6个，互派专业技术人才18名，两地教育卫生部门积极开展交流协作。其中，教育结对帮扶方面，两地各10所学校形成"一对一"帮扶关系，结对学校涵盖幼儿园至中学；医疗结对帮扶方面，两地4所医院形成结对帮扶关系，医疗服务协作进一步深化。

专栏6-2 广西亚龙铝业有限公司精准扶贫行动

广西亚龙铝业有限公司（以下简称"亚龙铝业"）是一家集铝合金型材研发、生产与销售的大型民营铝型材企业。自2013年成立至今，公司不断探索，与时俱进，建立了从模具设计到制造、熔铸、挤压、氧化着色、电泳涂漆、粉末喷涂、隔热、门窗加工及交通、军用铝型材深加工等完整的生产体系。公司位于百色新山铝产业示范园区，注册资金200万元，占地面积22000平方米，建筑面积16000平方米，现主营业务为铝合金型材，是田阳铝型材行业重点龙头企业之一。公司下属的"凯亚龙"品牌被评为广西名牌产品。该企业在发展规模不断扩大的同时积极响应党委和政府的号召，认真履职履责，热心参与社会慈善事业，积极投入脱贫攻坚工作中，为田阳顺利实现高质量脱贫摘帽贡献了重要力量。

根据广西壮族自治区、百色市统一部署，在田阳区委、区政府指导下，亚龙铝业积极参与"千企扶千村"活动与田阳五村镇桥马村和大列村签订结对帮扶协议，帮助结对帮扶村发展产业、安置就业、基础设施建设及村容村貌改善等项目。

2. 创新社会帮扶形式

为扩宽带贫减贫渠道，帮助贫困群众早日脱贫致富，南田根据实际工作探索创新多种社会帮扶形式。一是探索基层党建帮扶形式。南田两地结合基层党组织建设工作，充分发挥组织阵地作用，切实开展两地基层党组织结对共建工作，有效促进贫困地区发展。2017年深圳市海王集团率先结对帮扶田阳五村镇桥马村党支部，出资近5万元帮助改善村支部办公条件，组织党员为桥马片区的困难学生捐资10.8万元。同年9月，在深圳市委组织部、党校的支持下，深圳市"中青班"首赴田阳五村镇桥马村开展为期一个月的"三同"教育实践活动。此后，深圳市委组织部先后组织深圳市干部在田阳开展"三同"教育实践活动3批次，共51人，对口帮扶协作工作范围得到进一步扩大。二是探索爱心超市帮扶形式。爱心超市是为满足广大群众特别是建档立卡户生活需求，由社会各界组织、爱心企业、爱心人士等捐款捐物而开设的非营利性商店。田阳按照"社会扶贫、政府统筹"的原则，积极发动社会爱心企业、帮扶单位、社会爱心人士捐赠，以授"爱心牌"方式回报，得到企业积极参与，截至2018年底，累计收到捐赠资金29.78万元。通过建"爱心公益超市"，将以往单纯走访贫困户赠送慰问品转变为让贫困户"以劳积分、以分换物"，改变贫困户等、靠、要的习惯，激发他们脱贫致富的内在动力，提振他们主动脱贫的精气神，实现"积分改变习惯，勤劳改变生活"的可持续良性循环。三是探索扶贫活动帮扶形式。共青团田阳区委充分发挥共青团生力军作用，进一步加强社会化组织动员，加强与深圳市南山区共青团、社会团体的交流合作，搭建南山区爱心企业、爱心人士帮扶桥梁，引入帮扶资金，开展捐资助学、慈善公益医疗救助、支医支教、社会工作和志愿服务等扶贫活动。2018—2019年，田阳区、南山区两地共青团争取到深圳爱心企业、社会人士助学款和物资折合人民币40万元，覆盖贫困学生1000余人，其中田阳百余名学生获得一对一长期资助。

3. 引导社会力量参与

南田两地党委、政府层面脱贫攻坚工作力度空前，双方既投入了大量的扶贫资金，也派出了扶贫工作队，正如习近平总书记所说："'人心齐，泰山移。'脱贫致富不仅仅是贫困地区的事，也是全社会的事。要更加广泛、更加有效地动员和凝聚各方面力量。"[①] 广东公益慈善业比较发达，田阳积极与深圳市狮子会、南山区慈善会等社会慈善机构对接联系，通过加大宣传力度，发动社会爱心人士参与，成功引进"企业捐资助学"、"白内障免费手术"、"梦想女孩"、"书送未来"、"金砖城市"奖学金、隆平文化驿站等一批慈善项目，截至208年底，获得深圳社会帮扶资金278.93万元，获得爱心企业、社会人士捐物折价60.8万元，进一步扩大了社会力量参与，推动群众满意度的提升。

专栏 6-3　深圳爱心企业和人士捐赠田阳名单

碧桂园集团

海王集团

赤湾实业股份公司

湾厦实业股份有限公司

深圳聚成股份有限公司

蛇口招商港湾工程有限公司

霍尔果斯爆炸影视传媒有限公司

深圳市一本投资发展有限公司

深圳市新健隆投资有限责任公司

---

① 中共中央文献研究室编：《习近平关于社会主义经济建设论述摘编》，中央文献出版社2017年版，第230页。

深圳金砖城市先导基金管理有限公司

深圳合生利物业清洁

深圳前海华松资产管理有限公司党支部

绿色动力环保集团股份有限公司

深华建设（深圳）股份有限公司

深圳市金阳盛环境科技有限公司

深圳市华富市政服务有限公司

深圳市蛇口招商港湾工程有限公司

深圳市合和不锈钢制品有限公司

恒大蛇口半岛置业（深圳）有限公司

维也纳酒店有限公司海湾分店

深圳市蛇口海湾实业股份有限公司

深圳市润州装饰工程有限公司

深圳农村商业银行海湾支行

坤禾生物有机肥公司

深圳市南山区慈善会

深圳渔一公司

乐行机构

上海梦想基金会

南山区义工联合会

深圳市南山区义家人助学志愿者协会

南山区团委联合爱心人士

香港深圳龙华同乡

南山区人大常委会副主任、区总工委主席路玉萍、黄立新等

南山区政协主席陈军、黄险峰等

寿培平（个人）

招商街道

粤海街道

蛇口街道
中共深圳市南山区蛇口街道海湾社区委员会
工商联

第三节　共享发展：粤桂扶贫协作的经验启示

南田两地充分发挥各自优势，在结对帮扶、劳务合作、教育医疗、人才支援等多方面开展协作，建立起持续带动、持续突破的长效机制，扶贫协作初显格局。凭借独特的区位优势、丰富的资源条件、坚实的经济基础和多重的优惠政策，田阳区党委、政府与南山区把东西部协作和优势互补作为深化供给侧结构性改革助推脱贫致富新课题来抓，为深化粤桂扶贫协作奠定了重要基础。其经验启示可以归结为以下几点。

一、坚持以携手合作促共享发展

发展是解决一切问题的关键，也是从根本上解决贫困问题的关键。改革开放以来，广东省作为改革开放实验区，极大地解放和发展了生产力，经济总量连续稳居全国第一位，走在发展中国特色社会主义事业和改革开放的前沿。相比而言，广西由于经济基础薄弱、自然条件较为恶劣、集中连片特困区域广、资源要素匮乏等，在资金、技术、人才、资源等方面落后，贫困县尤为突出。作为全国脱贫攻坚的主战场之一，广西贫困人口占全国总数约7.8%，如期完成脱贫攻坚任务，靠广西的一己之力确实难以实现，需要中央有关部门的全力支持，需要兄弟省市的支持，尤其需要得到广东省的大力支持。20多年的粤桂扶贫协作，广东社会各界在人力、物力和财力上多方面援助广西，特别是深圳市以高度的责任感倾情帮扶倾力相助，不仅极大地改善了百色、河池两市17个国家级贫困县的发展面貌和贫困群众的生产生活条件，更为当地带来了先进的发展理念、思路和举措，极大增强了贫困地区的内生动力。在粤桂扶贫协作中，田阳区与深圳南山区结成"对子"，两地全面落实"携手奔小康"行动，深化产业发展、人才交流、教育和医疗等方面的帮扶协作，取得了实实在在的成效。田阳成功实现脱贫摘帽与广东省和深圳市的大力帮扶是分不开的。田阳的重要经验就是将粤桂扶贫协作作为一项重大的发展机遇抓紧抓好，拓展协作领域，提高协作层次，完善协作机制，特别是南田两地在经济产业、人文旅游、社会事业等领域的深度协作，带动了更广泛领域的合作。除此之外，为提高田阳贫困人口的内生动力，开展"培训增智"工程，通过深圳发达的互联网技术，引导和鼓励广大农户利用"天天学农"互联网农技知识学习平台，在线学习农业管理技术，进一步提高群众农业技术管理水平。粤桂扶贫协作前景广阔、未来可期，脱贫摘帽后的田阳仍应进一步深化与深圳的合作交流，以发展现代农业产业体系、旅游产业开发、劳动力就业转移、重大基础设施建设协作、开放开发领域合作等为主要方向，在重大项目招商、承接产业转移、教育资源扶贫、干部培训交流、产业技术升级等方面进行协作，为粤桂扶贫协作打造可推广、可复制的样板。

二、坚持以文化共融促全面帮扶

为中国人民谋幸福，为中华民族谋复兴，是中国共产党人的初心和使命。正所谓同饮一江水，两广一家亲。粤桂两省区山水相连、人文相近、语言相通、习俗相同、经贸频繁，人们历来习惯于简称为"两广"，可见其关联度之高、"兄弟"情谊之深。两广开展扶贫协作既是中央赋予两省的艰巨使命，也是两广同气连枝、情同手足的重要体现。深圳，一个因改革而生，因开放而强的城市，作为邓小平同志亲自开辟的最早经济特区之一，见证了中国翻天覆地的巨变历程。百色，是一片洒满先烈鲜血的热土，一座英雄的城市。1929 年 12 月，邓小平等老一辈革命家领导了百色起义，创建了中国工农红军第七军和右江苏维埃政权，开辟右江革命根据地，掀起了广西武装革命斗争的高潮。从这个意义上看，深圳帮扶百色，实质上蕴含着邓小平同志亲自开辟的改革开放试验地，帮扶邓小平同志革命生涯的起始地，这两个地方都是邓小平同志奋斗过的地方。正是有了邓小平同志的力主开放，才能有今天率先走上现代化的深圳，而当年邓小平同志领导的百色起义，为的就是让百色老区人民过上幸福美好的生活。从开启新时期到跨入 21 世纪，从站上新起点到进入新时代，粤桂扶贫协作的初心和使命，早在邓小平同志发动百色起义之时就已形成，在东西部扶贫协作确定之初就已升华。因此，守初心、担使命就是要让百色老区人民同全国一道共同实现全面小康，让百色同深圳共享改革发展的成果。粤桂扶贫协作实践，既有两广人民长期劳动和交往中结下的历史文化积淀，也有邓小平同志在革命建设不同时期推动两地繁荣发展的政治文化自觉，这一文化共融层面上的深刻意义，是其他东西部扶贫协作不可复制的特殊内涵。正是因为两广特殊的情感关系，20 多年来，广东省、广州市、深圳市各级政府及社会各界无偿援助百色建设资金近 11 亿元。其中，2016—2019 年田阳获得深圳市的东西部扶贫协作帮扶资金 8942.6 万元，社会各界人士的爱心捐赠资金 2500 多万元。田阳成功脱贫摘帽，取得翻天覆地的历史变化，正是文化共融下全面帮扶的显著成绩。

三、坚持以优势互补促互利共赢

习近平总书记指出，脱贫攻坚既要扶智也要扶志，既要输血更要造血，建立造血机制增强致富内生动力防止返贫。实现"输血"到

"造血"的转变，关键是要坚持以市场为导向，建立健全优势互补、互惠互利的有效机制，将广东的资金、技术、人才等优势和广西贫困县区的生态、资源、劳动力等优势结合起来，以东部先发优势促西部后发效应，推动贫困地区加快发展，有效激发贫困地区发展潜力，产生互利双赢的关系。事实上，深化粤桂扶贫协作不能仅仅停留在扶贫上，更应该着眼实现贫困地区高质量可持续的发展。田阳在粤桂扶贫协作上，始终将产业发展和劳务输出作为协作的重点，开创了优势互补、长期合作、聚焦扶贫、实现共赢的良好局面。产业发展上，打造深百（南田）众创园工业区，建设扶贫车间，发展电子商务，推进红色旅游，将本地的资源禀赋充分挖掘，并瞄准深圳产业转移等需求，主动对接、积极协作，整合利用好扶贫协作和对口支援等各类资源。劳务协作上，田阳通过加强与深圳加工制造业、建筑业、家政服务、餐饮及物业管理等行业的对接，大力开展月嫂家政、粤菜师傅等订单式就业扶贫培训，帮助有意愿到深圳打工的贫困人口提升就业技能，加大劳务输出力度。更关键的是，田阳利用粤桂扶贫协作机遇，优化营商环境，大力招商引资，从更长远的发展角度去实现南田两地的可持续互利共赢。田阳以深圳市对口帮扶为契机，发挥田阳动车联通广州、珠海、昆明，百色航班联通广州、深圳优势，借力广州博览会，举办重点产业投资推介活动、产业小分队精准招商活动，并组织有关部门、企业和致富带头人参加深圳招商活动，将一批较成熟的项目推介出去，提高招商的成功率，将一批劳动密集型产业引进来，解决贫困劳动力就近就业。实践证明，深化粤桂扶贫协作，就需要在优势互补的基础上让"供给"与"需求"良好对接，深度挖掘、精准匹配供需，从经济援助到多领域深度合作，实现"田阳所需，深圳所能""深圳所需，田阳所能"的良好协作状态。当前，更应打造粤桂扶贫协作升级版，加快融入粤港澳大湾区产业体系，创新消费扶贫形式、机制和监管，打好生态牌、绿色牌，把田阳打造成粤港澳大湾区的"菜篮子""果园子"，推动田阳产业升级群众增收。

第七章

屡开新局：决胜脱贫攻坚的成就

脱贫攻坚战打响以来，田阳全面贯彻落实习近平总书记关于扶贫工作的重要论述精神，全面贯彻落实上级脱贫攻坚决策部署，按照"党委统一领导、政府全面落实、社会帮扶推动、干部联系包干、贫困户自主发展"的工作思路，创新"全链条式"精准脱贫模式，全面实现高质量脱贫。

第一节　万象更新：告别绝对贫困奔小康

一、脱贫目标任务全面完成

1. 贫困人口数量大幅减少

2015 年，广西启动精准识别工作。经过精准识别，田阳全区共有 52 个贫困村，建档立卡贫困户 20935 户 76123 人，其中 2014、2015 年退出户 6624 户 25119 人，未脱贫贫困人口 14311 户 51004 人，贫困发生率为 15.99%。2016—2018 年田阳脱贫 12136 户 44806 人，脱贫出列 37 个贫困村，9 个新增非"十三五"贫困村纳入贫困村管理范畴，2018 年底贫困发生率降至 2.17%，成功实现脱贫摘帽。2019 年田阳减少贫困人口 364 户 899 人，贫困发生率进一步降至 0.29%。2020 年末，田阳成功实现建档立卡贫困人口全部脱贫、贫困村全部出列，圆满完成脱贫和坚战任务，如期实现全面建成小康社会。

表 7-1　田阳贫困人口/贫困发生率变化

时间（年）	贫困人口（人）	贫困户数（户）	贫困发生率（%）
2014	63543	17584	20.37
2015	50987	14304	16.35
2016	32659	8793	10.47
2017	17190	5082	5.51
2018	6719	2344	2.15
2019	899	364	0.29
2020	0	0	0

2. 城乡居民收入显著提高

由于扶贫工作的带动，田阳经济快速增长，财政收入持续增加，城乡居民收入不断提高。如 2018 年底田阳地区生产总值达到 158.79 亿元，同期增长 12.6%，增速排百色市第 1 位；固定资产投资 107.05 亿元，同比增长 0.8%；财政收入 11.7 亿元，同比增长 3.37%；社会消费品零售总额 31.13 亿元，同比增长 10.03%；农村居民人均可支配收入 13199 元，同比增长 9%；城镇居民人均可支配收入 31793 元，同比增长 4.8%；建档立卡户人均纯收入从 2014 年的 2351 元增加到 2018 年的 9025 元，增长 380%，年均增加接近 1700 元。为田阳实现脱贫摘帽提供了强有力的支撑和保障。①

表 7-2　田阳城乡居民收入变化

时间（年）	农村居民可支配收入（元）	农村居民可支配收入增幅（%）	城镇居民可支配收入（元）	城镇居民可支配收入增幅（%）	贫困卡户人均纯收入（元）
2014	7392	13.4	23839	7.9	2351.17

---

① 《田阳县脱贫攻坚工作情况汇报》，2019 年 7 月。

续表

时间（年）	农村居民可支配收入（元）	农村居民可支配收入增幅（%）	城镇居民可支配收入（元）	城镇居民可支配收入增幅（%）	贫困卡户人均纯收入（元）
2015	8161	10.6	25449	6.8	2350.71
2016	11181	10.4	27986	8.7	6596.58
2017	12109	8.3	30337	8.4	8797.7
2018	13199	9	31793	4.8	9025.46
2019	14466	9.6	34050	7.1	—
2020	15710	8.6	35106	—	

3. 群众基本生活充分保障

一是医疗有保障。田阳推行先诊疗后付费、"一站式"服务和医疗保障差异化补助等惠民便民医疗服务政策，各项指标全面达标。2020年农村居民基本医疗保险参保率为98.59%，建档立卡贫困人口参保率为100%，贫困户患病人口住院费用实际报销比例达90%，门诊特殊慢性病治疗费用实际报销比例均达80%，建档立卡贫困人口家庭医生签约服务率达100%，患有14种大病的贫困患者救治率为100%，医疗保障水平稳步提升。二是住房有保障。田阳2016—2020年实施农村危房改造项目2459户，全区住房保障率达到100%。易地扶贫搬迁方面，纳入"十三五"易地扶贫搬迁6068户25145人已全部搬迁入住。三是教育有保障。2018年，田阳九年义务教育巩固率达到96.21%，没有建档立卡贫困户家庭学生辍学。营养改善计划、"雨露计划"等教育扶贫政策全面落实。形成从学前教育、义务教育、高中教育到高等教育全覆盖的贫困学生资助保障体系，无一人因贫困上不起学。

二、群众生活条件大幅改善

1. 基础设施不断完善

田阳在精准扶贫期间，以"兵团联合作战"的方式，先后实施安全饮水、村屯道路、产业道路和水柜、网络信号等基础设施建设大会战，改善群众生产生活条件，提高群众对扶贫工作的满意度和获得感。通过新建和维修水池，建设水池盖板，安装配套消毒设备和水泵等措施，确保全区所有建档立卡户都喝上了安全饮用水。加快自然村屯通屯道路和产业发展道路建设，全区 152 个村 20 户以上自然屯均已全部达标。全面对村部办公楼、公告栏、篮球场、健身器材、农家书屋桌椅图书、村级公共服务中心、广播电视直播卫星户户通设备等进行补充完善和提升改造，村级基础设施和基本公共服务水平进一步提升。[①] 2016 年投入 1.5 亿实现 20 户以上自然屯硬化道路建设工程，共修建道路 172 条 380 公里；2017 年屯级道路建设基本完成并转向产业道路建设，投入 4977 万元建设 46 条共 75.7 公里的产业路；2018 年投入 8500 万元按照区级标准对 20 户以上通屯道路进行扩建，扩建了 10 户到 19 户的自然屯道路（10 户以下的自然屯因为总量少，多实施了易地扶贫搬迁）。

2. 农村面貌焕然一新

一是乡村建设取得新进展。田阳编制实施了《田阳县乡村振兴战略规划》，建成雷圩桥马片区水厂等 5 个水厂，全区集中供水率达 90%，自来水普及率达 95%。完成改厨改厕 2 万户、改圈 298 户。15 个农村垃圾处理中心和 6 个镇级污水处理设施项目建成运行。完成棚户区改造一期工程前期工作。全区 152 个村级综合服务中心通过市级

---

① 《田阳县脱贫攻坚工作情况汇报》，2019 年 7 月。

验收。巴某村示范创建工作投入 1400 万元完成外立面改造 87 户，加旭屯适度养殖区投入养殖，民宿改造、游客服务中心、桃李景观园及配套设施提升等工程有序推进。二是村容村貌呈现新景象。通过脱贫攻坚，田阳行政村通村公路硬化率、行政村安全饮用水达标率、具备条件的自然村通电率、行政村综合文化活动场所（地）覆盖率、贫困人口参加城乡居民养老保险参保率全部达到了 100%，行政村开通客运班车率达到了 85.07%。田阳每年投入近 2700 万元推进乡（镇）村屯垃圾保洁清运外包运营，乡村保洁效能明显提高。三是群众受益效果明显。2016—2018 年，由田阳区发改局承担实施的 102 个扶贫资金项目涉及全区所有乡（镇），解决了全区 108 个行政村 123 个自然屯群众行路难问题，极大地改善了群众的生活生产条件，提高了当地群众发展种养产业的积极性，受益群众达 9185 户 34637 人，其中直接受益贫困户 2379 户、贫困人口 8498 人。项目实施后有效改善了 2.6 万亩芒果产业道路生产运输问题，改善了 6000 亩油茶生产运输问题，改善了 1.2 万亩经济林道路运输问题，改善了 530 亩耕地灌溉问题。对田阳的产业发展起到较大的促进作用，为田阳打造特色优势产业区打下坚实基础。

表 7-3　田阳发改局实施项目情况（部分）

时间（年）＼指标	2016	2017	2018	2019
总投资（万元）	3101.832	656	60	1882.3593
受益村数（个）	51	23	6	34
受益贫困村（个）	37	12	0	16
受益户数（户）	3752	1385	465	4048
受益人口（人）	14389	5431	1986	14817
受益贫困户（户）	1191	250	145	938
受益贫困人口（人）	4264	825	514	3409

三、政府兜底保障贯彻落实

1. 精准识别特殊家庭户

田阳开展老人识别户、五保评定及合并识别工作。对老人单独识别户分类施策、区别对待，对无儿无女的老人户，启动五保户评定程序，符合条件的纳入五保；对子女全部外嫁或上门的老人户，实行财政兜底；对实际与子女共同居住或由子女长期赡养的老人拆分户，将子女与老人户按程序并户识别，符合条件的方可建档立卡；不符合条件的，在国办系统上将老人户以迁出方式做人员减少。这一做法得到了广西壮族自治区扶贫办的高度认可，被作为 2018 年广西动态调整工作的有效案例写进工作方案，并在广西壮族自治区进行专题行文部署。田阳为保证扶贫的精准性，将精准识别与动态调整有效结合起来，保证国家资源与群众需求的精准匹配。例如，2016—2018 年，建档立卡贫困户享受低保的户数分别为 11452 户、7822 户和 6337 户；建档立卡贫困人口纳入低保人数分别为 33679 人、24937 人和 18157 人；农村低保户纳入建档立卡贫困户序列户数分别为 6121 户、3478 户和 1889 户。2018 年田阳建档立卡贫困人员符合参加城乡居民基本养老保险参保率 100%，符合养老保险领取待遇条件的老年人享受养老保险待遇率 100%。

2. 提高特困群体保障标准

对纳入低保的老年人、重度残疾人、重病患者、在校学生、单亲家庭成员等特殊困难群体，在发放基本保障金的基础上，根据困难程度，按照当地低保标准的 10%—30% 分类增发特殊困难补助金给予生活保障。对农村低保中的季节性缺粮户实施粮食救助。围绕"确保'两无'贫困人口和暂时不能脱贫人口的基本生活水平与扶贫攻坚进程、全面小康社会建设进程相适应"的目标，持续提高农村低保标准，稳步提升托底保障水平，逐步推进农村低保标准和扶贫标准"两线合一"，2020年农村低保与扶贫两个标准实现统一。根据经济社会发展水平，逐步提高孤儿基本生活保障标准，确保散居孤儿基本生活费不低于600元/月，集中供养孤儿基本生活费不低于1000元/月。完善孤儿基本生活保障制度，并经公安部门确认，将失去父母、查找不到生父母的儿童纳入孤儿基本生活保障范围，确保孤儿健康成长。

表7-4　田阳农村居民救助标准

时间（年）	农村分散供养五保标准（元）	农村集中供养五保标准（元）	农村低保标准（元）
2014	250	380	1920
2015	250	380	2260
2016	330	480	3146
2017	360	480	3321
2018	415	775	3820
2019	480	900	4400
2020	565	1170	5200

3. 健全"三留守"人员关爱体系

一是实施"留守儿童"关爱行动。田阳90%以上的贫困村（社区）建有一所为儿童及其家庭提供游戏、娱乐、教育、卫生、社会心理支持和中介等服务的"儿童之家"。实施教师联系帮扶适龄入学留守儿童制度，发挥中小学校、幼儿园在农村留守儿童管理服务中的教育作用，全面建立农村留守儿童情况排查登记和情况报告、监护人联系、管理教育责任、结对帮扶、沟通交流、寄宿优先等制度。将符合条件的农村留守儿童纳入社会救助保障范围。二是建立农村留守老人关爱制度。建立农村留守老人养老服务制度，积极倡导邻里互助，推进基本公共卫生服务均等化，发挥新型农村合作医疗制度普惠优势，持续提高农村留守老人基本医疗保障水平和基本公共卫生服务水平。三是建立农村留守妇女关爱制度。开展留守妇女生理和心理咨询服务，普及心理健康知识，提高精神疾病预防意识和防治能力，建立覆盖城乡、功能完善的精神卫生防治和康复服务网络。在留守妇女集中的地区大力发展优势特色产业，加大就业创业扶持，提供技能培训、项目开发、税费减免、贷款贴息、跟踪指导等资金、技术支持，吸纳带动留守妇女创业就业，提高经济收入。

4. 构建残疾人关爱保护体系

提升残疾人保障力度。将符合低保、医疗救助、临时救助条件的残疾人纳入相应的保障范围，对重度残疾人和贫困残疾人参加基本养老保险和基本医疗保险给予保费补贴，优先保障残疾人基本住房，优先帮助贫困残疾人脱贫致富。完善残疾人服务网络。实施扶贫惠残工程。推进"党员扶残温暖同行"、农村残疾人扶贫基地、农村贫困残疾人实用技术培训、"阳光家园计划"、残疾人居家无障碍改造、贫困成人残障者康复6项工程建设。建成"残疾人之家"，开展党员"一对一"帮扶贫困残疾人活动和志愿助残行动。

专栏7-1 进行夜访调研

全体帮扶干部坚持每周带真情、带政策、带问题深入走访3—5户贫困户和非贫困户，重点对残疾户、因病致贫户、孤寡老人户等进行夜访，与群众交朋友、听真话，了解群众的期盼和愿望，做好扶贫政策宣传和动态管理工作。截至2018年底，田阳针对夜访群众反映的贫困人口"应纳尽纳""应退尽退"问题，先后对全区所有农户和建档立卡户逐村、逐户、逐人进行第一轮"拉网式"筛查，对816户老人单独识别户开展五保评定及合并识别工作，对国扶系统5153条问题数据进行清洗修正录入，对9户错评户给予剔除国扶系统，有效防止了贫困人口漏评、错评、错退等情况发生。

四、特色产业链条基本形成

1. 扶贫产业格局基本形成

田阳形成芒果、柑橘、茄果类蔬菜、养猪、养鸡5大主导产业和油茶、糖料蔗2个备选产业，"5+2"特色产业覆盖率达97.8%。通过大办产业基地，分类施策实施特色产业差异化"以奖代补"，引领贫困户发展特色产业。打造北部20万亩农林生态脱贫产业核心示范区，右江河谷果蔬产业（核心）示范区、南部华润五丰（田阳）生态养殖供港基地，辐射带动五大主导产业规模化、集约化发展，全区形成南+北+河谷的产业发展格局。实施产业覆盖和产业技能培训"双百"行动，全区建档立卡户一年至少接受1次以上培训，至少掌握1—2项实用技术，提升产业技术水平。全区61个贫困村均有农民专业合作社等新型经营主体或产业基地覆盖，培育186名创业致富带头人，带贫减贫成效明显。

2. 特色种植业成果喜人

田阳积极发展具有市场优势的芒果、柑橘、葡萄、香蕉及百香果、火龙果、澳洲坚果、大青枣、枇杷等热带、亚热带特色水果，推广"企业+基地（农场或合作社）+农户"的新型模式，建立健全标准体系，全面推广水果标准化生产技术。2015—2020年，芒果种植向北部山区扩展面积43250亩，按照年度分类每年面积为：2014年87876亩；2015年104006亩；2016年122899亩；2017年125710亩；2018年129075亩；2019年131126亩；2020年水果种植面积达到50万亩，果园推广标准化生产面积达到25万亩，优质和优势品种覆盖率达到95%，优质果品率达到80%以上。同时，利用南菜（果）北运、西菜（果）东运产业化工程实施契机，建设了蔬菜标准园示范工程，扩大现有蔬菜生产面积，加强秋冬菜基地建设，推进无公害标准化蔬菜生产。重点发展以圣女果为主的特色蔬菜、反季节蔬菜和绿色蔬菜，引进新品种、新技术，推进蔬菜标准化生产和产业化经营，建立现代化营销体系。经过共同努力，已初步把田阳打造成桂西南地区重要的秋冬菜集散中心、价格形成中心、信息交流中心。2020年田阳蔬菜产量达120万吨，其中反季节蔬菜20万吨。

专栏7-2 柑产业扶贫典型——周作光

周作光是田阳五村镇康华村伍龙农场的场主，他于2015年通过土地流转、政府免费扶持果苗在康华村洞琴屯建立了沃柑扶贫示范园，总面积200亩，果树16000株，以"家庭农场+示范园+贫困户"的生产模式进行生产，示范园2017年开始投产，12月25日开园销售，全年总产量240吨，产值288万元，该园每年能为当地贫困户提供80个就业岗位。贫困户务工收入96万元，人均收入1.2万元。通过示范园建设辐射带动五村镇有种植能力的贫困户100多户300人，种植柑橘面积3000多亩。

3. 特色养殖业初具规模

田阳稳步发展猪禽传统优势产业，推进生猪良种繁育体系建设，提高种源数量和质量；在稳定现有林下养鸡规模基础上，采取招商引资方式，积极培育龙头企业（农场或合作社）建设，采取"公司+农场（合作社）+农户"的养殖模式发展养鸡产业；大力发展草食动物养殖，重点发展养牛、养羊，利用新一轮精准扶贫脱贫决胜小康的契机，在南北部山区大力推广养牛和养羊产业，采取"公司+基地+合作社+农户"的养殖模式，带动农户发展养殖业，已初步把田阳建成桂西草食动物养殖加工、销售规模最大的县区。积极实施《田阳县养殖水域滩涂规划》，重点养殖鳙鱼、鲢鱼、草鱼、罗非鱼、斑点叉尾鮰、鲶鱼、鲤鱼等生态品种，提高龟鳖养殖总量，加强渔政管理，切实保护水域鱼类种类资源，加快发展休闲渔业，完善渔业养殖设施和装备建设；强化畜禽污染物减排力度，提倡清洁养殖和推行生态养殖技术。养殖业全部实现标准化、规模化、产业化生产。

第二节　突飞猛进：实现经济社会跨越发展

一、区域经济快速发展

1. 经济总体运行良好，稳中有升

2018年，田阳地区生产总值达到158.79亿元；固定资产投资107亿元；财政收入11.69亿元，比上年增长3.4%；全部工业总产值207亿元，比上年增长29.5%；社会消费品零售总额31.13亿元，比上年增长10.5%。地区生产总值保持两位数增长，连续三年高于广西和百色市平均水平。规模以上工业增加值70.2亿元，比上年增长20%，保持在全市前列，成为经济运行的一大亮点。社会消费品零售总额实现两位数增长。产业结构比例优化为18∶57∶25，第三产业比重较上年提升5个百分点，处于稳步上升趋势。

表7-5　田阳经济发展状况

时间（年） 经济指标	2014	2015	2016	2017	2018	2019	2020
GDP总量（亿元）	103.77	119.22	145.03	175.04	158.79	149.65	154.12

续表

时间（年） 经济指标	2014	2015	2016	2017	2018	2019	2020
社会消费品零售总额（亿元）	20.37	22.43	25.06	28.29	31.13	23.42	22.84
GDP 增长率（%）	11.7	9.1	11.9	10.6	12.6	9.5	7.2
地方财政同口径增长率（%）	23.01	10	0.5	1.65	3.4	—	—
全社会固定资产投资增长率（%）	11.5	15.1	13.2	10.1	0.8	-37.43	-0.21
规模以上工业增加值增长率（%）	20.8	10.5	17.2	15	23	20.1	12
第一产业占比（%）	—	20.93	19	16.5	18	25.5	25.11
第二产业占比（%）	—	56.34	60	63.5	57	47	50.09
第三产业占比（%）	—	22.73	21	20	25	27.5	24.8

2. 工业经济提质增速，稳步发展

2018 年，田阳规模以上工业总产值达到 188.95 亿元，比上年增长 30.99%，增速排名全百色市第一位，超额完成上级下达增长 10% 的任务。铝加工产业快速发展，规模以上铝工业产值达 163.3 亿元，占规模以上工业总产值的 86.42%；园区承载能力不断增强，区级工业园区总产值达到 41 亿元，增长 15%，2018 年新签约项目投资 2.52 亿元，基础设施投资 3200 万元；招商引资环境良好，田阳荣获 2017 年百色市招商引资全口径利用外资工作先进单位、招商引资专项考评二等奖；品牌创建取得新突破，华润水泥（田阳）有限公司获得第四届自治区主席质量奖提名奖，亚龙铝业、澳美铝业、宝新铝业、南华纸业、嘉佳食品公司 5 家企业获得广西名牌产品称号，百矿铝业获得第三届百色市市长质量奖、获评广西工业企业质量管理标杆企业。

3. 集体经济不断壮大，持续增强

田阳深化拓展"三资配置·二元激活"的发展思路，稳步推进智能标准化育苗、光伏产业、入股企业和"四个抱团"发展模式，探索政府搭台、企业参与、合作社运行引领的新模式，鼓励各行政村实施集体经济产业项目，引导以自主开发、合资合作、投资入股和就业参与等方式发展农村新产业、新业态。全面推进农村集体资产清查核资，农村集体经营性资产股份合作制改革，盘活集体闲置资产，大力发展村集体经济。田阳村集体经济 2019 年收入 1164.88 万元，61个贫困村村集体经济收入均达 4 万元以上，95 个非贫困村村集体经济收入均达 4 万元以上。

表 7-6　田阳集体经济发展对贫困村的影响

指标	政策实施前	政策实施后
村集体经济总规模（万元）	0	1164.88
年集体经济收入 5 万元以上的村庄数量（个）	0	77
年集体经济收入为 0 的村庄数量（个）	156	0
贫困村有集体经济收入数量（个）	0	61
年集体经济收入 5 万元以上的贫困村数量（个）	0	44

4. 农业现代化步伐加快，乡村振兴

一是现代农业产业稳步发展。截至 2018 年底，田阳"三品一标"基地认证面积达到 43 万亩，占总生产面积的 65%。获得市级农业生产发展专项资金 1035 万元，力促农业产业转型升级。20 万亩农林生态脱贫产业核心示范区完成土地梯级改造平整 1 万亩，种植芒果花卉 8000 亩，辐射带动扶贫产业发展。2018 年粮食播种面积 32.16万亩，总产量 11.31 万吨；蔬菜种植面积 37 万亩，总产量 80.3 万

吨，产值15亿元；水果面积48.77万亩，总产量34.8万吨，产值15亿元；肉类总产量3.12万吨，水产品产量1.79万吨，渔牧业总产值8.31亿元。二是新型农业经营主体不断发展壮大。全区共有市级以上农业龙头企业21家，成功创建广西现代特色农业（核心）示范区1个，市级、县（区）级、乡级示范区共10个。建成益农信息站456个，实现全覆盖。新增农民专业合作社51家、家庭农场10家，累计成立农民专业合作社567家、家庭农场79家。三是农业农村综合改革持续深化。农村土地承包经营权确权登记颁证主体工作全面完成，为农村土地改革夯实基础。完成集体林权证发放查缺补漏纠错23.44万亩。深化农村金融改革，创建农村金融服务进村示范点10个。全年农村"两权"抵押贷款余额1.66亿元，增长6.2倍。

二、社会事业稳步提升

1. 保障改善民生，群众幸福感增强

一是教育事业稳步发展。田阳投入8020万元，推进区初级中学、第三初级中学、第十小学、百峰小学等教学楼、宿舍楼建设。投入1577万元，新建百育镇第二幼儿园、洞靖镇中心幼儿园、雷圩幼儿园，扩建那坡镇中心幼儿园。安排430亩地用于新建老乡家园基础教育和新民族中学。截至2018年底，发放各种教育补助资金6824.34万元，受益学生达10.34万人次。招聘中小学、幼儿园教师276名，进一步补充师资力量。田阳积极落实"双线四包"工作责任制，建立控辍保学工作机制，全区没有建档立卡贫困学生辍学，2018年九年义务教育巩固率达96.21%，建档立卡贫困学生100%享受教育资助。二是文体事业持续发展。完成粤东会馆抢救维修一期工程，开工建设瓦氏夫人文化公园、贫困县百县万村综合文化服务中心建设示范工程。国家级非物质文化遗产代表性项目《田阳壮族狮舞》《布洛

陀》获补助资金110万元。三是卫计事业健康发展。投入1676万元，建成田阳疾控中心易地搬迁项目、妇幼保健院扩建项目。投入1565万元，建成那满、洞靖等6个卫生院。获得广西壮族自治区基层医疗机构建设项目资金3180万元，用于田州、头塘、巴别等9个卫生院建设。建立医联体3个、医共体7个。田阳推行先诊疗后付费、"一站式"服务和医疗保障差异化补助等惠民便民工程，筑牢城乡居民基本医疗保险、城乡居民大病保险、健康扶贫保险、医疗救助、医疗兜底"五道防线"，建档立卡贫困人员参保率、住院和门诊实际报销比例、家庭医生签约率和贫困患者大病救治率全面达标。四是社会保障水平不断提升。推进头塘镇、百育镇农村养老服务中心项目建设。截至2018年底城镇新增就业2557人，农村劳动力转移新增就业6992人次，累计发放城乡低保金6085.31万元，发放残疾人两项补贴488.27万元。城乡居民基本养老保险参保人数17.83万人，社会保障体系更加完善。五是为民办实事工程取得新成效。筹措资金25.3亿元，实施社保、健康、教育、水利、安居、农补、生态、文化、扶贫、交通等为民办实事工程，着力解决群众切身利益问题，不断提升群众的获得感幸福感。

表7-7 田阳社会事业发展状况

时间（年）指标	2014	2015	2016	2017	2018	2019
小学数（所）	76	72	71	71	66	59
小学专任教师数（人）	1099	1124	1282	1165	1191	1286
普通中学数（所）	11	8	8	8	8	8
普通中学专任教师数（人）	834	821	999	932	954	1064
医疗卫生机构床位数（床）	1077	1171	1312	1366	1379	1499
医疗卫生机构技术人员（人）	1255	1118	1397	1328	1398	1935
社会福利收养性单位数（个）	74	74	93	47	40	—

2. 重视生态文明、环境质量改善

一是环境保护有序开展。田阳实施污染防治攻坚战，扎实推进大气、水、土壤污染防治行动计划。强化重点减排项目监控，有效控制主要污染物排放，2018年辖区空气优良天数比例达到97.83%。对中央环保督察反馈意见全面整改到位，顺利通过中央环保督察"回头看"。二是生态文明建设扎实推进。投入4.2亿元，实施土地改良、水土保持、石漠化综合治理等生态修复项目，改善生态脆弱区生态环境。落实河长制，各级河长全面上岗。重新确定百东河自然保护区范围，完成保护区资源考察总体规划和界桩立碑工作。田州镇、那满镇、那坡镇获得自治区级生态乡镇称号。三是生态治理成效明显。扎实推进封山育林、退耕还林等工程项目，植树造林5.95万亩，2018年田阳森林面积达到164927公顷，森林覆盖率为63.5%。投资440.42万元，建成农村能源项目5个。林业产业总产值32.07亿元，增长14.1%。兑现生态扶贫政策补助资金3828.08万元，强化生态公益林、天然林和退耕还林管护。

表7-8 田阳生态环保支出

时间（年） 指标	2014	2015	2016	2017	2018
节能环保支出（万元）	9007	6807	4805	4459	5561
生态补偿金投入（万元）	1502	1502	1502	1502	1483
农林水利支出（万元）	37409	53534	64854	69672	85681

3. 城乡统筹发展，城市化率不断提高

一是城乡规划更加完善。修编《田阳县城市总体规划（2017—2035)》，城市功能布局更趋完善。加强了道路、水系和绿化等基础设施及公共服务设施规划，持续推进宜居城市建设。二是城乡建设取得

新成效。敢壮大道西段市政道路桥梁改扩建工程、花园大道西延长线工程、狮子山公园提升改造工程等项目完成。投入 8867 万元，实施百东大桥工程、城区绿化亮化花化改造工程、敢壮大道"白改黑"工程等项目。投入 1100 万元，完成城西红绿灯路口和壮城金狮路口智能信号灯、解放大道标志标线工程等 21 个市政工程项目。百育镇被列入自治区首批广西特色小镇培育名单。三是城乡管理水平不断提升。城区"五乱"得到有效整治，人居环境持续改善。通过环卫市场化运作模式，实现城区环卫作业全覆盖。投入 3163.42 万元，推进旧住宅小区综合整治和城中村改造项目建设，完成城区外立面改造 1058 户。完成建筑垃圾消纳场项目前期工作。污水处理厂集中处理率达到 95.1%。

表 7-9 田阳城市化水平

时间（年）	常住人口（万人）	常住人口城镇化率（%）
2014	32.05	35.79
2015	32.24	37.47
2016	32.49	38.41
2017	32.8	39.09
2018	33.08	40.33

第三节 励精图治：彰显社会治理公平正义

一、共享发展理念充分体现

1. 东西协作，共同富裕

专栏 7-3 打造"七个"小镇，让脱贫群众致富

田阳依托自然禀赋、交通区位、旅游文化等优势，着力打造

"七个小镇"，拓宽就业空间，创造就业机会，提供就业岗位，为贫困户铺筑小康路。

一是以"五彩田阳"、万亩养生基地等重大项目为抓手，打造现代农业展示旅游观光小镇，引导贫困群众到小镇务工或企业就业。二是以新山铝产业园、红岭坡工业区、农民工创业园为载体，打造新兴工业小镇，发展劳动密集型产业，吸纳贫困户到小镇就业。三是以20万亩现代农林生态扶贫产业核心示范区为抓手，打造生态农林立体开发、旅游观光小镇，引导贫困户到示范区务工。四是以融入百色—巴马长寿养生国际旅游区为契机，利用区内旅游资源，打造水乡特色旅游小镇，吸纳贫困户到景区创业或就业。五是以东江半岛为核心，统筹发展幼儿园、小学、初中、高中等各类教育，打造新兴教育小镇，引导贫困户到小镇内学校务工。六是积极融入"右江—田阳—田东—平果一体化"发展战略，推进壮文化元素建设，打造壮乡民族特色系列古典小镇，增加就业机会。七是按照"城乡一体化"思路，优先打造头塘、百育、田州三个特色小镇，分批分期建设玉凤、那坡、那满、五村、坡洪、洞靖、巴别等各具特色民俗小镇，全面改善贫困户生产商环境。

2016—2018年，深圳南山区与田阳区开展对口帮扶协作，争取到财政帮扶协作资金共计5558.6万元，实施智能化标准育苗项目、"老乡家园"安置点建设、贫困村基础设施建设和致富带头人培训等项目，协助田阳贫困村出列和贫困户脱贫。两地人社、教育、卫健等部门密切协作，进一步提升了田阳劳务、教育和医疗保障水平。深化推进深百（南田）众创园建设，出台扶贫协作招商优惠政策，引进东部企业到田阳投资设厂，搭建两地产销合作平台，拓宽"线上"销售渠道，培育"线下"龙头企业，不断提升田阳特色农产品知名度，开展社会慈善公益协作，积极争取深圳社会帮扶资金，扩宽扶贫协作覆盖面，推动群众满意度提升。在深圳南山区的大力支持下，田阳的各项事业取得了长足的进步，特别是扶贫协作工作，正朝着预期的目标全面推进，两地扶贫协作工作成效明显。

2. 携手共建，奔向小康

南田两地坚持以"结对帮扶、统筹推进"为原则，不断深化镇村结对、学校结对、致富带头人培训等工作。一是 2018 年完成"镇镇结对"4 项，完成"村村结对"16 项，完成"村企结对"13 项，完成"社会组织结对"3 项，各项结对帮扶工作稳步开展。二是继续做好教育和卫生领域共建工作，2018 年实现南田两地各 16 所学校结对，南山区 3 所医院结对帮扶田阳 4 所医院。三是抓好贫困村致富带头人培训工作。截至 2018 年底，已培训致富带头人 92 人次。

3. 自我发展，摆脱贫困

习近平总书记指出："实现我们的发展目标，不仅要在物质上强大起来，而且要在精神上强大起来。"① 在全面建成小康社会中必须重视精神脱贫，鼓励贫困地区的群众增强自我发展意识、提升自我发展能力。

一是注重村级自主发展，激发行政村参与积极性，解决内生动力发展不足问题。一方面，鼓励自主发展促增收，积极鼓励和引导各村把村集体资产与本地优势产业结合起来，科学制定"一村一计划"发展规划，充分利用本村可用的资产、资源、资金，因地制宜发展如出租资产、资源等项目获得村集体经济收入。另一方面，充分用好用活中央、自治区财政扶持发展村集体经济项目资金，培育一批集体经济示范村，督促各乡（镇）指导各行政村积极申报中央、自治区坚

---

① 中共中央文献研究室编：《习近平关于实现中华民族伟大复兴的中国梦论述摘编》，中央文献出版社 2013 年版，第 37 页。

持和加强农村基层党组织领导扶持壮大村级集体经济项目和党费补助项目，促进集体经济增收。例如，党费补助发展的田州镇常安社区小型停车场出租项目2019年实现每年3.24万元集体经济收入；2019年中央财政扶持发展的五村镇五村村旧村部改造项目、那满镇三同村综合铺面项目、那坡镇百峰村综合铺面项目等，发展壮大村级集体经济，为全区的村集体经济发展树立典型示范作用。

二是带资入股，让贫困户变为公司股东。引导全区建档立卡贫困户向农商行贷5万元政府贴息小额扶贫贷款，以带资入股方式参与20万亩生态农村脱贫产业核心示范园区建设经营，由恒茂集团统一代管建档立卡贫困户和易地搬迁群众参与园区建设的入股本金（小额信贷贴息贷款），并妥善安排他们到园区劳务就业和返包管理等，让贫困群众以"抱团"方式发展产业，变"输血式"扶贫为"造血式"扶贫。在贷款期限内每年享受贷款本金10%的固定分红（连续享受3年，每年5000元），并把贫困户前3年享受的固定分红资金滚动为本金注入政府平台公司，把贫困农民变为政府平台公司的股东，让贫困户在小额扶贫贷款到期后能够继续参与园区建设经营，长期享受一定比例的固定分红，解决无土易地扶贫移民搬迁贫困户有稳定收入和持续增收问题。截至2018年底，田阳已有4437户贫困户捆绑入股园区建设经营，入股资金1.29亿元。

三是激活沉睡资产，助推乡村振兴。田阳是广西8个列入全国首批"农村承包土地的经营权"和"农民住房财产权"抵押贷款的试点之一，也是广西唯一的"两权"抵押贷款"双试点"县区。近年来，田阳坚持先行先试、因地制宜，探索出"政府主导推动、产权抵押登记、银行评估承贷、风险政银共担"的"两权"抵押贷款模式，激活农村资源，促进乡村振兴，实现农民增收。截至2018年底，田阳"两权"抵押贷款累计发放额为16353万元，较上年同期增13756万元，比同期增长529.69%，有效盘活了农村资源、资金、资产，农业生产中长期和规模化经营的资金投入达4093万元，更好地满足农户生产经营需求，有效推动了乡村振兴战略的实施。

二、社会治理结构日渐完善

1. 工作机制保障脱贫攻坚

田阳在脱贫攻坚战一开始，就注重工作机制的创新。高位推动，实行常任指挥长、"主官问政、扶贫专考、纪检监督"、"人大督查、政协点题视察"和"区领导包乡（镇）统领督战，乡（镇）为属地全负责的责任主体，部门领导领衔包村包户抓落实"等工作机制，理顺和压实各方主体责任；实行结对帮扶全覆盖机制和自治区、市帮扶干部与田阳区级帮扶干部"双挂"制度，实现了田阳 156 个村（社区）和全部建档立卡户结对帮扶全覆盖、贫困村与非贫困村第一书记、工作队员全覆盖以及帮扶工作不脱节；出台《田阳县激励干部十条办法》等奖励措施，创新设立"书记、区长奖"，对扶贫一线实绩突出的单位和个人给予政治上关心、精神上褒扬、工作上支持、生活上关怀。同时，建立脱贫攻坚"六大工作"机制、"换位沉底"机制。创新推行"一制度两办法"，开展惠民政策落实等 11 项监督保障行动和 14 项资金专项治理行动，推动扶贫领域腐败和作风问题专项治理常态化、规范化。2016—2018 年，田阳扶贫领域违纪违法立案 201 件，给予党政纪处分 193 人，移送司法机关 4 人，起到了"查处一人、警醒一片"的警示震慑作用。

2. 多元共治助力脱贫攻坚

社会治理的核心是多元共治，治理主体的多元化是化解当前治理困境的有效路径。田阳利用脱贫攻坚的大好机遇，大胆尝试引入社会力量参与扶贫攻坚。通过撬动社会资本参与扶贫开发，充分发挥社会力量助推扶贫攻坚的作用。2018 年全区完成 15 个"爱心超市"和 12

家扶贫车间建设。在铁塔公司、移动公司、联通公司、电信公司和供电公司等部门、企业的参与支持下，解决了贫困群众宽带网络免费入户、部分自然屯手机网络覆盖和季节性变压器过载等问题。初步形成了专项扶贫、行业扶贫、社会扶贫"三位一体"的大扶贫格局。

三、基层治理能力明显提升

1. 领导干部综合能力增强

田阳区委、区政府以"四个大兴"为抓手，以"克难攻坚项目"为主要载体，运用"团队学习、分享经验、集体研讨、实际行动"的学习方法，围绕选定的"攻坚克难项目"，按照"科学立项—成立行动学习小组—行动学习启动会—制定方案—执行计划—总结评估—结果运用"步骤，把"四个大兴"贯穿于整个项目周期。通过以上全方位、大规模、高成效的学习和实践锻炼，全区主要领导干部的政治意识增强了、政治自觉提高了、作风建设落实了、群众基础夯实了。领导干部的理论素养和实践能力得到显著提升。

2. 党员干部业务能力提升

田阳在坚持中心组集中学习制度的基础上，创建"新时代讲习所"和"田阳敢壮干部夜校"，组织广大党员干部系统学习党的十九大精神、习近平新时代中国特色社会主义思想、习近平总书记关于扶贫工作的重要论述等，全区广大干部进一步增强了"四个意识"，坚定了"四个自信"。2018年田阳区四家领导班子通过区委常委会、区委理论中心组、区政府党组集中学习，开展政治理论常识知识测试，带动各级党组（党委）开展中心组学习活动，受教育人数达2.63万人次，实现区级领导、单位帮扶领导、乡（镇）领导、脱贫攻坚（乡村振兴）工作队员、帮扶干部、村两委干部、村级扶贫信息员培训全覆盖，极大地提升了党员干部对党和国家方针政策以及习近平总书记系列重要讲话精神的理解和执行能力。

3. 脱贫攻坚效果有目共睹

一是受到多次嘉奖。2016—2018 年，田阳先后成功承办了 30 多个国家级、自治区级、市级脱贫攻坚工作现场会，有 1 人荣获 2018 年全国脱贫攻坚奋进奖。2019 年 4 月，经广西壮族自治区人民政府批复，田阳实现脱贫摘帽。2019 年 6 月，田阳扶贫办被授予第九届全国"人民满意的公务员集体"荣誉称号。二是脱贫经验被广泛报道。由于田阳对扶贫政策把握精准、扶贫措施得当、扶贫效果显著，受到各级媒体全方位多层次的深度采访和报道。田阳脱贫攻坚的一些经验和机制创新被广泛推广介绍，受到全社会的一致好评。仅 2018 年，媒体对于田阳的脱贫攻坚报道就达 94 次，其中中央级纸媒 1 篇、中央级广播电视 1 条、中央级网络媒体 38 篇，广西壮族自治区级纸媒 12 篇、广西壮族自治区级广播电视 4 条、广西壮族自治区级网络媒体 38 篇。

四、干部群众关系日益融洽

1. "换位沉底"，转变作风

为深入贯彻落实习近平新时代中国特色社会主义思想和习近平总书记"建设壮美广西，共圆复兴梦想"重要题词精神，全力推进田阳党的建设、脱贫攻坚和经济社会各项事业的发展，区委、区人民政府决定 2019 年在全区开展领导班子建设提升年、脱贫攻坚巩固提升年、政策（决策）学习落实年、优化营商环境攻坚突破年、产业大招商攻坚突破年、重大项目建设攻坚突破年"六个年"活动，促使党员干部作风大转变，实现帮扶措施"落地入户"常态化。一是每周工作主题。组织领导干部下沉贫困村担任村书记助理、主任助理。二是召开民情会。领导干部和"入户探亲"的帮扶干部与村级基层干部、贫困群众代表等共同开会讨论扶贫情况，收集民意、了解扶贫工作动态。三是开展夜访调研。全体帮扶干部坚持每周深入走访3—5户农户，重点深入了解残疾户、孤寡老人户等特殊困难农户的贫困状况和发展需求，开展扶贫政策解答与宣传。四是开展"三同"活动。每周组织帮扶干部开展"三进三同三问"活动，领导干部进村屯、进农户家里，并且与群众同吃、同住、同劳动，向群众问需、问苦、问计。五是审核贫困户扶贫手册。下沉领导干部系统认真地审核贫困户的扶贫手册，了解政策落实和扶贫成效。六是落实帮扶措施。下沉领导干部负责与村"两委"干部、党员代表、村民代表商讨完善本村帮扶计划方案，帮扶干部负责与结对帮扶户讨论和完善农户脱贫致富帮扶计划。"现在的干部作风比以前好多了，没有官架子，讲话实在，对人热情，服务态度好，办事效率提高了。""我们偏远山村以前很少见到领导干部，现在经常见他们来听意见、办实事。"不论在田阳的大街小巷，还是在田间地头，提起领导干部的作风问题，绝大部分群众都给予称赞。田阳党员领导干部"换位沉底"的工作作风，在群众心目中树起"为民务实清廉"的良好形象，党群干群关系进一步密切，这正是党的政策落实取得的实效。

2. 脱贫攻坚，群众满意

一是扶贫工作群众认可。扶贫是一项重要的民生工程，在实施项目之初要尊重群众，积极了解群众的真实想法，了解他们对未来的规划。田阳在精准识别、民主评议、产业帮扶、规划制定、群众需求以及精准结对等各个环节充分站在贫困群众的角度思考问题，急群众之所急、想群众之所想，党员干部确立了扶危救济的担当和准确的自我定位，树立了积极乐观的生活态度。在每一个环节都做到公开、公正、透明、民主，充分尊重群众的意见和建议。脱贫工作得到了普遍认可和赞赏，群众满意度高达95.15%。①

二是驻村工作群众满意。田阳在脱贫攻坚工作中，为每一个行政村选配了得力精干第一书记和驻村工作队。这些干部不仅在工作能力和动员能力上更胜一筹，工作方式和对待群众的态度更是可圈可点。这些干部刚到村里时，村民抱有一种观望和不配合的心态，但随着工作的开展，他们意识到这些干部是真正为老百姓办事的，不是为了升迁而来"走过场"的。驻村工作队的工作得到了群众的高度认同和配合，他们纷纷邀请干部到自家吃饭、喝茶、聊天。这些朴素而又真诚的举动，是群众对驻村干部的最大认可和支持。

三是全心全意服务群众。在脱贫攻坚过程中，田阳大胆创新，积极施政，全心全意服务群众。例如在对待易地搬迁户的工作中创立了"农事城办"的便民机制；在"政府兜底"脱贫中，落实各项惠民政策，让政策"红利"提升贫困户"获得感"，田阳低保对脱贫的贡献率达到60.63%；在审核手册中，田阳174名领导干部审阅或抽查帮扶手册5013份，对9名工作作风轻浮、责任心不强的党员干部给予扣减年度绩效考评奖励并全区通报批评。脱贫攻坚工作使得当地干部群众关系空前融洽。

---

① 《脱贫攻坚经验总结县级调查表》，2019年9月。

第八章

固本扬新：走向乡村振兴之路

2017 年 1 月 24 日，习近平总书记在张家口考察时明确指出：
"要把扶贫开发、现代农业发展、美丽乡村建设有机结合起来，实现
农民富、农业强、农村美。"① 党的十九大报告提出：要实施乡村振
兴战略。这就给打赢脱贫攻坚战指明了前进的方向、目标，提出了新
的要求。田阳区党委、政府认真贯彻落实习近平总书记的重要论述，
紧紧围绕"两不愁三保障"的目标要求，坚决打赢脱贫攻坚战，在
2018 年底实现脱贫摘帽之后，坚持摘帽不摘责任、摘帽不摘政策、
不摘帮扶、不摘监管，推进巩固拓展脱贫成果与乡村振兴战略衔接，
补齐短板、强化机制、狠抓落实，开辟精准发展的新局面。

第一节 "四不"举措：巩固脱贫成果施新策

为巩固拓展脱贫成果，田阳区委、区政府继续发挥履行主体责任
的引领作用和发扬乘胜前进的良好作风，紧紧抓住实施乡村振兴战略
这一契机，坚持巩固拓展脱贫成果不放松，认真贯彻落实习近平总书
记于 2019 年 4 月 16 日在重庆主持召开的解决"两不愁三保障"突出
问题座谈会时提出的"四个不摘"，即"摘帽不摘责任、摘帽不摘政

---

① 中共中央党史和文献研究院编：《习近平扶贫论述摘编》，中央文献出版社 2018 年版，
第 74 页。

策、摘帽不摘帮扶、摘帽不摘监管"的新要求，采取了相应的新策略。

一、主体责任不撤担

明确主体责任、"五级书记"一起抓，这是脱贫攻坚战取得显著成效的根本保证，是巩固拓展脱贫成果的根本措施。田阳区委、区政府在全区脱贫摘帽后，仍继续坚持党委统筹全局，协调各方，坚持"五级书记"主体责任不撤担、层层落实的方针。为了巩固拓展脱贫成果，田阳实行"区领导包乡（镇）统领督战，乡（镇）为基本服务统计单元，部门领导领衔包村包户抓落实"的工作机制。乡（镇）党委、政府是统筹协调、工作运转、监督补位、巩固拓展成果的责任主体，对口帮扶单位是包村包户具体工作执行的责任主体。

1. 落实挂点联系乡（镇）的区领导职责

区领导对所联系乡（镇）的脱贫工作继续负有统筹领导、协同调度、督查督战的职责。在脱贫摘帽之后，联系乡（镇）的区领导仍然负责调度指挥各后援单位的主要领导，发挥各部门的力量，开展巩固拓展脱贫成果组织领导协调工作。为了确保领导到位，采取依次顺延的办法，如遇排位第一的联系区领导因事不在岗的情况，则由排第二位的联系区领导"顶上接手"，确保工作衔接不脱节。每周仍然要"换位沉底"到村屯，集中时间和精力，解决2—3个有关巩固脱贫成果的难点问题。继续坚持每周随机抽查挂点乡镇10名帮扶干部是否坚持脱贫工作一线，继续办实事巩固拓展脱贫成果，如发现工作漂浮、责任心不强、返贫情况严重的干部，可建议区委给予问责处理。

2. 落实乡（镇）党委、政府职责

乡（镇）作为基本服务统计单元，是统筹协调、工作运转、监

督补位的责任主体，对统筹巩固脱贫成果有直接的责任。这一责任坚持履行，做到"五个继续"：继续负责本乡（镇）巩固脱贫成果工作的领导责任；继续研究探索防止返贫的对策和举措，做到未雨绸缪；继续落实国家各种惠农强农扶贫政策；继续做好脱贫工作的各类数据汇总统计，档案台账的管理，平台数据的录入、更新，实现对返贫情况的动态监管。

3. 落实对口帮扶单位职责

明确各级对口帮扶单位是挂点联系村包村包户具体工作执行的责任主体，是挂点联系村、联系户脱贫致富的"第一责任人"。单位主要负责人继续承担原挂点联系村的巩固脱贫成果的工作责任；负责组织领导本单位干部继续对原承担帮扶联系户脱贫后的后续可持续脱贫致富的工作，确保挂点联系村综合贫困发生率低于3%指标。

4. 继续落实其他相关部门的责任

在实现了"有路通村屯、有电用、有安全饮用水、有村集体经济收入、有好的'两委'班子"5项指标达标的基础上，原牵头单位和配合单位要不摘责任，继续强化对路、电、水、集体经济的发展、"两委"班子的建设等5个方面的维护、监理、谋划、提升等工作负责。

二、相关政策不改弦

政策是精准扶贫和精准脱贫的生命弦。能不能巩固拓展脱贫成果，关键就看政策这根弦是不是还在弹、音会不会变。田阳区委、区政府坚持扶贫的相关政策不改，弦音不变，确保脱贫成果不失。

1. 继续实施"2+1"的跟踪帮扶政策

《广西壮族自治区人民政府办公厅关于进一步明确贫困户脱贫后继续扶持有关政策的通知》明确规定："对贫困户脱贫后继续扶持和跟踪观察3年，其中继续扶持2年，跟踪观察1年。在2年继续扶持期内，脱贫户继续享受相关扶贫政策；贫困户脱贫后的第3年为跟踪观察期，在1年跟踪观察期内，对脱贫户发展生产等方面给予指导，巩固脱贫成果。在继续扶持期和跟踪观察期内，继续实行'一帮一联'和'一户一册一卡'制度，对脱贫户进行收入登记。"田阳区委、区政府认真贯彻落实广西壮族自治区这一"2+1"的跟踪帮扶政策，留出巩固期，确保政策的持续性和稳定性，对脱贫户进行全程动态监测，适时掌握脱贫户和脱贫人口的情况，以便采取巩固拓展脱贫成果的各种工作举措。

2. 继续贯彻落实各项扶贫脱贫政策

2015年底，广西壮族自治区党委十届六次全会通过《关于贯彻落实中央扶贫开发工作重大决策部署坚决打赢"十三五"脱贫攻坚战的决定》，提出了广西壮族自治区脱贫攻坚战的总目标、总要求，实施"八个一批"，推进脱贫攻坚"十大行动"。为贯彻落实《决定》的重要精神，举全区之力打赢脱贫攻坚战，广西壮族自治区相关部门又陆续出台20个精准扶贫配套政策，形成了"1+20"扶贫政策体系。这些政策针对性强，涵盖面广，力度空前，成为广西精准扶贫的主要工作措施。田阳区委、区政府结合脱贫攻坚工作实际，制定相关政策予以实施。2016年以来，田阳先后出台实施产业扶持资金委托经营、万元扶贫产业增收计划、千人就业技能大培训、易地扶贫搬迁补助、苗木补助、小额信贷复利分红、特色产业差异化奖补等10多项政策措施，确保建档立卡户户均享受至少2种以上的扶贫政策。特别是2018年，田阳通过实施产业覆盖、产业技能培训"双百"行动、特色产业差异化"以奖代补"等产业扶贫政策，形成芒果、柑橘、茄果类蔬菜、养猪、养鸡5大主导产业和油茶、糖料蔗2个备选产业，"5+2"特色产业覆盖率达到97.8%。

三、帮扶措施不掉链

田阳继续实施各项帮扶举措，继续"全链条式"推进精准扶贫，落实各项惠民政策，确保脱贫户持续增收不返贫，农村弱势群体脱贫奔小康路上不掉队。

1. 继续开展结对帮扶，确保脱贫农户"不掉线"

组织全区6000多名干部职工，平均每人帮扶3—5户，逐一对脱贫户、未脱贫户开展结对帮扶活动，对脱贫户继续扶持2年，跟踪观察1年；继续实行"一帮一联"和"一户一册一卡"制度，对脱贫户收入进行逐月登记；本着"脱贫不脱政策"的原则，在两年继续扶持期内，脱贫户继续享受扶贫政策；在第三年跟踪观察期内，帮扶干部对脱贫户发展生产等方面给予指导，巩固脱贫成果，确保每个脱贫户、贫困户都有干部联系"不掉线"。

2. 继续"全链条式"扶贫，确保脱贫指标"不掉链"

田阳继续坚持"全链条式"扶贫思路，以金融扶贫、产业扶贫、就业扶贫、教育扶贫、旅游扶贫、政策扶贫为重点，加强扶贫小额贷款扶持、引进龙头企业带动、创建特色产业示范基地、贫困户产业技术和就业技能培训、引导农村劳动力转移就业等，充分调动贫困户自主发展的积极性和能动性，增强贫困户脱贫致富的"造血"功能，从各方面有效拓宽贫困户增收渠道，提高贫困户家庭经济收入。继续围绕发展农村现代特色产业需要、改善群众生产条件需求，积极争取上级各种扶持农村基础设施建设资金投入，整合各部门项目资金，充分利用"一事一议""以奖代补""民办公助"等政策扶持模式，结合"宜居乡村"建设，持续加强农村饮水安全、节水灌溉、地头水柜、山塘水库、水利渠道修复、机耕道路、坡改梯、屯内道路硬化绿化亮化、农村垃圾处理设施、电网改造、网络宽带铺设等基础设施建设，为加快农村生产发展、助推贫困群众脱贫奔小康提供基础条件保障，确保贫困户脱贫摘帽"八有一超"、贫困村脱贫摘帽"十一有一低于"，每个指标"不掉链"。

3. 继续落实惠民政策，确保弱势群体"不掉队"

继续将无劳动能力的孤老、残疾等特殊贫困户，全部纳入低保政策兜底范围。组织开展医疗救助、民政救济、社会关爱活动，让弱势群体都得到基本生活保障，防止出现因病返贫情况。定期开展教育、民政、医疗、残疾、农业、林业、扶贫、移民等领域惠民政策落实大检查，对照脱贫户收入登记，确保惠民政策落实到户到人，确保农村弱势群体脱贫奔康路上"不掉队"。

三、严格监管不放松

巩固拓展脱贫成果，严格监管是个重要环节。监管不力，成果易失。为此，田阳区委、区政府加强监管，严格纪律，狠抓落实，注重实效。

1. 建立防返贫动态跟踪实时监管预警机制

田阳通过个人申报、系统比对、第三方评价等途径，收集预警信息，进行动态监管。包户责任人和基层党建"网格员"定期入户走访，对脱贫户生产、生活状况予以随时关注，将因收入降低、突发事件等因素有可能导致返贫的人群纳入预警范围。设定预警级别，实行分级管理，按照突出重点、分类管理的原则，对脱贫户实行三级风险防控。完善风险评估，实施分类救助，严格按照风险等级评估程序组织评议。各村将收集的预警信息上报乡镇（社区）扶贫站，由扶贫站协同村对脱贫户就业创业、收支状况等情况进行综合判断。在此基础上，召开村民代表会议对脱贫户风险等级进行评议、公示。建立长效机制，保障稳定脱贫风险等级实行动态管理，等级设防、分层施策、提前预警，提高脱贫的稳定性、可持续性。

2. 继续实行严格的扶贫工作监管制度和干部考核办法

一是继续实施《田阳县脱贫攻坚结对帮扶干部管理考核办法》、《田阳县贫困村党组织第一书记、"美丽广西"乡村建设（扶贫）工作队员管理考核办法》、《田阳县第一书记述职评议制度》和《田阳县脱贫攻坚帮扶干部管理考核"一制度两办法"实施细则》，用制度加强对扶贫干部的监管。二是继续加强对扶贫干部的教育和培养，要求各部门和帮扶干部要以"信念过硬、政治过硬、责任过硬、作风过硬"作为巩固拓展脱贫成果的政治前提和行动保障，以高度政治责任感和使命感，以"马上就办、真抓实干"的工作作风，加快各项实体性工作的推进。三是继续实行问责制。要求不得对脱贫工作不理不问、不推不进和"不作为、慢作为、乱作为"，要敢于担当，主动作为，做到有令必行，有禁必止。对工作进度慢、工作责任心不强，在上级或本级检查督查中发现问题造成不良影响的单位和个人，按照有关规定给予严肃问责，以"铁一般"的纪律、作风和担当，推进巩固拓展脱贫成果各项任务。

第二节　全面对接：为乡村振兴铺新路

2018 年 5 月，习近平总书记主持召开中央政治局会议，审议《乡村振兴战略规划（2018—2022年）》和《关于打赢脱贫攻坚战三年行动的指导意见》。作为关系我国改革发展尤其是广大农村发展的两大重要战略性部署，脱贫攻坚与乡村振兴战略政策设计上具有协调性、兼容性，脱贫攻坚是乡村振兴的前提条件，乡村振兴是脱贫攻坚的后续保障，两者相辅相成，无缝衔接。田阳把推动脱贫攻坚与实施乡村振兴战略结合起来，以机制创新为要，以扶贫扶志为本，在"可持续"上下功夫，强化推进脱贫攻坚与乡村振兴有效衔接，着力优化产业结构，推进第一、二、三产业融合发展，提升乡村就业、社保、教育、卫生等服务水平；让乡村实现"产业兴旺、生态宜居、乡风文明、治理有效、生活富裕"，进一步加快推进脱贫攻坚与乡村振兴发展。

一、产业扶贫促产业兴旺

田阳紧紧抓住脱贫摘帽这一契机，乘乡村振兴这一东风，大力发展产业，优化产业结构，把产业做大做强，从而巩固拓展脱贫成果，促进"产业兴旺"，使脱贫的农民稳增收稳富裕，防止返贫发生。从2019年上半年开始，田阳采取的具体举措是：一是以打造"一村一品"为目标，结合田阳脱贫攻坚"5+2"特色产业发展布局，制定各村产业发展和村集体经济发展计划并抓好实施，各村均培育发展1个以上优势特色产业。二是以提高产业综合效益和竞争力为目标，推广"新型经营主体+基地+农户"发展模式，每个村培育1个以上带动农户增收的新型农业经营主体和3个以上创业致富带头人。三是依托全区特色农业产业优势，推进20万亩生态农林脱贫产业核心示范区、华润五丰（田阳）养殖供港基地等特色种养基地建设，辐射带动每个村建成1个以上现代农业生产示范区基地，逐步形成河谷乡（镇）现代果蔬产业、南部石山区"特色水果+生态养殖"循环产业、北部土山区"现代农林+林下种养"产业三大产业经济带，使扶贫产业真正兴旺起来。

二、乡村建设促生态宜居

田阳加快推进"生态宜居"乡村建设。一是强化了乡村建设规划引导。统筹考虑新农村的空间结构，包括自然环境、耕作半径、产业区划、人口规模、发展前景等来设计和规划；充分体现乡土文化气息，如体现农村特色、自然生态、人文特色、产业特色等；适当兼顾农民生活习俗，尽可能考虑到农民茶余饭后及劳作休息纳凉、农民生产和交通工具存放、农作物晾晒、存储以及儿童活动游戏等场所的设计与布局因素。二是着力推动绿色生态有机现代农业发展，农药、肥料等农产品包装、农膜等废弃物得到有效处理，秸秆还田作用明显，产品质量、品牌效应不断提升。三是以改善农村生产生活条件为目的，推进改厨、改厕、改圈和农村垃圾治理、道路通行、饮水安全、村屯特色、供电能力、通信能力等工程建设，农村环境卫生明显改善、农村生产生活条件逐步完善。四是以实施生态补偿机制为抓手，划定粮食生产和糖料蔗生产功能保护区，因地制宜调整国家级生态林，全面推行河长制等，落实耕地保护补贴、生态补偿机制，促进生态、经济协调发展。

三、"志、智双扶"促乡风文明

"志、智双扶"是实现脱贫致富、可持续发展的根本，是促进乡风文明建设的根本举措。为此，田阳特别重视和发展教育，把它作为促进乡风文明建设的重要一翼来抓。行动上落实"双线四包"工作责任制，建立控辍保学工作机制，全区九年义务教育巩固率达到96.21%，没有建档立卡贫困户家庭学生辍学。全面落实教育扶贫资助政策，认真贯彻落实学前教育幼儿免保教费、家庭经济困难寄宿生生活费补助、营养改善计划、普通高中国家助学金、"雨露计划"学历教育补助、大学新生生活费补助等教育扶贫政策，针对不符合资助条件未能享受国家教育资助政策的建档立卡学生，印发《田阳县贫困学生资助工作实施方案》，由区级财政承担，形成从学前教育、义务教育、高中教育到高等教育全覆盖的贫困学生资助保障体系。根据受教育人口的增长趋势，加快建设新的中、小学校和幼儿园，不断完善校园基础设施建设和全区教育布局，提升乡村教育均等化水平，为乡村振兴、促进乡风文明建设注入强劲动力。

培育农村文化，促进"乡风文明"。一是以那满镇露美村、新立村等村的习近平总书记系列重要讲话精神讲习所为载体，通过组织开展文明教育素质培训等评比活动，建立和完善村规民约，不断提升农民素质和农村文明程度。二是依托山歌文化、舞狮文化、歌圩文化等，结合新时代中国特色社会主义精神文明建设实际，挖掘和培育群众喜闻乐见的农村文化，满足广大人民群众的精神文化需求。三是以增强农村公共服务为目标，整合现有村级公共服务中心、农村社区服务站、村级组织活动场所等资源，为开展农村文化活动夯实基础。

四、"基组"建设促治理有效

"基组"建设是指基层组织建设。加强基层组织建设，促进乡村"治理有效"，是实施乡村振兴战略的重要组成部分。田阳在这方面的工作卓有成效。一是整合基层各方力量，组建由贫困村党组织第一书记、乡（镇）包村领导、广西脱贫攻坚（乡村振兴）工作队员、村"两委"干部、村民小组长等党员组成的基层组织先锋队伍，切实增强基层工作力量。二是以开展脱贫攻坚工作以及农村土地确权登记颁证、农村集体产权制度改革等为契机，健全完善村民自治机制，扎实推进乡村建设走上法治轨道，切实维护农民群众的合法权益。三是充分发挥基层组织先锋队作用，带领农民群众发展生产，使产业兴旺收入大增，实现脱贫和致富的可持续性。

五、努力增收促生活富裕

释放发展红利，增加农民收入，促进"生活富裕"。田阳采取了系列举措：一是着力提升乡村就业、社保、教育、卫生等服务水平，推行建立易地扶贫搬迁安置区政务中心，为易地扶贫搬迁群众提供全方位的行政服务，进一步提高村一级为民服务水平。二是加强社会保障体系建设，强化对低收入群体的生活兜底保障，做到应保尽保。三是通过进一步转变政府职能，继续深化农业农村领域的"放管服"改革，为各类涉农主体发展松绑减负。四是依托产业发展，推行"组织重塑、产权配置、带资入股、返包经营、劳务增收、培训增智、融合发展"和"飞地扶贫"模式，推进第一、二、三产业融合发展。

六、巴某村：精准脱贫与乡村振兴范例

在广西壮族自治区党委挂点帮扶领导下，田阳区委、区政府将五村镇巴某村作为精准脱贫与乡村振兴示范点进行打造，从中总结经验，示范带动全区精准脱贫和乡村振兴。

巴某村地处田阳南部石山区，位于五村镇西部，有 417 户 1643 人，其中建档立卡贫困户 255 户 1016 人，是田阳 29 个深度贫困村之一。2018 年 4 月，巴某村被确定为广西壮族自治区党委主要领导的扶贫联系点后，田阳认真贯彻落实广西壮族自治区党委提出的"打赢脱贫攻坚战，核心在精准、关键在落实、确保可持续"的部署要求，坚持"一年打基础，两年见成效"的工作思路，全力推进巴某村精准脱贫示范村创建工作。2018 年，巴某村减贫 41 户 156 人，贫困发生率降至 4.63%，2019 年实现精准脱贫摘帽目标。巴某村的做法和经验主要体现在 6 个方面：

1. 领导关怀

广西壮族自治区领导多次深入巴某村指导产业发展、村庄规划建设等工作，并提出通过产业推动旅游、旅游促进产业，实现可持续发展目标；广西住建厅、文旅厅、财政厅、水利厅、交通厅、环保厅、农业农村厅、自然资源厅等区直部门领导带队到巴某村调研和考察，为巴某村规划发展献计献策。

2. 党建引领

田阳坚持以创建星级化党组织、开展"乡村振兴·争创五旗"活动及实施党员积分管理为载体，全面发挥党组织的战斗堡垒作用和党员的先锋模范作用，引导村民合作社大力发展产业，积极推进乡村振兴建设，走出了一条独具巴某村特色的精准扶贫精准脱贫新路子。2018—2020年，在党支部带领下，巴某村村民合作社与华润五丰合作发展产业，建立广西首个"隆平文化驿站"，建立孔雀西南飞广西巴某村扶贫产业人才基地，组织开展农村工匠、电工、竹篮编织、旅游餐饮服务等技术培训，为提高巴某村贫困户劳务收入奠定坚实基础。同时，建立爱心公益超市，探索乡风文明新机制，不断激发群众自我管理、自我发展、自我脱贫致富的内生动力。2018年，巴某村被授予"产业兴旺红旗村"和"生态宜居红旗村"。

3. 风貌改造

巴某村是广西壮族自治区乡村风貌提升三年行动试点村，田阳区综合施策，精准发力，圆满完成试点任务。规划上，编制巴某村村域规划、加旭屯村庄规划，落实宅基地安排；开展"三清三拆"，拆除残垣断壁、杂物房等3000多平方米，用于新增宅基地11处和公共服务用地和绿地。设施上，改造村委会，整修村史馆，修建儿童游乐场地、戏台等公共服务设施；建设雨水设施，修建环屯路，改善村屯卫生环境；规划牲畜集中养殖，实现人畜分离；整体统筹供水、电力及环卫等其他设施建设。改造上，以"灰、白、褐"为主色调，沿用壮族干栏式建筑的元素和构部件，彻底解决群众反映强烈的屋面漏雨和墙面渗水问题。景观上，采用当地风化石、杉木桩、青砖等为建设材料，在房前屋后开展"微菜园、微果园"整治，种植本地树种。机制上，建立村民理事会，制定理事会章程，表决通过村规民约；五村镇制定干部包村挂点负责风貌管控规定，成立村镇规划建设管理工作小组，落实乡（镇）主体责任，保持巴某村改造长期成效。

4. 乡村振兴

田阳依托巴某村山清水秀、气候宜人等自然禀赋，按照乡村振兴"产业兴旺、生态宜居、乡风文明、治理有效、生活富裕"的"二十字"总要求，实施巴某村加旭屯旅游开发（民宿改造、游客服务中心、桃李景观园等）、惠洞水库及周边旅游开发项目，力争把巴某村打造成为18℃巴某凉泉度假村和全区乡村振兴示范点。截至2019年底，巴某村第一批民居改民宿的39间房子投入运营，完成游客服务中心、旅游厕所建设等；巴某村入选全国乡村旅游重点村名录名单，成功举办"发展乡村旅游·助力扶贫攻坚"暨2019年广西乡村旅游精品线路推介活动；巴某村村民合作社与华润五丰公司签订巴某村旅游项目合作协议，合作期限10年，合作社每年可获得收益35万元，其中20万元收入归民宿户所有，15万元作为村集体收入。

5. 配套设施

巴某村修建加旭屯环屯路，完善屯内路网条件。实施天阳至巴某道路提级改造项目；坡洪至惠洞水库旅游通道提级改造正在设计项目施工图。华润供港基地进出道路拓宽路段及新增避让点建设项目完成施工图设计预算，正在设计施工图。完成巴某村及周边村屯人饮项目，加快推进生态扶贫农田水利、高效节水灌溉项目。完成加旭屯电网提级改造项目建设，使巴某村的基础设施建设得到进一步完善提升。

6. 产业发展

田阳立足巴某村坡地多、丘陵多的村情实际，按照"规模化种植、标准化生产、产业化经营、品牌化营销"的要求，通过土地整治和土地流转，采取"企业+基地+村集体+贫困户"的模式，引进华润五丰有限公司合作发展以种植、养殖、旅游为主的三大特色产业，实现集体经济壮大、群众增收、产业提级、村新貌美的多赢目标。

巴某村的经验表明：一是脱贫攻坚要与乡村振兴战略结合起来，以脱贫攻坚推进乡村振兴，没有脱贫攻坚的胜利推进，乡村是振兴不起来的；乡村振兴行动对脱贫攻坚战又起着引领作用，指引和统领脱贫攻坚的走向和目标。二是要坚持规划优先原则，规划搞好了提高执行力，大家按规划去做，才能建设出美丽新农村。脱贫攻坚的胜利并不能自然而然地建设成新农村，现在个别地方脱贫致富了，房子是新的了，但整个村还是脏、乱、差。三是真抓实干，绣花功夫下足，乡村振兴"二十字"方针才能全面推进，责任、机制、监管、社会力量各方全面配合协调，措施、执行力到位最终实现脱贫攻坚与乡村振兴双赢。

第三节 多举发力：衔接措施落实到位

要实现精准脱贫与实施乡村振兴战略有效衔接，田阳区委、区政府采取了一系列措施，使各项举措落实到位。

一、巩固完善农村基础设施

实现脱贫摘帽后，田阳基础设施也已经全面建设起来了，但随着时间的推移，硬化路、电线路及设备、水池、网络、广播电视等基础设施难免因日晒雨淋风吹、洪涝塌方而出现不同程度的损坏。为此，田阳采取了相应的对策和举措对农村基础设施进行管、养、护、修：一是构建县（区）、乡（镇）、村脱贫攻坚基础设施建设的管、养、护、修的领导体系和"一体化"联动机制，把这一问题纳入脱贫攻坚主体责任范围，落实县（区）、乡（镇）、村管理人员，切实做到有领导有政策有人抓落实，以解决基础设施建设后无人员管理的问题。二是从扶贫和社会各方支持扶贫的资金中拿出一块作为脱贫攻坚基础设施建设后的管、养、护、修的基金，确保有资金支撑，这是解决问题的关键。三是落实责任制，制定奖惩政策，做到奖惩分明，使基础设施建设无论是路、电、网络，还是水利、饮水安全等，定期有人巡查，有问题及时汇报，落实人员解决。四是加强管护人员的培训，掌握基础知识和技能，以胜任巡查工作，大的问题汇报解决，小问题组织农民群众解决或者自己解决。只有这样，确保了路网交通顺畅，电常通，网络信息常联，电视新闻常看，水利饮水安全保障，为高质量打赢脱贫攻坚战提供了必要条件和保障。

二、打牢产业兴旺致富根基

田阳加快农业产业化步伐，有效推动产业兴旺起来，使脱贫致富的农民实现可持续增收、永续发展。

1. 推动特色农业产业提档升级

田阳严格落实粮食安全责任制，深入实施国家"优质粮食工程"，全力建设粮食生产功能区，依托先进技术提高单产水平，2018年完成粮食播种面积 20.37 万亩，产量 6.3 万吨。着力创建百色田阳番茄中国特色农产品优势区，推进特色蔬菜、特色水果、特色茶油、特色畜禽等特色产业建设。2019 年上半年田阳第一产业完成增加值18.17 亿元，增长 7.4%；农村居民可支配收入 7384 元，增长 9%。

2. 推进农业绿色生产方式

突出绿色生产，推广秸秆还田、绿肥种植等培肥地力技术应用，落实化肥农药使用量零增长行动，推进化肥减量增效，推广有机肥替代部分化肥，推广应用绿色防控技术面积 65.6 万亩，主要农作物绿色防控覆盖率达到 38.3%。2019 年上半年，田阳农药使用量 33.76吨，比上年同期减少 1.56 吨，下降 3.88%。支持规模化养殖企业利用畜禽粪便生产有机肥，建设化肥减量增效示范片。推广应用生态养殖技术，规模养殖场生态养殖认证率达到 85%。

3. 加大优势农产品供给力度

实施产业兴村强区行动，大力推进"三品一标"行动，发展绿色有机高品质农产品。巩固提升国家农产品质量安全区创建成效，进一步加强相关安全体系建设，示范带动全区特色主导产业高质量发展。坚决维护百色芒果、百色番茄等优势农产品品牌竞争力，指导本地两家企业申请绿色食品（芒果、沃柑、蜜柚）认证，建设 2000 亩富硒芒果基地，突出打好"绿色牌""富硒牌"。

4. 加快农产品加工业发展

加快农产品初加工发展，提升农产品精深加工水平。依托田阳和临近县丰富的农产品资源优势，发挥国家农业科技园的辐射带动作用，编制《田阳县农产品加工集聚区三年行动计划》，通过技术研发和创新，推进水果加工、蔬菜加工、粮油加工等三大产业发展，提高农产品附加值和综合利用水平。扶持壮乡河谷、嘉佳商贸、果香园、福民、南华糖业、古鼎香等企业加快发展，应用农产品加工的新设备、新技术、新工艺，加强科技创新和品牌建设。

5. 开展现代特色农业示范区行动

田阳深入实施示范区建设增点扩面提质升级行动，将田阳芒果脱贫产业核心示范区（20万亩一期工程）打造成为广西现代农业核心示范区，着力打造54个村级示范点。

6. 夯实农业发展基础

田阳全面落实永久基本农田特殊保护制度，加强农业基础设施建设，推进农村土地整治和高标准农田建设。加强农田水利建设，实施农村饮水安全、水土保持、农田水利建设等项目，发展高效节水灌溉，完善农田排灌体系，加强小型农田水利建设，改善乡村生产生活生态条件。加强农业用地宜机化改造，推进农业机械化示范基地建设，推动实现主要农作物生产全程机械化，促进第一、二、三产业融合发展。

三、深化农村重点领域改革

1. 巩固完善农村基本经营制度

落实农村土地承包关系并维持长久不变政策，衔接落实好第二轮土地承包到期后再延长30年的政策。组织确权"回头看"摸底调查工作，督促确权数据汇交公司整改确权数据。完善农村承包地"三权分置"制度，逐步建立规范高效的"三权"运行机制。探索农村承包土地经营权可以依法向金融机构融资担保、入股从事农业产业化经营改革试点。积极培育农业新型经营主体，发展家庭农场、合作社、龙头企业、社会化服务组织和农业产业化联合体，发展多种形式适度规模经营。

2. 深化农村集体产权制度改革

2018 年 8 月，田阳启动农村集体产权制度改革，将田州镇定律村作为试点单位先行推进改革。2019 年上半年，田阳基本完成农村集体清产核资工作，共有 2418 个集体经济组织完成清产核资数据上报，完成率为 100%。2019 年田阳农村集体资产总额 54024.03 万元，农业资产 253.66 万元，集体投资 227.09 万元，负债总额 2447.18 万元；农村集体资源性资产总面积 362 万亩。

3. 广泛开展新型农业经营主体培育

增强新型农业经营主体带动发展能力，注重提升现有新型经营主体整体实力，引导各类新型农业经营主体完善运行机制，提高现有新型农业经营主体运行、管理水平，加大新型农业经营主体培育力度，对无实质性生产经营活动和因经营不善停止运行的"空壳"合作社，引导其自愿注销。同时鼓励新型农业经营主体参与现代特色农业示范区建设。

四、提升民生保障工作水平

1. 大力提升乡村公共服务水平

进一步完善村级综合服务中心和农事城办机制建设，为群众提供就业、社保、教育、卫生、文体、法律等公共服务，促进城镇公共资源和公共服务向农村延伸，实现"办事不出村"或"城内办村事"的目标。

2. 继续加强社会保障体系建设

抓好社会救灾、救济、救助工作，推行全民参保计划，全面开展低保审批权下放工作，做好低收入群体的基本生活保障。

3. 加大完善农村基础设施建设

继续实施农村饮水安全巩固提升、乡村道路建设、农村危房改造、农村电网改造等，完善水、电、路、房等设施，提升乡村基础设施水平。

4. 持续深化农村重点领域改革

深化农村集体产权制度改革、抓好"第二轮土地承包到期后再延长三十年"的工作落实等，松绑激活农村闲置资源，多途径发展壮大村集体经济，支持农民以产权、资金、劳动、技术、产品为纽带开展多种形式的合作与联合，激活农村发展内生动力。

五、"志、智"双扶激发内生动力

贫困农民之所以贫困，有时是因为"志贫"和"智贫"。贫困农民缺了脱贫的"志"和"智"，脱贫致富就无从谈起，即使在外部帮扶的努力下实现脱贫，那也是暂时的，脱贫的成效既不稳固，也不长久。因此，要夺取脱贫攻坚战的彻底胜利，要使贫困农民脱贫致富成为永续，使乡村振兴起来，就必须把扶贫同扶志、扶智相结合，激发贫困群众脱贫致富、振兴乡村的自觉和内生动力。为此，田阳区委、区政府以保障义务教育为核心，全面落实教育扶贫政策，进一步降低贫困地区特别是深度贫困地区、民族地区义务教育辍学率，稳步提升贫困地区义务教育质量，以解决贫困的代际传递，从后代、久远方面解决返贫的可能性问题。对于刚脱贫的劳动力，继续实施"志、智"

双扶政策和举措，通过网格化管理方式，以屯为单位，由乡（镇）干部、驻村帮扶责任人、驻村第一书记（工作队员）、村屯干部组织动员农民定期参加电视夜校。为了达到良好的效果，由宣传部牵头、电视台和党校等有关部门合作，专门制作了多集电视专题片在夜校播放，重点宣传和组织学习党的十九大精神、扶贫政策、脱贫励志典型和种养技术等，通过交流讨论、励志攻坚、传播正能量，让贫困群众感受到党和政府"真扶贫""扶真贫"和坚决打赢脱贫攻坚战的决心，树立脱贫致富、乡村振兴的信心和决心，促进贫困群众增强自尊、自爱、自强精神，破除"等靠要"等不良习气，不断激发群众脱贫致富的内生动力，提高巩固拓展脱贫成果和乡村振兴的技能和水平，增强可持续脱贫致富、建设美丽家乡的能力。

六、提高基层组织治理能力

1. 提升基层组织执行力

田阳从行动上着手，学习好政策、解释好政策、执行好政策，做事不打折扣、不消极懈怠，确保各项惠民方针政策落地见实效。从机制上下手，健全工作制度、完善考核评价机制，激励广大基层工作者想干事、敢干事、干好事的激情和活力。从培训上入手，着力开展职业道德和工作技能培训，加强基层村干部队伍职业化素质建设。

2. 提升基层组织治理能力

田阳强化基层组织的作用，在党的路线、方针、政策指引下和国家法律许可的范围内开展村民自治工作；大力推进"四议两公开"制度，保证村级决策的合理、可信、透明、科学、民主；村党支部引导群众正确处理好个人、集体的关系，遵守《村民委员会组织法》的有关规定，使村民自治工作顺利开展。

3. 提升基层组织治理效果

田阳基层组织在乡村治理过程中发挥了先进性的作用，以产业发展推进乡村振兴，带领农民群众精准脱贫、持续致富和可持续发展，赢得农民群众的拥戴。基层组织通过带领农民群众开展乡村治理和乡风文明建设，使农民群众的精神面貌焕然一新，精神文明提升到一个新水平；又通过制定乡规民约使乡村治理有序社会和谐稳定，实现乡村农民富裕幸福和谐，乡村生态宜居美丽。

第九章

迈向明天：田阳脱贫攻坚的
经验与思考

习近平总书记在党的十九大报告中指出："坚决打赢脱贫攻坚战。让贫困人口和贫困地区同全国一道进入全面小康社会是我们党的庄严承诺。"① 贫困县是脱贫攻坚战的主战场，县级党委和政府是脱贫攻坚战的实施主体。县级脱贫攻坚战的成效对全面建成小康社会具有决定性意义。田阳在脱贫攻坚战中，坚持苦干实干的奋斗精神，坚持从实际出发、因地制宜，以改革创新为根本动力，建构县乡村一体的脱贫攻坚治理体系和政府、市场、社会共同参与的扶贫开发格局，充分激发群众参与脱贫攻坚的内生动力，不断促进脱贫攻坚事业深入前进。

第一节 田阳脱贫攻坚的主要经验

一、强化党的全面领导是脱贫攻坚的组织和政治保障

打赢脱贫攻坚战是实现全面建成小康社会奋斗目标下中央作出的重大战略部署。坚持党的全面领导，省、市、县、乡、村五级书记抓扶贫，为动员全党全国全社会力量齐心协力打赢脱贫攻坚战提供了组织和政治保障。在我国脱贫攻坚的工作机制中，县级党委和政府是脱

---

① 习近平：《决胜全面建成小康社会 夺取新时代中国特色社会主义伟大胜利——在中国共产党第十九次全国代表大会上的报告》，人民出版社 2017 年版，第 47 页。

贫攻坚的实施主体，承担着落实各项脱贫攻坚政策举措的主体责任。县级党委的组织领导对打赢脱贫攻坚战具有关键性影响。田阳区党委强化全面领导为打赢脱贫攻坚战提供坚实的组织和政治保障。主要有三条经验。

一是将党组织责任嵌入到脱贫攻坚工作之中，把党建责任与脱贫攻坚各项工作"挂钩"，把打赢脱贫攻坚战作为县、乡、村三级党组织和党员的首要责任和中心工作，推动责任向下逐级压实。按照"围绕发展抓党建、抓好党建促发展"的思路，坚持"书记抓、抓书记"和"用责任制管好责任人，以责任人带好一班人，以一班人盘活一盘棋"的责任管理体系，压实各级党组织书记"抓党建促脱贫"的主体责任，改变党建工作与脱贫攻坚工作"两张皮"。探索推广"党支部+合作社"、"党员中心户+协会"、"一对一"结对帮扶等工作方式，全面强化党的全面领导的组织保障。推行各级党员干部直接联系贫困村、贫困户工作机制，发挥好联系处级领导干部、"第一书记"等作用，强化党员的脱贫攻坚责任和服务意识。

二是以党建工作强化党组织动员社会力量参与脱贫攻坚。脱贫攻坚是全党全社会的共同事业。以强化党的全面领导的党组织建设就是要解决党领导过程中的"短板"问题，动员实现全社会参与脱贫攻坚。为此田阳探索实施了"屯事联理"、"三方联动、精准监督"村务公开等创新机制，在化解党组织"领导短板"的同时，有效动员社会力量积极参与脱贫攻坚。"屯事联理"指的是乡（镇）党委引导村屯通过村民代表大会确定成立村民理事会班子，由屯党支部和村民推选一些德高望重且热心屯务的老村干、乡（区）人大代表、老党员、村民小组长、经济能人等进入理事会，确保每个村民组有1—2名村民代表进入理事会。理事会在村党组织的领导下开展工作，接受村民委员会的指导，对本屯村民负责，接受本屯村民监督，受全屯村民委托，履行屯务联议、产业联兴、矛盾联调、治安联防、文明联创的"五联"职责，积极推动村级脱贫攻坚工作。同时，在"屯事联理"机制的基础上，实行"三提两议两公示一报告"工作法，提高"屯事联理"议事的透明度。"三提"指10名以上的村民联名提议或统一才能提议，组长提议、上级提议。"两议"指商议和决议。"两公示"指理事会会议公示和决议实施结果公示。"一报告"指议事最终结果报告党支部。田阳建立了扶贫项目主管单位、村务监督委员会、受益村民三方信息对等的"三方联动、精准监督"的村务公开模式，强化扶贫政策、扶贫资金落实和扶贫项目监管。

三是以党的群众路线教育实践活动为契机提高群众脱贫能力，同时密切党与群众的关系。田阳以"农家课堂"等形式为群众路线教育实践载体，不断完善其活动特点，突出时代要求、地域特点和人文关怀。"农家课堂"围绕芒果、番茄、油茶等当地特色产业，为做大做强特色优势产业提供培训服务，将"农家课堂"打造成提升贫困村群众脱贫致富能力的平台。

二、全链式推进产业带贫是构筑长效脱贫的首要途径

产业发展是贫困群众稳定脱贫的重要基础。换言之，精准扶贫精准脱贫目标的实现，需要有可持续发展的产业作为支撑。因而，产业扶贫是拔除农村穷根的根本之策，是探索贫困人口长效脱贫的首要路径。脱贫攻坚前，政府大力推动以企业带动为主的产业扶贫，企业积极参与，然而贫困农户的参与度、参与热情都不高[1]，产业扶贫更多是在扶农，而不是扶贫。脱贫攻坚战打响以后，在精准扶贫精准脱贫要求下，产业扶贫既要体现出农民的主体性参与，也要实现产业发展的可持续性（符合市场规律）[2]，进而实现产业可持续发展带动贫困人口可持续脱贫。田阳在推进产业带贫中探索出了全链式推进产业带

---

[1]　向长贤：《当前产业化扶贫中的"热""冷"现象分析》，《老区建设》2008年第1期。

[2]　贺雪峰：《主持人语：深度贫困治理与扶贫机制转型》，《云南行政学院学报》2018年第6期。

贫机制，构筑了产业可持续发展与贫困人口可持续脱贫的双赢局面。田阳全链式推进产业带贫经验具体体现在以下几个方面。

一是从确保贫困群众持续脱贫出发，优化配置产业发展选择。田阳在产业发展配置上采取了短中长相结合的产业配置整合方式。具体而言，大力推进"短平快"类型产业项目，通过生产周期短、见效快的产业发展，促进贫困群众在当下就能增收脱贫。如田阳按照"平台助推、金融扶持、带资入股、股份分红、劳务增收"金融扶贫方法，扶持贫困群众发展以"自养自销，贷鸡还鸡，村、企、户联动养殖集中区，股权资产性联营"为特点的养殖产业，贫困群众参与后当年就能实现增收。立足本地资源禀赋选择扩大发展中期见效的优势特色产业。如芒果产业属于3年挂果、5年进入丰产期的中期产业类型，也是田阳特色优势产业。为此，田阳通过建立农林生态产业园、以奖代补等方式大力支持贫困群众发展芒果产业，并组织芒果技术员深入田间地头对贫困农户进行技术培训和种植指导。对于扶贫搬迁至城区的建档立卡贫困群众而言，在城区及周边实现稳定的就业无疑是具有长期性脱贫的发展方式。为此，田阳依托交通区位优势、丰富的旅游资源、快速发展的现代农业、新兴工业崛起等发展优势，以打造"五个小城"为主抓手，创造就业机会，提供就业岗位，为搬迁贫困户及农村贫困人口脱贫奔小康提供就业支撑。

二是从实现产业可持续、高质量发展出发，通过"引培并举"方式强化新型经营主体，引领产业向"农工贸一体化、产供销一条龙"纵深发展。新型农业经营主体是引领农业现代化发展和带动贫困人口产业脱贫的重要组织载体。在推进产业精准扶贫中，能否建立和完善多种新型经营主体引领方式，成为产业扶贫成功与否的关键。田阳以着力营造良好营商环境为抓手，通过外引与内培相结合，构建起多元新型经营主体引领产业发展的新格局。在"外引"方面，重点引进与田阳产业契合度高、实力雄厚的大公司、大企业，如引进了大型"央企"华润集团在南部石山区投资建设华润五丰（田阳）生态养殖供港基地。在"内培"方面，重点激活内部资源，培育壮大本土企业、合作社等新型经营主体。如五村镇桥马村等8个贫困村合伙投资700万元，抱团成立田阳联盈投资开发有限责任公司，与田阳裕景农贸有限公司合作经营果蔬塑料筐产业。全面提升田阳的新型农业经营主体，按照产业发展的客观规律，构建涵盖产业链前端、中端和后端的产业体系，推进田阳农业支柱产业实现纵向一体化发展。如田阳已经形成具有一定竞争力的小番茄、芒果等优势产业，在生产环节（产业链前端）加大供给侧结构性改革力度，以打造北部20万亩农林生态扶贫产业核心示范区、右江河谷现代特色农业果蔬产业示范区等特色产业大基地为抓手，加大优质品种选育及种植技术标准化和管理规范化力度，提升产业链前端生产的集约化经营水平，从源头上做好产品质量的管控。在农产品加工环节（产业链中端）依托加工企业等农业新型主体，补齐果蔬产品加工"短板"，延长产品的价值链。在产品的销售环节（产业链的终端），加快完善果蔬产品交易市场体系，壮大经纪人队伍，加大仓储、物流设施建设力度，加强品牌打造，特别是抓住电子商务加快发展机遇，构建线上与线下相结合的电子商务销售网络，拓展果蔬产品的销售空间，提高田阳农产品市场份额和市场竞争力。

三、多元协同整合扶贫是精准搬迁脱贫的根本保障

精准扶贫之前，我国扶贫资源瞄准的基层单元是贫困村。扶贫资源到村后，因扶贫对象不够具体明确，扶贫资源使用成效不显著。在扶贫资源村级瞄准下，易地扶贫搬迁以贫困村为对象。提出精准扶贫方略之后，中央和各级地方政府通过精准识别和建档立卡工作，建立了以农户为基本单元的扶贫瞄准体系，并要求扶贫资源到村到户，促进扶贫政策措施与贫困户发展需求有机衔接。脱贫攻坚战打响以后，易地扶贫搬迁对象以建档立卡贫困户为主。另外，经过多年的易地搬

迁农业安置，贫困县（区）政府通过调整土地作为农业用地安置搬迁群众的空间已非常有限，加之脱贫攻坚阶段我国易地扶贫搬迁规模十分庞大，几乎是2001—2014年易地扶贫搬迁规模的总和。因而，"十三五"易地扶贫搬迁以集中非农化安置为主。各地普遍采取的是城镇集中非农安置方式，即将建档立卡贫困人口搬迁到县城周边（工业区等）或乡（镇）集市周边，建立安置社区进行集中安置，保留搬迁群众原有耕地、林地等权益，在安置社区不提供搬迁群众农业用地。城镇集中安置利用有限的地理空间最大限度地安置了搬迁群众，但搬迁群众与农业在地理空间上的分离，增加了其生计发展与脱贫的难度，带来了脱贫发展的风险。田阳易地扶贫搬迁采取向城区集中搬迁安置的方式，形成了多元协同整合推进精准搬迁脱贫的经验。具体而言，体现在以下几个方面。

一是推行"市包县（区）、县（区）包项目"的领导包点责任制，推进相关力量和资源在易地扶贫搬迁上的协同与整合。具体而言，由区委书记、区长牵头组成易地扶贫搬迁工作专班领导小组，领导小组成员包括涉及扶贫搬迁的各职能部门正职领导，以及涉及乡（镇）的书记或乡（镇）长。领导小组下设办公室，办公室下设各安置点工作组。每个安置点工作组组长由区级领导担任（包点负责），全权负责该安置点项目建设，相关职能部门正职任工作组成员。领导小组负责贯彻落实上级易地扶贫搬迁安置点建设的部署安排，研究、细化易地扶贫搬迁安置点工作任务和时间安排，统筹协调易地扶贫搬迁的部门力量和资源整合，协调解决工作中存在的主要问题和重大问题。易地扶贫搬迁安置点工作组负责具体落实部门整合，履行包建设进度、包工程质量、包资金管理、包搬迁入住、包后续产业发展、包就业创业、包稳定脱贫、包考核验收的"八包"责任。

二是以生计资源整合和生计多样化发展，促进搬迁群众摆脱贫困。具体而言，在搬迁后，仍继续完善迁出地区的基础设施和推进扶贫开发（除整村搬迁村落外），为搬迁群众使用原住村落的农业资源提供条件。同时，在安置地充分整合各类发展资源，增加搬迁群众的非农生计资源和机会，如搬迁群众安置到田阳城区后获得了农贸市场就业机会、工业企业就业机会、扶贫车间就业机会、公益岗位就业机会，以及外出务工的资本和能力的提升等。支持和鼓励搬迁群众整合安置区发展资源与迁出地发展资源用于生计的恢复和发展。搬迁群众生计差异性资源的整合，也带来了搬迁群众生计的多样化，进而促进搬迁群众生计发展、降低返贫风险。如当搬迁群众无法适应城市非农就业时，可以选择到原住地开展农业经营并享受政府的有关扶贫政策，当搬迁群众比较好地适应在安置地的非农就业时，可以通过土地流转、农房租赁等方式获得资产收益，巩固在城市的生计与生活。

三是以基本公共服务供给机制创新，推动搬迁群众城乡服务的整合供给。田阳创新实施"农事城办"服务供给机制，通过在安置社区专门成立具有县（区）和乡两级政务服务中心职能的农事城办服务中心或农事城办服务站，使搬迁群众在安置社区就能享受到党群、产业、就业、教育、卫生、法律等"一站式"服务。更为重要的是，农事城办服务中心构建了"一办三中心"的公共服务供给结构，对就业服务、政务服务和物业服务进行了整合，较好地满足了搬迁群众多样化的服务需求，同时大大降低了搬迁群众的服务获取成本。

四、文化共融发展共享是扶贫协作深化推进的坚实基础

自 1996 年中共中央、国务院部署东西部扶贫协作以来，东西部扶贫协作走过了 20 多年的壮丽征程。2016 年 7 月，习近平总书记在银川主持召开东西部扶贫协作座谈会时强调，东西部扶贫协作和对口支援，是推动区域协调发展、协同发展、共同发展的大战略，是加强区域合作、优化产业布局、拓展对内对外开放新空间的大布局，是实现先富帮后富、最终实现共同富裕目标的大举措，必须认清形势、聚焦精准、

深化帮扶、确保实效，切实提高工作水平，全面打赢脱贫攻坚战。[①]
2016 年 12 月，中共中央办公厅、国务院办公厅印发《关于进一步加强
东西部扶贫协作工作的指导意见》，对东西部扶贫协作结对关系进行调
整，推进东西部扶贫协作不断向纵深发展。田阳东西部扶贫协作是在
粤桂扶贫协作框架下开展的深圳市南山区对口帮扶田阳区系列工作。
田阳与深圳南山区扶贫协作深化发展的经验主要有以下两个方面。

一是以文化共融促进扶贫协作深化推进。粤桂两省区山水相连、
人文相近、语言相通、习俗相通、经贸频繁，人们历来习惯于简称为
"两广"。地理上的相连，历史上长期的两广共治，语言和习俗上的
共通，使得广西和广东在文化上具有共融的基础。更为重要的是，
1929 年 12 月，邓小平等老一辈革命家领导百色起义，创建中国工农
红军第七军和右江苏维埃政权，开辟右江革命根据地，奠定了百色革
命老区的地位和发展基础。深圳市是改革开放初期邓小平同志亲自开
辟的最早的经济特区之一，是一个因改革而生、因改革而强的大城
市。深圳市和百色市均具有强烈的改革意识。脱贫攻坚以来，南山区
对田阳区帮扶投入不断增加，帮扶政策措施不断深化，并取得积极成
效，正是得益于两地文化层面上的共通共融。

二是以优势互补共享发展促进协作深化推进。广东和广西尽管地
理相连，但是在经济发展上存在着显著的差异。特别是改革开放以
来，广东省充分发挥沿海地理优势和国家政策优势，经济增长和经济
规模长期处于全国前列，实现率先发展。广西与广东的经济社会发展
差距日益拉大，双方发展优势互补的格局逐渐形成。广东省经济发
达，在人才、资金、技术、市场等方面优势明显，但劳动力成本高、
资源环境对经济的制约逐渐增强。广西整体处于经济欠发达状态，经
济发展缺资金、缺人才、缺技术、缺产业，但在劳动力成本、土地、

---

① 参见《习近平在东西部扶贫协作座谈会上强调　认清形势聚焦精准深化帮扶确保实效
切实做好新形势下东西部扶贫协作工作》，2016 年 7 月 21 日，见 http：//www.xinhuanet.
com/politics/2016-07/21/c_ 1119259129.htm。

资源环境等方面具有发展优势。因此，广东和广西在经济合作发展上具有很强的互补性。田阳区与南山区在开展扶贫协作过程中，始终将产业发展和劳务输出作为协作的重点，开创互利共赢、共享发展的新局面。具体而言，在产业发展上，田阳在广西壮族自治区和百色市的大力支持下不断优化营商环境，充分发挥铁路、公路、水运、空运"四位一体"的交通联运网络优势，瞄准深圳产业转移等需求，主动对接、积极协作，积极打造深百（南田）众创园工业区，整合利用好扶贫协作和对口支援等各类资源建设扶贫车间，发展电子商务，推进红色旅游，在扶贫协作中充分发掘本地产业发展资源禀赋，促进协作双方长期合作、共享发展。在劳务协作上，田阳大力开展月嫂家政、粤菜师傅等订单式就业扶贫培训，强化与深圳加工制造业、建筑业、家政服务、餐饮及物业管理等行业的对接，积极组织有意愿到深圳和广东打工的贫困劳动力提升就业技能，加大劳务输出力度，促进协作双方互利共赢、共同富裕。

第二节　田阳脱贫攻坚经验的思考与讨论

一、易地扶贫搬迁与石漠化地区贫困治理

我国易地扶贫搬迁始于20世纪80年代初期的"三西"（河西、定西、西海固）农业建设计划，进入90年代后被广泛用于广西、云南、贵州等省区的石漠化地区贫困治理，并在进入21世纪后上升到中央顶层设计被整体推进。[①] 党的十八大之前，我国易地扶贫搬迁主

---

① 陆汉文、覃志敏：《我国扶贫移民政策的演变与发展趋势》，《贵州社会科学》2015年第5期。

要依托农村资源、以农业安置方式来实现搬迁群众的脱贫致富。党的十八大之后，易地扶贫搬迁作为打赢脱贫攻坚战的重要脱贫手段，搬迁人口规模和投资大幅增加，加之经过多年的农业安置方式，贫困地区通过调整农业用地开展农业安置扶贫的空间已非常有限。搬迁群众以农业安置为主逐渐转变为向城镇等区域的集中安置为主，搬迁群众实现脱贫与发展从依靠农业手段为主转向依靠非农手段为主。非农集中安置如不能很好地解决搬迁群众在城镇的非农生计发展问题，很容易导致贫困由农村向城镇的转移，并大幅提高社会不稳定风险。因而，我国逐渐将县内和乡（镇）内非农安置作为主要安置模式，不提倡甚至禁止实施跨区域（县）安置。这与 20 世纪八九十年代的跨区域农业安置搬迁群众有显著的差别。实现县内和乡（镇）内非农安置后，搬迁群众仍能维持在农村的农业生产，进而降低了因迁移而增加的贫困风险。但搬迁群众与农业资源的空间距离的拉大，增加了搬迁群众的农业经营成本，导致搬迁群众的农业生计的式微。① 为此，脱贫攻坚时期，中央提升了搬迁群众生计发展（后续扶持）在易地扶贫搬迁政策中的地位，要求各地易地扶贫搬迁要实施"挪穷窝"与"换穷业"并举和同步，确保搬迁群众"可发展、能致富"。

田阳将易地扶贫搬迁作为石漠化地区区域性贫困治理的重要途径。具体而言，将南部和北部石漠化地区的七个乡（镇）的农村贫困人口尽可能地搬迁到位于河谷地区的城区进行城镇集中安置（搬迁贫困人口占全区贫困人口的 50%），建立城镇安置的老乡家园等搬迁群众社区。依托城区及周边平原区域的劳动力密集型产业（包括现代农业和工业产业，每年就业需求达 11.8 万人次以上）以及开发公益性岗位等吸纳搬迁劳动力就业，同时扩大搬迁群众资产性收益，增加其工资性收入。基于搬迁后石漠化地区人地矛盾、人与自然环境

① 李博、左停：《遭遇搬迁：精准扶贫视角下扶贫移民搬迁政策执行逻辑的探讨——以陕南王村为例》，《中国农业大学学报》（社会科学版）2016 年第 2 期。

矛盾的缓和（搬迁后外出务工、城市就业和返回原住地长期从事农业的搬迁农户各占三分之一），加强石漠化地区的生产生活基础设施建设，引导新型农业经营主体进入石漠化地区，发展农林生态种养经济（如发展生态养殖、柑橘、芒果等），支持搬迁群众通过土地流转、资金入股等多种方式参与新型经营主体带动的现代农林产业发展，同时对搬迁群众返回原住地发展生态农林产业给予大力支持（如以奖代补等政策支持）。田阳易地扶贫搬迁通过整合城乡和区域的发展资源，为搬迁群众构建了具有自主性的多元生计结构，不仅降低了搬迁群众的贫困风险，也促进了搬迁群众生计发展和增收脱贫。同时南部石漠化地区因人地矛盾、人与生态环境矛盾缓和，生态资源和农业资源合理开发，逐渐走出贫困循环的"PPE 怪圈"（"贫困—人口—环境怪圈"），实现了石漠化地区区域性贫困有效治理。

二、产业扶贫中的政府、市场与农民

党的十八大以来，受全球金融危机影响，我国相继出现了工业产能过剩、农业结构性过剩和金融资本过剩，经济发展从高速增长转为中高速增长、粗放型经济向集约型经济转变的态势。为解决农业结构性过剩问题，2015 年中央提出推进农业供给侧结构性改革，提高农业供给体系质量和效率，使农产品供给数量充足、品种和质量契合消费者需要，真正形成结构合理、保障有力的农产品有效供给。[①] 2017年中央提出，把推进农业供给侧结构性改革，作为当前和今后一个时期的"三农"工作主线，调整产品产业结构，突出产品提质、产业提档和产业链扩展，调整生产方式，推进绿色农业和科技农业，加大

---

① 《中央农村工作会议在京召开》，2015 年 12 月 25 日，见 http://www.xinhuanet.com//politics/2015-12/25/c_ 1117584302.htm。

农村改革力度，落实"三权分置"办法，引导资本下乡，实现"三大激活"——激活市场、激活要素、激活主体。① 在农业供给侧结构性改革背景下，农业进入以资本、技术密集投入获得质量、竞争力与效益的发展新阶段。农业资本与技术的增密发展，导致农业生产主导者由原来的传统小农生产者变为拥有资本与技术优势的新型农业经营主体（企业、合作社、家庭农场等），传统小农生产者更多的参与农业生产的劳作环节（农业务工）和要素投入环节（资金、土地入股等），而非农业生产的经营决策环节。小农生产者的农业收益也由原来的农业经营收入转变为工资性收入和财产性收入。

　　农业产业扶贫是拔除农村穷根的根本之策，是探索贫困人口长效脱贫的首要路径。确保贫困农户参与是受益产业扶贫的核心目标。脱贫攻坚战打响以来，精准扶贫对产业扶贫的新要求和农业供给侧结构性改革共同推动了我国产业扶贫向产业带贫转向。以往产业扶贫注重帮扶有劳动能力、发展意愿的贫困户提升产业经营能力，并最终实现自我发展和稳定脱贫。产业带贫将政府扶贫资源聚焦新型农业经营主体和产业结构调整上，依靠新型农业经营主体发展集约型农业产业带动贫困农户（包括丧失劳动能力贫困户）增收。产业带贫的实质是新型农业经营主体主导农业产业纵向一体化发展，贫困户在产业发展中获得非经营性收入（财产性收入、转移性收入和工资性收入）。从田阳产业扶贫重点和经验来看，不管是20万亩农林生态产业扶贫示范基地实践、华润五丰生态养殖供港基地产业扶贫实践，还是联村抱团联营合作发展的贫困村集体经济实践，都一致强调了新型农业经营主体对扶贫产业提质提档的主导作用。同时田阳区政府通过"组织重塑、产权配置、带资入股、劳务增收"等制度性改革，将贫困农户掌握的土地、劳动力和资金等要素，"转移"到具有技术、资金优

---

① 《农业供给侧结构性改革要牢牢守住三条底线》，2017年2月6日，见 http://www.xin-huanet.com/fortune/forum/14.htm。

势的新型农业经营主体手中，由新型农业经营主体运用农业三要素提升农产品品质和品牌效益，以及实现农业现代化。

总的来看，产业扶贫向产业带贫的转向，重塑了产业扶贫中的政府、市场和农民关系。政府与农民关系的重点不再是提高农户的农业经营能力，而是通过"三权分置"等农村改革，促进农民与农业经营的分离，"激活"农业发展要素。这也客观上促进了市场主体（新型农业经营主体）由农业的局部主导（产后的加工销售）向全面主导（产前、产中、产后）转变。贫困农户与市场主体的关系由以农产品订单为内容的契约关系变为以劳务和农业资产为内容的契约关系。产业扶贫向产业带贫的转变，是否意味着农业的益贫性提升，还要取决于产业带贫中的利益分配是否合理，以及农民合理利益是否得到有效保障。

参 考 文 献

1．习近平：《做焦裕禄式的县委书记》，中央文献出版社 2015 年版。

2．习近平：《在深度贫困地区脱贫攻坚座谈会上的讲话》，人民出版社 2017 年版。

3．中共中央党史和文献研究院：《习近平扶贫论述摘编》，中央文献出版社 2018 年版。

4．中共中央文献研究室编：《习近平关于全面建成小康社会论述摘编》，中央文献出版社 2016 年版。

5．中共中央文献研究室编：《习近平关于社会主义经济建设论述摘编》，中央文献出版社 2017 年版。

6．覃志敏：《社会网络与移民生计的分化发展——以桂西北集中安置扶贫移民为例》，知识产权出版社 2016 年版。

7．新华社：《习近平：认清形势聚焦精准深化帮扶确保实效，切实做好新形势下东西部扶贫协作工作》，《老区建设》2016 年第 13 期。

8．Michael M.Cernea、郭建平、施国庆：《风险、保障和重建：一种移民安置模式》，《河海大学学报》（社会科学版）2002 年第 2 期。

9．何成学、文红艳：《论邓小平领导百色起义的求实开拓创新精神》，《广西师范学院学报》（哲学社会科学版）2018 年第 6 期。

10．何增科：《理解国家治理及其现代化》，《马克思主义与现实》2014 年第 1 期。

11．贺雪峰：《主持人语：深度贫困治理与扶贫机制转型》，《云南行政学院学报》2018 年第 6 期。

12．胡耀南：《百色起义精神的当代价值论略》，《科学时代》2011 年第 11 期。

13．胡振通、王亚华：《公益岗位互助扶贫模式助力脱贫攻坚战：基于山东乐凌的实地调研》，《农业经济问题》2019 年第 10 期。

14．黄承伟：《习近平扶贫思想论纲》，《福建论坛》（人文社会科学版）2018 年第 1 期。

15．蒋平：《依托红色文化加强和改进基层党建工作——以百色起义红色文化为例》，《理论导刊》2016 年第 10 期。

16．李博、左停：《遭遇搬迁：精准扶贫视角下扶贫移民搬迁政策执行逻辑的探讨——以陕南王村为例》，《中国农业大学学报》（社会科学版）2016 年第 2 期。

17．李丽芳、任维浩：《播撒幸福的人——记全国扶贫状元广西田阳县尚兴村民委员会主任莫文珍》，《农家之友》1997 年第 1 期。

18．梁文化：《百色起义红色资源中的艰苦奋斗、勤俭节约思想探析》，《广西社会科学》2013 年第 6 期。

19．陆汉文、覃志敏：《我国扶贫移民政策的演变与发展趋势》，《贵州社会科学》2015 年第 5 期。

20．吴国宝：《用好公益岗位扶贫这一政策工具》，《人民论坛》2018 年第 29 期。

21．向长贤：《当前产业化扶贫中的"热""冷"现象分析》，《老区建设》2008 年第 1 期。

22．徐勇、吕楠：《热话题与冷思考——关于国家治理体系和治理能力现代化的对话》，《当代世界与社会主义》2014 年第 1 期。

23．严登才、施国庆：《农村水库移民贫困成因与应对策略分析》，《水利发展研究》2012 年第 2 期。

24．严登才：《广西岩滩库区移民贫困成因与可持续生计路径分析》，《广西民族研究》2013 年第 2 期。

25．阳秀琼、范立强：《莫文珍：穷则思迁思变》，《当代广西》2017 年第 24 期。

26．杨彦云、徐映梅、胡静：《社会变迁、介入型贫困与能力再造——基于南水北调水库移民的研究》，《管理世界》2008 年第 11 期。

27．庾新顺：《百色起义、龙州起义精神的科学内涵、显著特点和现实意义》，《传承》2012 年第 21 期。

28．张绍山：《水库移民"次生贫困"及其对策探析》，《水利经济》1992 年第 4 期。

29．赵劲等：《对我国深山区移民扶贫成本的社会学分析——江西省遂川县为例》，《西北农林科技大学学报》（社会科学版）2006 年第 3 期。

30．郑言、李猛：《推进国家治理体系与国家治理能力现代化》，《吉林大学社会科学学报》2014 年第 2 期。

31．朱启臻：《农村扶贫开发理念辨析》，《农业经济问题》2005 年第 11 期。

32．左停、王琳瑛、旷宗仁：《工作换福利与贫困社区治理：公益性岗位扶贫的双重效应——以秦巴山区一个行动研究项目为例》，《贵州财经大学学报》2018 年第 3 期。

33．左停：《积极扩展公益岗位扶贫政策的思考》，《中国国情国力》2017 年第 11 期。

34．邱其荣：《百色起义精神的当代弘扬》，《社科纵横》2012 年第 11 期。

35．宋安平：《湖南易地扶贫搬迁的成效、问题及政策研究》，《湖南社会科学》2018 年第 5 期。

36．苏胜、杨尚：《吃蟹第一人——记全国劳动模范、全国扶贫状元、田阳县尚兴村党支部书记莫文珍》，《农家之友》2005 年第 4 期。

37．唐丽霞、林志斌、李小云：《谁迁移了——自愿移民的搬迁对象特征和原因分析》，《农业经济问题》2005 年第 4 期。

38．《习近平在河南考察时强调 坚定信心埋头苦干奋勇争先 谱写新时代中原更加出彩的绚丽篇章》，《人民日报》2019 年 9 月 19 日。

39．俞可平：《衡量国家治理体系现代化的基本标准》，《南京日报》2013 年 12 月 10 日。

40．习近平：《决胜全面建成小康社会 夺取新时代中国特色社会主义伟大胜利——在中国共产党第十九次全国代表大会上的报告》，人民出版社 2017 年版。

41．《习近平强调：在新的起点上深入实施西部大开发战略》，2010 年 5 月 11 日，见 http：//www.gov.cn/ldhd/2010-05/11/content_ 1604050.htm。

42．《习近平在东西部扶贫协作座谈会上强调 认清形势聚焦精准深化帮扶 确保实效 切实做好新形势下东西部扶贫协作工作》，2016 年 7 月 21 日，见 http：//www.xinhuanet.com/politics/2016-07/21/c_ 1119259129.htm。

43．习近平：《切实把思想统一到党的十八届三中全会精神上来》，2013 年 12 月 31 日，见 http：//www.xinhuanet.com/politics/2013-12/31/c_ 118787463.htm。

44．《布洛陀》，见 http：//www.ihchina.cn/Article/Index/detail？id=12180。

45．《胡春华来桂调研对接东西部扶贫协作工作》，2016 年 9 月 6 日，见 http：//gx.people.com.cn/n2/2016/0906/c370939-28958536.html。

46．《农业供给侧结构性改革要牢牢守住三条底线》，2017 年 2 月 6 日，见 http：//www.xinhuanet.com/fortune/forum/14.htm。

47．《汪洋率中央代表团一分团在百色看望慰问各族各界干部群众》，2018 年 12 月 12 日，见 http：//www.xinhuanet.com/politics/2018-12/12/c_ 1123844408.htm。

48．国家发展改革委：《中国的易地扶贫搬迁政策》，2018 年 3 月 30 日，见 http：//www.ndrc.gov.cn/gzdt/201803/t20180330_ 881743.html。

49．《国家发展改革委出台全国"十三五"易地扶贫搬迁规划五年推动近 1000 万贫困人口搬迁脱贫》，2016 年 9 月 23 日，见 http：//dqs.ndrc.gov.cn/fpkf/201609/t20160923_ 819308.html。

50．黄承伟：《深刻领会习近平精准扶贫思想 坚决打赢脱贫攻坚战》，2017 年 8 月 23 日，见 http：//dangjian.people.com.cn/n1/2017/0823/c412885_ 29489835.html。

51．黄国顺：《齐心发力摘帽战 不获全胜不收兵——记全国"人民满意的公务员集体"田阳县扶贫开发办公室》，2019 年 7 月 1 日，见 http：//www.gxbszx.gov.cn/news_ view.php？q=&id=111557。

52．李庭英、莫有合：《田阳"五同步"推进易地扶贫搬迁安置点基层组织建设》，2018 年 8 月 21 日，见 http：//fpb.gxzf.gov.cn/html/2018/fpdt_ 0821/42606.html。

53．田阳县统计局：《田阳县改革开放 40 年经济发展情况》，2019 年 8 月 20

日，见 http：//www.gxty.gov.cn/zjty/jjfz/20190820-2138326. shtml。

54. 《百色起义简介》，2004 年 8 月 3 日，见 http：//www.people.com.cn/
    GB/shizheng/8198/35413/36139/36142/2683507.html。

55. 《中央农村工作会议在京召开》，2015 年 12 月 25 日，见 http：//www.
    xinhuanet.com//politics/2015-12/25/c_ 1117584302.htm。

56. 《〈大国治贫〉系列图解：山东首创的这种扶贫模式为啥能叫响全
    国?》，2018 年 9 月 30 日，见 http：//tuopin. ce. cn/zg/201809/30/
    t20180930_ 30419788. shtml。

57. 《田阳县特色文化》，2018 年 1 月 28 日，见 http：//www. gxcounty.
    com/tour/msfq/20180128/139702.html。

58. 《田阳县志》，见 http：//lib.gxdfz.org.cn/view-c20-18.html。

后　记

脱贫攻坚是实现我们党第一个百年奋斗目标的标志性指标，是全面建成小康社会必须完成的硬任务。党的十八大以来，以习近平同志为核心的党中央把脱贫攻坚纳入"五位一体"总体布局和"四个全面"战略布局，摆到治国理政的突出位置，采取一系列具有原创性、独特性的重大举措，组织实施了人类历史上规模空前、力度最大、惠及人口最多的脱贫攻坚战。经过 8 年持续奋斗，现行标准下 9899 万农村贫困人口全部脱贫，832 个贫困县全部摘帽，12.8 万个贫困村全部出列，区域性整体贫困得到解决，完成了消除绝对贫困的艰巨任务，脱贫攻坚目标任务如期完成，困扰中华民族几千年的绝对贫困问题得到历史性解决，取得了令全世界刮目相看的重大胜利。

根据国务院扶贫办的安排，全国扶贫宣传教育中心从中西部 22 个省（区、市）和新疆生产建设兵团中选择河北省魏县、山西省岢岚县、内蒙古自治区科尔沁左翼后旗、吉林省镇赉县、黑龙江省望奎县、安徽省泗县、江西省石城县、河南省光山县、湖北省丹江口市、湖南省宜章县、广西壮族自治区百色市田阳区、海南省保亭县、重庆市石柱县、四川省仪陇县、四川省丹巴县、贵州省赤水市、贵州省黔西县、云南省西盟佤族自治县、云南省双江拉祜族佤族布朗族傣族自治县、西藏自治区朗县、陕西省镇安县、甘肃省成县、甘肃省平凉市崆峒区、青海省西宁市湟中区、青海省互助土族自治县、宁夏回族自治区隆德县、新疆维吾尔自治区尼勒克县、新疆维吾尔自治区泽普县、新疆生产建设兵团图木舒克市等 29 个县（市、区、旗），组织中国农业大学、华中科技大学、华中师范大学等高校开展贫困县脱贫摘帽研究，旨在深入总结习近平总书记关于扶贫工作的重要论述在贫困县的实践创新，全面评估脱贫攻坚对县域发展与县域治理产生的综合效应，为巩固拓展脱贫攻坚成果同乡村振兴有效衔接提供决策参考，具有重大的理论和实践意义。

脱贫摘帽不是终点，而是新生活、新奋斗的起点。脱贫攻坚目标任务完成后，"三农"工作重心实现向全面推进乡村振兴的历史性转移。我们要高举习近平新时代中国特色社会主义思想伟大旗帜，紧密团结在以习近平同志为核心的党中央周围，开拓创新，奋发进取，真抓实干，巩固拓展脱贫攻坚成果，全面推进乡村振兴，以优异成绩迎接党的二十大胜利召开。

由于时间仓促，加之编写水平有限，本书难免有不少疏漏之处，敬请广大读者批评指正！

本书编写组

责任编辑：王彦波
封面设计：姚 菲
版式设计：王欢欢
责任校对：周 昕

图书在版编目(CIP)数据

田阳:壮乡福地奔康之道/全国扶贫宣传教育中心 组织编写. —北京:人民出版社，
　2022.10
(新时代中国县域脱贫攻坚案例研究丛书)
ISBN 978－7－01－023210－2

Ⅰ.①田… Ⅱ.①全… Ⅲ.①扶贫-工作经验-案例-百色 Ⅳ.①F127.674

中国版本图书馆 CIP 数据核字(2021)第 039576 号

田阳:壮乡福地奔康之道
TIANYANG ZHUANGXIANG FUDI BENKANG ZHIDAO

全国扶贫宣传教育中心　组织编写

人民出版社 出版发行
(100706　北京市东城区隆福寺街 99 号)

北京盛通印刷股份有限公司印刷　新华书店经销

2022 年 10 月第 1 版　2022 年 10 月北京第 1 次印刷
开本:787 毫米×1092 毫米 1/16　印张:18.25
字数:248 千字

ISBN 978－7－01－023210－2　定价:55.00 元

邮购地址 100706　北京市东城区隆福寺街 99 号
人民东方图书销售中心　电话 (010)65250042　65289539